대재앙, 통일

독일 통일로부터의 교훈

우베 뮐러 지음 | 이봉기 옮김

문학세계사

옮긴이 이봉기
1989년 성균관대 행정학과를 졸업.
1990년 통일부에 입부.
1994~1996년 독일 훔볼트 대학에서 수학.
2001년 「서독의 대동독 경화거래와 차관공여에 관한 연구」로
경남대 북한대학원에서 석사학위를 받았다.
번역서로 『갑자기 무너진 베를린 장벽』이 있으며,
현재 주독 한국대사관에서 통일관으로 근무하고 있다.

대재앙, 통일
독일 통일로부터의 교훈
우베 뮐러 지음

•

초판 1쇄 발행일 2006년 6월 1일

•

옮긴이 · 이봉기
펴낸이 · 김종해
펴낸곳 · 문학세계사

•

주소 · 서울시 마포구 신수동 345-5(121-110)
대표전화 · 702-1800, 팩시밀리 · 702-0084
이메일 · mail@msp21.co.kr www.msp21.co.kr
출판등록 · 제21-108호(1979.5.16)
값 11,000원

ISBN 89-7075-364-8   03300
ⓒ문학세계사, 2006

Supergau Deutsche Einheit

Uwe Müller

SUPERGAU DEUTSCHE EINHEIT
by Uwe Müller

Copyright © 2005 by Rowohlt Verlag GmbH, Reinbek bei Hamburg
Korean Translation Copyright © 2006 by Munhak Segye-Sa Publishing Co.
All rights reserved.
The Korean language edition is published by arrangement with
Rowohlt Verlag GmbH through MOMO Agency, Seoul.

이 책의 한국어판 저작권은 모모 에이전시를 통해
Rowohlt Verlag GmbH사와의 독점계약으로 문학세계사에 있습니다.
신저작권법에 의해 한국내에서 보호를 받는 저작물이므로
무단전재와 복제를 금합니다.

대재앙, 통일 Supergau Deutsche Einheit

|차례|

추천사 | 독일 통일에서 우리가 배울 교훈들 | 박재규 ___ 11
한국 독자를 위한 저자 서문 | 준비된 통일은 축복이다 ___ 14
저자 서문 | 통일 독일의 경제 현실 ___ 18
역자 서문 | 통일 이후 통합과정… | 이봉기 ___ 22

제1장

역사의 우연에 의한 행운
환상의 묘지에서 ___ 29
마피아 없는 메조지오르노(Mezzogiorno) ___ 39
동독 현실에 대한 서독의 외면 ___ 48
화폐통합의 드라마 ___ 55

붕괴된 공화국의 유산
침몰한 국부 ___ 63
비밀 보관함에 감춰진 국가파산 ___ 71

제2장

구동독지역의 추락
큰 통일과 작은 통일___ 89
붕괴와 희망: 인위적인 건설 붐___ 96
침체와 각성: 제거된 산업___ 105
몰락과 자기 기만: 실업의 불행___ 110

인구학적인 재앙
체키바(Zekiwa)의 운명___ 120
구서독지역을 위한 회춘의 샘이 된 구동독지역___ 122
인구감소로 인한 장기적 결과___ 129
수축되는 도시___ 143
시한 폭탄___ 148

채무의 덫
섹시한 안할트___ 160
채무의 달콤한 독___ 163
수십억 유로의 개발지원금이 새나가는 지원체계___ 184

가동 중단
번영의 땅, 제2부___ 198
'로트캡헨' 과 백 명의 난쟁이: 대기업 부재___ 201
실리콘 밸리, 작센___ 220
활기 잃은 창업___ 227

제3장

구동독지역을 앞지르는 동유럽 개혁국가
잃어버린 경쟁력에 대한 애국___ 233
두 가지 발전 속도를 가진 유럽___ 238

독일 통일—대재앙
금단 현상___ 249
흔들리는 연대___ 255
적색 경보___ 265
서부 동맹___ 272
새로운 변화를 위한 시간___ 277
문제는 잘못된 시스템___ 283

참고 문헌   297
감사의 글   310

통일은 별다른 노력 없이 우리에게 주어졌을 뿐만 아니라,
무엇보다도 우리에게 갑자기 오게 됨으로써
여러 문제를 일으키고 있다.

— 아돌프 무쉭(Adolf Muschg), 1993

□ 추천사

독일 통일에서 우리가 배울 교훈들

통일은 분단의 끝이지만 통합의 시작이라는 또 다른 측면을 가지고 있다. 분단이 우리에게 통일이라는 과제를 남겨 놓은 것처럼, 통일은 우리에게 통합이라는 또 다른 과제를 남겨놓게 될 것이기 때문이다. 그럼에도 현재 우리는 통일만을 염두에 두고 있지, 통일 이후에 닥칠 과제에 대해서는 사려 깊게 생각하지 못하고 있다. 물론 분단 극복이라는 과제 자체만으로도 쉽지 않다는 것이 그 이유가 될 수도 있다. 그러나 독일 통일의 예에서 보듯이 통일 이후에 닥칠 통합과정 역시 결코 쉽지 않은 과제가 될 것이므로 이에 대한 준비는 아무리 많이 한다고 해도 지나치다고 할 수 없을 것이다. 이러한 관점에서 이 책은 우리가 잊고 있거나 또는 쉽게 생각하고 있는 통일 이후 통합과정에서 나타날 수 있는 많은 문제점을 지적하고 있다.

독일 통합과정에 대한 평가는 다양할 수 있지만, 통일 이후를 체계적으로 사전에 준비해야 한다는 점에 있어서는 이견이 없어야 한다. 슈뢰더 전 독일총리가 언급한 것처럼, 통일 후 15년이 경과한 구동독 지역 재건과정에 대해, 컵에 반이나 되는 물이 비어 있는 것보다는 컵에 반이나 되는 물이 차 있는 것에 주목할 수도 있다. 그렇지만 무엇보다도 중요한 것은 평가가 어떠하든 독일 통일 이후 통합과정의 사례는 통일 이후를 준비해야만 하는 우리에게 다양한 교훈의 보고가 될 수 있다는 것이다.

통일 이후 통합의 중요성을 간과하게 되면 통일이 최종 종착지인 것으로 오해될 수 있다. 물론 분단된 국가가 하나로 된다는 점에서 이보다 중요한 일은 없겠지만, 통일된 국가 안에서 발생 가능한 갈등을 절대 과소평가해서는 안 될 것이다. 그리고 어느 나라든 부유한 지역과 빈곤한 지역이 있다고 주장한다면, 통일 이후 통합과정에서 나타나는 빈부의 격차를 과소평가할 수밖에 없게 된다. 그러나 통일로 인한 후유증으로 인해 과거 분단의 경계를 따라 나타나는 빈부의 격차는 한 국가 안에 형성된 그것과는 다른 의미를 지닌다. 정치적으로는 기존의 체제에 대한 일체감 약화로 나타나면서 이를 기반으로 극단주의가 활개를 치게 되고 내적 통합에 많은 어려움이 야기될 것이다. 극단적인 경우에는 통일된 나라에서 또다시 분단 위기에 직면할 수도 있게 될 것이다.

통일 이후 우리의 모습이 어떻게 될지는 현재로서는 예측하기 어렵다. 다만 지금 우리가 분명히 알고 있는 것은 통일 이전 서독의 경제적 역량이 남한과 비교할 수 없을 정도로 우월했다는 것이고, 여기에 통일 이전 동독의 경제적 역량 또한 북한과 비교할 수 없을 정도로 우월했다는 것이다. 결국 이것이 의미하는 바는 우리의 통합과정이 독일보다 더 어려운 객관적 조건에서 출발한다는 것이다. 통일 독일은 역사에서 유례를 찾을 수 없었던 계획경제에서 시장경제로의 전환을 추진했다. 독일은 과오를 통해 수정할 수밖에 없었지만 우리에게는 독일의 과오를 통해 우리의 과오를 줄일 수 있는 가능성이 열려 있다. 그러나 전제는 우리가 통일 독일로부터 많은 것을 배우려는 자세를 가지고 이를 실천에 옮길 때만이 가능한 것이다.

1990년 독일 통일 당시 우리는 역사의 자의성에 대해 많은 아쉬움을 토로한 적이 있다. 즉 2차대전의 피해자였던 한반도가 독일보다 먼저 통일되어야 한다는 당위성이 있었기 때문이다. 그러나 독일 통일의 사례에서 우리가 충분히 배우고 교훈을 얻어 통일 이후를 대비할 수 있다면, 우리의 통일이 독일보다 늦은 것이 역사의 자의성이 아니라 필연이 되게 할 수도 있을 것이다.

『대재앙, 통일』(독일 통일로부터의 교훈)이라는 책의 제목은 마치 통일이 대재앙인 것 같은 뉘앙스를 풍기고 있지만, 책은 통일문제를 다룬 것이 아니라 통일 이후 통합 극복의 문제, 좀더 명확히 언급하자면 구동독지역의 경제적 재건문제를 다루고 있다. 그리고 저자는 통일 그 자체를 재앙이라고 말하지는 않는다. 사실 통일 그 자체가 축복이라는 데에는 논란의 여지가 있을 수 없으며 이는 너무도 자명한 일이기 때문이다. 그러나 통일 이후 통합정책(경제 재건정책)을 잘못 추진하게 되면 그것이 통일된 국가에서 재앙을 불러일으킬 수 있다는 점을 저자는 독일 통일 이후 통합과정의 여러 사례를 통해 보여주고 있다. 저자의 논지가 과연 타당한지에 대해서는 책의 내용을 읽은 독자 여러분이 판단할 수밖에 없다고 본다.

아무쪼록 이 책이 널리 읽힘으로써 통일 독일의 통합과정에 대한 조사, 연구가 활성화되고, 한반도 통일 이후의 통합과정에 대한 정책적 논의가 심도 있게 진행되는 데 기여할 수 있기를 바란다.

2006. 4.
전 통일부 장관 박 재 규

□ 한국 독자를 위한 저자 서문

준비된 통일은 축복이다

    한국과 독일은 조국분단이라는 아픈 고통의 경험을 공유하고 있다. 하지만 이러한 분단이 독일에서는 이미 지나간 역사의 한 장이 되었지만, 한반도에서는 아직 극복해야 할 과제가 되고 있다. 불행히 현재로서는 한반도 통일에 대한 별다른 징후가 보이지 않고 있다. 그렇지만 독일 통일의 사례는 국가통일과정이 놀라울 정도의 빠른 속도로 움직이고 전혀 손댈 수 없는 자체의 역학으로 전개된다는 것을 잘 보여준다.

    15년 전 독일에는 역사적 사건이 잇달아 발생했다. 동독 주민의 평화적 혁명으로 1989년 11월 9일 베를린 장벽이 붕괴되고, 동독이 지도에서 사라지게 된 1990년 10월 3일까지 국가적 통일을 이룩하는 데는 채 1년도 걸리지 않았다. 분단 40년이 지난 뒤 독일은 갑작스럽게 정치적 통일을 이루었고, 독일 민족은 세계에서 가장 행복한 민족이 되었다. 당시 이러한 역사적 변혁에 대해 한국만큼 관심을 가지고 공감하면서 감격적으로 바라본 나라는 없을 것이다.

    독일인의 다수는 예나 지금이나 여전히 통일에 대해 대단한 만족감을 가지고 있다. 통일은 사회적·문화적 그리고 인간적 관점에서 동서독 모두에게 축복인 것은 확실하다. 그러나 경제적 관점에서 바라

보면 그렇지 않다. 1990년 많은 관측자들은 두 국가의 융합을 통해 독일이 대단히 강력해질 것으로 예상했다. 8,000만 명의 인구를 가진 내수시장이 유럽의 중심에 생겨나고 낙후된 동독에 대한 포괄적 현대화 수요로 인한 장기적 경제호황이 예측되었다. 심지어 영국과 프랑스는 유럽대륙의 정치적 균형을 위협하는 경제적 거인이 생겨나는 것을 두려워하기까지 했다.

하지만 이러한 두려움은 이미 오래 전에 유럽의 최대 국가경제가 큰 어려움을 겪고 있다는 근심으로 바뀌었다. 지난 10년 간 유럽연합 회원국 중에서 어떤 나라도 독일처럼 낮은 경제성장률, 매우 적은 임금상승, 위험스러운 국가부채의 상승을 경험하지 않았다. 독일은 이제 유럽의 경제 원동력이라는 호칭 대신 유럽의 환자로 자주 호칭되고 있으며 여전히 회복될 전망은 보이지 않고 있다.

현재 독일은 이러한 상황을 야기시킨 원인에 대해 언급하는 것조차도 주저하고 있다. 그것은 통일이 해결하지 못한 문제로 남아 있다. 이에 대한 논의는 동서독 사이의 상처를 깊게 하고 국가 전체에 악영향을 끼치는 것으로 인식되고 있다. 그러나 사실에 대한 직시 없이는 결코 앞으로 나아갈 수 없다.

구동독지역의 경제를 구서독만큼 끌어올리기 위해 독일은 1990년부터 2005년까지 약 1조 4,000억 유로를 지출했다. 만약에 한국이 통일되어 독일과 같은 방식으로 북한의 주민을 돕는다면, 한국은 2조 2,000억 유로라는 천문학적인 자금을 동원해야만 한다(2,200만 명이라는 북한 인구를 기준으로 저자는 통일비용을 산출하였다. 독일이 지난 15년 간 구동독지역 주민 1인당 약 100,000유로를 지출한 것에 근거, 북한 인구 약 2,200만 명에 100,000유로를 곱하여 계산했다 : 역주). 한국과 같이 튼튼한 국가경제도 이 같은 막대한 자금지출로 인해 나락에 빠질 수 있다는 것은 의심할 바가 없다. 물론 대동독 지원은 전체적으로 많은 효과를 가져왔다. 즉 구동독지역의 인프라는 초현대화되었고 도시는 쇠락에서 벗어났으며 복지도 상당히 증대되었다. 그러나 중심적 목표는 멀어져 갔다: 자립경제는 아직 형성되지 않았을 뿐더러 구동독지역의 경제는 역사적 유례를 찾을 수 없을 정도로 지원금에 의존하게 되었다. 만약 통일정책을 신속하게 수정하지 않는다면, 해결되지 않은 문제가 향후 15년 동안 더욱 첨예화되면서 독일경제를 위협할 것이다. 그렇게 되면 이 책에서 경고한 '대재앙 독일 통일'의 상황이 닥치게 될 것이다— 독일 전체는 하강의 소용돌이에 빠지게 될 것이다.

한국에서의 통일문제 역시 독일이 경험한 것과 유사한 도전이 될 것이다. 물론 남북한의 경제적 격차는 1990년 통일 당시의 동서독 격차보다 훨씬 크다. 동독은 1인당 국민소득에 있어 서독의 1/3 수준에 이르렀으나 북한은 남한의 약 1/10 정도밖에 되지 않고 있다. 더욱이 북한 주민은 이데올로기적으로도 고착되어 있고 격리되어 있다.

이와 반대로 동독 주민들은 동서독 분단시에도 자유세계로부터 완전히 격리되지는 않았었다. 동독 주민은 서독의 라디오와 텔레비전을 보았고, 서독의 가족과 친지를 만날 수 있었고, 연금 연령에 도달하면 서독으로 여행을 할 수도 있었다. 특히 독일은 내전(內戰)을 경험하지도 않았다.

통일을 위해 무엇보다 중요한 것은, 공산 계획경제를 자유 시장경제로 전환하는 것이다. 한국에서는 독일 통일의 사례를 참고로 하여 통일과정의 단계적 실현, 즉 통일국가 전 단계로 남북연합 단계를 실현하는 것에 대해 논의하고 있다. 이것이 현실적 대안이 될지는 미래가 보여줄 것이다.

15년 전 독일은 통일을 위한 제대로 된 준비를 하지 못했다. 통일은 정치적 상상력 밖에 있었기 때문이다.

한국의 상황은 독일과 다르다. 정치가, 공무원, 학자들이 감탄할 정도로 주도면밀하게 통일문제를 고민하고 있다. 통일부가 존재하고 있고 통일연구원도 있고 베를린에는 통일관도 파견하고 있다. 독일이 통일을 기념하는 10월 3일, 한국의 언론은 매년 독일 통일의 경험을 보도하고 있다. 저자는 독일 통일과정의 공과가 한반도에서 앞으로 진행될 정치적·경제적·사회적 통일과정을 준비하는 데, 한국인의 다양한 사고를 위한 계기가 되고 도움이 될 수 있기를 바란다. 또한 진심으로 한국민이 통일을 이룩할 수 있기를 기원한다.

2006. 3
우베 뮐러(Uwe Müller)
베를린/라이프치히

□ 저자 서문

통일 독일의 경제 현실

독일 통일, 대재앙— 통일을 그렇게 부정적으로 표현해도 되는 것인가? 동독과 서독의 통일은 정말로 성공하지 못한 것인가? 많은 문제에도 불구하고— 통일이 된 것에 대해서 감사해야 하는 것은 아닐까?

통일을 둘러싼 논쟁에서 책임 있는 위치에 있는 정치가들은 지난 15년 동안 야기된 실패를 축소해서 이야기해왔다. 이제 통일에 대한 논쟁은 그것이 성공할 때까지 독일인 모두가 고민하는 시대의 문제가 되어야 한다. 구동독지역이 발전하리라는 담론에만 의존하는 식의 정치적 선전은 변해야 한다. 진실은 다른 곳에 있는데, 진실을 벗어난 인식으로는 아무것도 개선할 수 없다.

구동독지역이 서독을 따라잡기는커녕 오히려 최근 몇 년 사이 두 지역간의 격차는 더 커지고 있다. 독일 역사의 행운이었던 통일이 경제적으로는 재앙임이 입증되고 있는 것이다. 구동독지역에서의 실패는 점차 구서독지역의 발전까지도 가로막고 있다. 독일의 양쪽 지역 모두가 침체에 빠져들고 있다. 이대로 간다면, 신연방주의 황금기는 이제 지나간 과거가 되고 말 것이다. 이러한 상황을 묘사할 때, 대재앙이라는 말 외에 다른 표현이 있을 수 있을까?

당면한 문제점을 지적하는 사람은 애국심이 부족한, 트집을 잡는 사람으로 취급되고 있다. 정부는 정책 실패를 책임지지 않으려 하고 야당은 구동독지역에 대해 관심을 갖는 것이 구서독지역 선거에서의 표 경쟁에 불리하리라는 두려움을 가지고 있다. 이러한 침묵과 기도의 연합전선에는 정당 사이의 구별이 없다.

구동독지역이 발전했다는 점에는 반론의 여지가 없다. 그러나 얼마만큼의 비용으로, 어떤 형태로 이루어졌을까? 1990년 이래 구동독지역에 막대한 돈이 쏟아부어졌다. 동·서독의 동반 성장은 2005년까지 이미 많은 비용을 야기하여 국가의 총 부채는 한순간에 성장을 멈추게 할 수 있는 지경이 되었다. 구동독 내의 많은 지역이 경제적으로 불모지대화되었다.

구동독지역 재건과정에서의 실패는 여러 가지로 지적될 수 있지만, 인구변동처럼 확실하게 말해주는 것은 없다. 내란이 일어난 발칸 지역을 제외하고 지난 15년 동안 주민 감소가, 비교 가능한 유럽의 모든 지역에서 구동독지역처럼 현저하게 나타난 곳은 없다. 고향을 떠나는 사람은 젊고 이동 가능하며 진취적인 동독주민이다. 따라서 "(구서독지역으로의 인구 이동을 통해) 통일은 구서독지역에서 일어나고 있다"고 말할 수도 있게 되었다.

미래에 대한 믿음이 사라졌으며 움직일 수 없는 사람들만 구동독지역에 남아 있다. 바티칸을 제외하고 세계의 어느 국가도 1990년 이후 구동독지역보다 출산율이 낮은 지역은 없다.

구동독지역은 놀라운 속도로 독일연방공화국의 양로원으로 변하고 있다. 이러한 인구학적 지각 변동은 머지않아 국가와 경제에 큰 충격을 주게 될 것이다.

독재에 대한 자유의 승리 이후 대외정책에서 공적(통일)을 획득한 헬무트 콜(Helmut Kohl) 총리는 통일의 내부 건설과정에서 파멸을 초래하는 실패를 저질렀다. 콜은 동독주민에게 기반이 취약한 풍요를 가져다주었다. 왜냐하면 그것은 막대한 재정지출에 의존하는 것이기 때문이다. 콜(기민당)의 후임자인 게르하르트 슈뢰더(Gerhard Schröder, 사민당) 총리는 동독지역을 '다른 어떤 곳보다 훨씬 더 개선된 지역'으로 만들겠다고 약속했다. 이러한 말들은 지금에 와서는 비웃음거리가 되고 있다.

연방정부는 매년「독일 통일 현황에 대한 보고서」를 제출하고 있다. 하지만 그것은 정책적 빈곤을 증명해 주는 것이며, 새로운 시작을 위한 이념은 빠진 채 회계장부식 사고로만 가득 채워져 있다. 더욱 심각한 것은 성과를 내세우기 위해서 사실들이 왜곡되고, 숫자들이 손질되고 있다는 것이다. 그것은 과거 동독이 통계를 왜곡했던 사례와 비슷하기도 하다. 정치가들은 무엇보다도 '내적 통일(innere Einheit)' 또는 정신적 통일이라는 머릿속에 있는 장벽을 이야기하면서 국민들을 기만하고 있다. 정치가들은 관심을 다른 곳으로 돌리고 있다.

경제가 모든 것은 아니다. 그러나 지탱할 수 있는 경제적 기반이 없다면, 미래는 암울해질 수밖에 없다. 절반의 지역(구동독지역)에서 신뢰할 만한 전망이 없으므로, 주민들은 좌익이나 우익의 극단적 정당으로 관심을 돌리기도 한다. 이것은 앞으로 무슨 일이 발생할지에 대한 경고의 신호가 될 수 있다.

이러한 이유로 이 책은 구동독지역의 경제적 현실에 대하여 직접적이고 가차 없는 분석을 담고 있다. 과거에 독일 역사가 이처럼 빠른 속도로 움직이고, 급진적인 변혁을 겪으며 거대한 도전을 받았던 적은 없었다. 물론 기대는 충족되지 못했고 실수와 과오도 피할 수 없는 것이었다. 오류가 명백하다면, 기존의 정책노선이 계속 고수되어서는 안 된다.

구서독지역과 구동독지역의 반목을 통해 저자가 이익을 얻으려는 생각은 추호도 없다. 구동독지역에서 나타나고 있는 무책임한 태도와 구서독지역에서 보여주고 있는 지나친 무시를 객관적으로 비판하고자 하는 것이 이 글의 목표이다. 독·독의 현재와 내적 통일이라는 뜬구

름과 같은 불분명한 환상이 아닌 냉혹한 사실을 직시해야 한다. 이러한 냉엄한 사실들로부터 독일 통일의 현실이 스스로 밝혀지게 될 것이다.

2005. 1
우베 뮐러(Uwe Müller)
베를린/라이프치히

□ 역자 서문
통일 이후 통합과정에 대한 철저한 준비가 필요

『대재앙―독일 통일』(원제), 책의 제목만 보노라면 반문하지 않을 수 없게 된다. 독일 통일이 대재앙이라는 말인가? 먼저 이러한 의문에 답하자면 저자는 통일 자체를 재앙이라고 하지는 않는다. 저자의 강조점은 통일 이후 구동독지역 재건 정책이 잘못되었고, 이를 시정하지 않는다면 머지않은 장래에 이로 인한 대재앙이 통일 독일에 닥치게 된다는 것이다. 따라서 책의 제목, 『대재앙―독일 통일』은 현재에도 진행 중이기는 하지만, 기본적으로 미래가정형이라고 할 수 있다.

『대축복―독일 통일』 이러 반대되는 제목으로 독일 통일에 대한 책을 쓸 수도 있을 것이다. 통일 이후 구동독지역은 여러 가지 측면에서 많은 발전을 이룩하기도 했다. 따라서 성공한 독일 통일의 책을 쓴다고 하여도 전혀 문제가 없을 것이다. 그렇지만 이를 통해 과연 무엇을 얻을 수 있을까? 낙관과 자신감! 이것이 통일 독일이 직면한 문제의 답이 될 수 있을까? 심리적 요인이 중요한 역할을 할 수 있겠지만 이는 문제 해결을 위한 전제일 뿐 문제 해결의 직접적 수단이 되지는 못한다.

현재 독일의 상황에서는 구동독지역 재건정책이 잘못되었다고 지적하게 되면, 그것이 어떤 노선을 견지하든 비난으로부터 자유롭기 어렵다. 즉 구동독지역의 어려움을 극복하기 위하여 적극적인 재정지원을 주장하는 사람은 과거 동독으로 회귀하려는 사람으로, 재정지원의 삭감을 통해 홀로서기를 준비해야 한다고 주장하는 사람은 절반의 조국에 대한 연대가 부족한 사람으로 비난받고 있다. 이러한 관계로 구동독지역 재건정책에 대한 적극적 논의가 제약받고 있으며, 문제가 없는 것은 아니지만 대체적으로 잘 되어가고 있다는 근거가 빈약한 낙관도 존재하고 있다.

따라서 저자가 가지고 있는 문제의식은 앞으로 대재앙으로 바뀔지도 모르는 통일 이후 잘못된 재건정책에 대해 여야를 막론한 정치권이 침묵하고 있으므로, 이러한 침묵의 카르텔을 깨자는 것이다. 구동독지역 재건정책의 공과에 대한 성역 없는 논의를 통해 이를 가감 없이 평가하고 이로부터 올바른 길로 나아가야만 앞으로 닥치게 될 재앙으로부터 벗어날 수 있다는 것이다. 문제 해결을 위한 전제는 문제에 대한 올바른 진단이 있을 때 비로소 가능하기 때문이다.

독일은 많은 관점에서 우리를 비춰보는 거울이 되고 있다. 분단시기 서독의 동방정책(대동독정책)은 우리 대북정책에 많은 시사점을 주었고, 동서독 교류협력 또한 우리에게 여러 모로 유용한 사례가 되고 있다. 그러면 독일 통일의 역사적 경험은 우리에게 얼마나 도움이 될까? 이에 대해 답하고자 한다면, 우선 분단시기의 유용성과는 차원이 다른 점을 감안해야 할 것이다.

먼저 변화의 속도에서 보면, 교류협력은 남북한 모두에 의해 속도 조절이 가능할 수 있으며, 실제로는 북한에 의해서 교류협력의 속도가 어느 정도 통제되고 있기도 하다. 물론 우리 정부의 의지와 교류협력이 가지고 있는 스노우 볼 영향(snow ball effect)을 배제할 수는 없지만, 또 다른 행위의 주체로서 북한이 수용할 수 있는 한도 내에서 남북한 교류협력이 이루어지는 것 또한 배제할 수 없다. 그러나 통일이 되면 변화의 속도를 제어하는 것에 많은 어려움이 발생할 것이다. 우선 남한과 동질적 삶의 수준을 원하는 북한 주민의 욕구를 수용해야 하므로 통합의 속도는 교류협력의 속도와는 비교할 수 없을 정도로 빠르게 진행될 것이다. 더욱이 통일로 인해 행위자가 남과 북 둘에서 통일한국 하나로 되면서 통합의 속도를 제어하고자 하는 일방이 사라지게 됨으로써 통합의 속도는 더욱 가속화될 것이다.

또한 분단시기 교류협력과 통일 이후 통합이 갖고 있는 성격은 본질적으로 상이하다. 교류협력은 독일과 남북한이 가지고 있는 역사적 배경과 처한 상황이 다르기 때문에 남북한의 현실에 맞는 동서독 교류협력의 사례를 취사선택하여 추진하게 된다.

그러나 통일 이후 통합은 교류협력과 달리 취사선택을 할 수 없게 된다. 정치체제 통합은 물론 의회 통합, 행정 통합, 군사 통합, 경제 통합 및 경제 재건, 사회문화 통합 등 일체의 체제통합과정은 동서독과 남북한이 처한 역사적 배경이나 상황에 관계없이 통일이 되면 반드시 이루어져야 하는 과정이다. 계획경제로부터 시장경제로의 전환 등은 선택의 문제가 아니다.

따라서 교류협력 과정은 일정 부문에서 더딘 속도로 진행되기에 어느 정도의 교정이 가능하고 그 비용도 크지 않다고 볼 수 있다. 그러나 통일 이후 통합과정은 전체 부문에서 대단히 빠른 속도로 진행되는 것이므로 교정이 어렵고 그 비용도 매우 커지게 된다. 결국 이러한 교류협력과 통합의 차이가 주는 시사점은 무엇보다도 통일 이후에 대한 철저한 준비가 필요하다는 것을 의미하며 독일 통일 이후 통합과정에서 교류협력과는 비교가 되지 않을 정도의 많은 것을 배울 수 있다는 것을 의미한다. 덧붙이자면 통일 이후 도래할 통합에 대한 준비없이 이루어지는 통일은 조국애는 넘치겠지만 남북한 모두에게 분단보다 못한 상황을 만들어 낼 수 있는 비이성적·감성적 접근이 될 수 있다는 것이다.

이러한 상황에도 불구하고 독일 통일 이후 통합과정에 대한 국내의 연구는 현재까지 그리 깊이 있게 진행되지 못하고 있다. 시장의 수요 공급에 의한 조사·연구가 바람직하지만 민간부문에 의한 독일 통일 연구는 거의 이루어지지 않고 있다고 해도 과언이 아니다. 결국 통일이 갖는 공공재적 성격으로 인해 정부가 추진해야 하지만 과제의 조사·연구적 성격으로 말미암아 이 또한 여의치 않은 것도 사실이다. 확실한 것은 독일 통일 이후 통합과정에서 보듯이 통합은 변화의 속도나 과제의 성격으로 볼 때, 닥쳐서 준비하면 너무 늦다는 것이다. 아무쪼록 본 역서가 독일 통일 이후 통합과정에 대한 연구의 필요성을 자극하는 데 조금이라도 기여할 수 있기를 바란다.

  책을 번역하면서 여러분에게 많은 도움을 받았다. 무엇보다도 현재 자르뷔르켄에 살고 있는 조병희 박사는 번역에 같이 참여하기도 했다. 번역에 대한 절반의 몫은 조 박사에게 돌리고자 한다. 아울러 번역과정에서의 어려움을 함께 고민해준 주독일 한국대사관의 여러분들과 좋은 문장으로 다듬어주신 문학세계사의 편집부에도 감사의 마음을 전한다.

2006. 4
이 봉 기

제1장

역사의 우연에 의한 행운

환상의 묘지에서

"다시 통일을 맞이한다면 모든 것을 더 잘 할 수 있을 것이다." 쿠르트 비덴코프(Kurt Biedenkopf, 작센 주 전 주지사 : 역주)는 1992년에 연방회계 감사원으로부터 자신에게 송달된 통지서의 가장자리에 이렇게 메모했다. 감사관은 공장이주에 필요한 토지를 터무니없이 비싼 가격으로 구입한 점에 대해 조사하고 있었다.

마치 아무런 일도 일어나지 않은 것처럼, 그 당시 감사원은 평범한 일상처럼 문제를 처리하였고, 서류들과 문제를 일상적으로 검토, 조사하고 있었다. 그때는 통일이 된 시점이었고, 1,500만 이상의 주민이 살고 있는 지역을 새롭게 재건하는 것이 중요한 때였다. 붕괴된 경제를 정상화하고 자연에 가해진 환경 피해를 복구하고 피폐해진 도시와 마을들을 몰락으로부터 재건하는 것이 시급한 시기였다. 소유권 관계가 명확하지 못해서 자주 절망적인 상황에 놓여 있는 경우도 있었다. 따라서 비덴코프의 관료주의에 대한 신랄하고 조롱 섞인 질책이 사람들에게 회자되었다는 것은 놀랄 만한 일이 아니다. 얼마 안 있어 관료주의에 대한 이러한 비판은 비덴코프의 후임자인 작센 주 주지사 게오르그 밀브라트(Georg Milbradt)가 한 말처럼 되었다. 뛰어난 일화의 주인공은 많은 사람의 입을 타면서 여럿이 되기 마련이다.

다시 통일을 맞이한다면 모든 것을 더 잘 할 수 있을 것이다― 통일이 된 지 15년이 지난 지금, 이러한 명제는 비웃음처럼 들리고 있다. 역사의 수레바퀴를 뒤로 돌려 다시 한번 통일이라는 기회가 주어진다면, 처음부터 시작하여 더 잘 할 수 있을까? 독일 최근사의 가장 큰 프로젝트였던 통일에서 도대체 얼마나 많은 것이 잘못 진행된 것인가: 정치적 통일에 의해서 구동독지역을 구서독지역과 같은 생활수준으로 만들 수 있을 것이라는 희망은 거의 사라졌다. 구동독지역 주민들은 대량실업으로 고통을 받고 있다. 그리고 이러한 대량실업의 문제는 바이마르 공화국의 상황을 떠올리게 한다. 이미 1조 유로를 넘게 쏟아 부은 지원에도 불구하고 구동독지역은 스스로 지탱해 나갈 수 없게 되었다— 국가의 절반에 해당하는 지역이 지속적인 돈의 주입에 마약처럼 중독되었다.

분배를 둘러싼 갈등은 일상화되었다. 구서독지역 주민은 15년 전에 시작된 통일이 좋은 결과를 가져온 것인지에 대해 이제 의심하기 시작했다. 많은 구서독지역 주민들은 구동독지역을 무거운 부담으로 생각하고 있다. 통일을 과연 완수할 수 있을까? 정치가들은 이에 아무런 답을 내놓지 못하고 있다. 이미 콜 총리의 시절에도 그러하였고, 슈뢰더 총리 역시 별반 다르지 않았다.

'번영하는 경제(blühenden Landschaften)'를 약속했고, '구동독지역 재건을 총리의 제일 중요한 업무(Chefsache Ost)'로 삼겠다던 통일 독일의 두 총리는 신연방주의 실패를 언급하는 것조차 비애국적인 것으로 여기고 있다. 구동독지역의 추락을 장기적 시각에서 저지할 수 있는 설득력 있는 계획을 가진 국민 정당은 없다. 그래서 문제 앞에서 하릴없이 시간만 보내고 있다.

비덴코프의 함축적인 한 마디에 사람들이 박장대소하게 될 때까지, 누구도 구동독지역의 실패를 그렇게 생생하게 묘사하지 못했다. 하지만 당시에는 마틴 발저(Martin Walser)가 명명한 '성공한 독일의 역사(geglückte deutsche Geschichte)'에 대해 이뤄낼 수 있다는 낙관적인 분위기가 지배하고 있었다. 새로운 시작에 늘 그러하듯이 어떤 경이로움이 통일에 내재해 있었던 것이다.

경이로움이 사라졌을 때에도, 흥분은 쉽게 진정되지 않았다. 더욱이 콜 총리가 국가발전을 성취하기 위한 기간으로 1990년 6월 당시 동독주민에게 제시했던 3~4년은 번영에 대한 환상을 만들어 놓았다. 아마도 기간을 그렇게 짧게 계산한 것은 너무도 순진하게 생각했기 때문이었으리라. 게다가 뻔뻔스럽기조차 한 것은 콜 총리가 서독주민들에게 "통일로 포기해야 할 것은 아무것도 없다"고 단언한 것이다─그리고 서독주민들은 향후 몇 년 동안만 조금 더 절약하여 그 일부분을 동독지역의 주민들에게 제공하기만 하면 된다고 했다. 콜은 상황이 어떠한지 알고 있었음에도 그렇게 말했다.

유럽 위원회는 이미 1990년 2월에 통일비용을 매년 1,900억 마르크로 평가하였는데 불과 몇 년만에 평가 금액은 상향되었다. 국제통화기금은 2월이 얼마 지나지 않아 동독경제를 서독경제 수준으로 끌어올리기 위한 총비용을 1조 5,000억에서 2조 마르크로 제시했다.[1] 얼마 지나지 않아 이러한 천문학적인 총액은 더 높은 금액으로 수정되어야만 했다.

막대한 지원금액으로 인해 우의가 손상되고 애국심과 실질적 연대가 의문시되기도 한다. 그럼에도 불구하고 1945년 이후 지리적 이점의 덕택으로 공산주의 점령과 계획경제의 피해로부터 벗어난 구연방주(구연방주는 서독지역을, 신연방주는 동독지역을 의미한다 : 역주) 역시 함께 패배한 세계대전의 때늦은 결과에 대해 책임을 져야만 했고 죄없이 45년 동안 억압을 받았던 사람들을 도와야만 하는 것은 당연했다. 구동독지역의 재건은 독일인 모두의 과제가 되었다. 그것은 돈 문제에 대한 편협한 시각을 허락하지 않았다.

---

[1] Jacobson, S. 21.

독일 스스로 자신이 이룬 것에 대해 폄하할 필요는 없을 것이다. 1995년 독일 통일 5주년 기념식은 확신 속에 개최되었다. 그렇지만 진실은 다음과 같았어야 했다: 기념사는 지난 동독시절의 많은 것들이 붕괴되었고 많은 기대가 좌절된 것을 인정했어야 했다. 통일은 많은 시간을 요하는 것임에도 우리가 통일이 가져올 다양한 측면을 과소평가하였으며, 이제부터라도 동독지역 재건사업에 진척이 있도록 새롭게 노력할 것이라고 말했어야 했다.

기본적으로 일이 잘못 진행되고 있다는 것을 누구도 깨닫지 못했다. 왜 유럽에서 가장 부강한 나라 독일이 이러한 과제를 해결하지 못한 것일까? 인구 8,000만 명 이상을 지닌 국가가 이 문제를 해결할 역량이 없었던 것일까? 1995년 초에야 비로소 2차대전 이후의 최대 규모인 지원프로그램(연대협약 I)이 시작되었다. 연대협약 I(제1차 연대협약)에 의해 약 2,100억 마르크가 구동독지역을 위해 동원되었다. 연대협약을 통해 2005년까지 매년 동일한 비율의 금액이 지원되었고, 앞으로는 동서독 지역 모두 통일로 인한 난관이 잘 풀려나가게 되기를 소망했다.

엄청난 과오에 대한 평가는 어떠하였는가.

외부의 시각이 더 날카로울 수 있다. 독일주재 영국기자인 데이비드 마쉬(David Marsh)는 독일 통일 5주년을 맞이하여 다음과 같은 기사를 썼다: "독일이 현실적으로 드러난 경제적 풍요로움에 있어 그 수준이 한 단계 내려섰다는 것은 분명하다." 그렇지만 이러한 기사는 영국식 과소평가라고 할 수 있다. 이에 대한 논의는 주제에서 벗어나므로 생략하기로 하겠다.

다시 5년 후인 2000년 10월 3일— 그 사이에 사민당의 슈뢰더가 총리가 되었다. 독일 통일 10주년 기념식은 드레스덴(Dresden)의 젬퍼오퍼(Semperoper)에서 거행되었다— 초대된 손님들은 너무도 들떠 있었다. 축사자로 초대된 프랑스 대통령 쟈크 시라크는 전세계가 구동독지역에서 이루어진 업적을 경이롭게 여기고 있다고 했다. 참고로 드레스덴은 대부분의 구동독지역처럼 새롭게 단장되었다. 과거 동독 시절에 동독주민들은 입에서 입으로 "무기 없이도 도시를 이처럼 파괴할 수 있다"고 동독정부를 비웃었다. 도시가 점차 쇠락해가고 있었기 때문이다.[2] 이제 이러한 쇠락의 흔적은 대부분 제거되었다.

 과장되게 연출된 독일통일 기념식에서 이미 현실과의 불일치를 엿볼 수 있었다. 말하자면 지금까지 누적된 통일비용에 대한 중간현황을 그 자리에서 정확하게 알렸어야 했다. 즉 1조 마르크, 12자리의 숫자를 공개하였어야 했다. 그리고 재정에 대한 새로운 수요는 감소하지 않고 계속 늘어날 것이라는 보고도 덧붙였어야 했다. 통일 이후 10년 동안의 마라톤에서 근육통이 발생한 것인지, 아니면 근육이 벌써 끊어진 것인지를!

 포츠담(Potsdam)에서 열릴 2005년 통일 기념식의 상황은 어떠할까? 만약 연방총리와 재무부장관의 뜻대로 되었더라면, 기념식은 매년 열리던 10월 3일에 개최되지 못할 뻔했다. '통일을 위한 과업'이라는 모토 아래 총리와 재무장관은 국경일을 도보의 날(모든 학생들이 참여하는 걸 기대회로 이를 통해 자연뿐만 아니라 향토사, 도시 및 박물관 방문 등도 이루어진다 : 역주)로 만들어 10월의 첫째주 일요일로 변경하려 했었다. 이렇게 공휴일을 조정함으로써 허약한 국가재정에 약 20억 유로의 추가 세입을 벌어들일 수가 있었기 때문이다. 총리와 재무장관은 이러한 발표를 한 후 곧바로 계획을 철회했다. 이들 두 창안자는 조국애 없는 사람으로 역사책에 기록되는 것을 두려워하였기 때문이다.

 가련한 독일— 약간의 성장과 세수증대를 위해 국가적 상징을 희생하겠다는 가련한 아이디어를 가진 정치 지도자들이 나라를 얼마나 더

---

[2] 1989년 12월 동독 TV 방송국은 "라이프치히를 구해낼 수 있을까?"라는 타이틀로 처음으로 건축물 붕괴 위험에 대한 보도를 했다. 그 당시 사람이 거주할 수 없을 정도로 쇠락한 약 25,000세대의 주택들이 비어 있는 것으로 밝혀졌다.

악화된 상태로 이끌고 있는지를 단적으로 보여주고 있다. 현재 국가 재정 상태는 2차대전 직후보다 더 악화되어 있다. 독일연방공화국은 자신의 자본금을 다 소진하고 미래 세대의 비용으로 살아가고 있다.

이것은 구동독지역에 대해 한정 없이 쏟아 부은 재정이전의 결과이다. 2005년 말이면 새로운 기록에 도달하게 될 것이다: 10만 유로. 계산상으로 통일 이후 구서독지역으로부터 구동독지역 주민 1인당 조달된 순 이전금액이다. 순 이전금액이라 함은 구동독지역(신연방주)으로부터 징수한 세금과 지불된 사회보장 기여금은 제외한 것을 의미한다. 모두를 합한 총 이전금액은 15년 동안 거의 1조 4,000억 유로에 달한다.3)

1조 4,000억 유로: 이 금액은 2005년도 연방정부 예산의 5배에 달하는 금액이다. 이 금액이면 현재 독일이 지고 있는 총 부채4)를 단번에 변제할 수 있다. 더욱 상황이 악화되고 있는 것은 이제 구동독지역의

---

3) 정확한 통일비용의 산정은 불가능하다. 할레 경제연구소(IWH)는 2003년 한해에 지급된 보조금(대동독지역에 대한 이전금액)은 800억 유로이며, 1991년부터 2003년까지 구동독지역에 지불한 보조금(이전금)의 총액은 9,500억 유로로 계산하고 있다. 전문가들은 이 기간에 지급된 이전금(보조금)의 규모를 9,800억 유로로 산정하기도 하는데, 이것은 3,000억 유로의 세금과 사회기부금을 이미 공제한 액수다. 따라서 2005년까지 지급된 보조금은 적어도 1조 1,000억 유로가 될 것으로 추산된다. 물론 이것도 1990년 화폐통합, 경제통합, 사회통합을 위한 비용이 계산되지 않은 액수다. 사회주의통일당(SED)-국가 연구연구회의 클라우스 슈뢰더(Klaus Schröder)는 ─ 그 역시 IWH 계산방식을 따랐음에도 불구하고, 훨씬 많은 보조금의 액수를 제시하고 있다. 물론 그의 통일비용 산정에도 연방정부가 철저하게 은폐했던 연금보험 부분은 포함되지 않았다. 그는 2003년에 1,000억 유로에서 1,100억 유로에 이르는 보조금이 지급되었다고 주장한다. 통상적으로 통일비용의 산정에서 구동독지역 건설경기 활성화를 위한 세금특혜는 고려되지 않는다. 예컨대 구동독지역에 부동산취득자에게 판매가의 50%를 공제해주는 'Sonder-Afa Ost'와 같은 감가상각 제도를 도입함으로써 1,000억 유로 이상의 세금지출이 발생했다. 물론 이러한 제도를 통해 구서독주민의 구동독지역 투자가 이루어지긴 하였지만, 결국 그것으로 이득을 본 사람의 대부분 역시 구서독지역 주민들이었다.

성장이 구서독지역을 앞지를 때가 되었음에도 불구하고 1997년 이후 정반대의 방향으로 나아가고 있다는 사실이다. 구동독지역의 1인당 생산성은 구서독지역의 2/3에도 도달하지 못하고 있다. 구동독지역의 대량실업문제는 별도로 하고, 구동독지역 직업활동인구 1인당 생산성이 구서독지역의 72% 수준에 가까스로 다다르고 있다.[5]

이 간격이 메워지지 않는다면 구동독지역은 구서독지역에게 긴급히 손을 벌리는 곤궁한 지역으로 계속 남게 될 것이다. 이러한 상황을 벗어나기 위해서는 구동독지역의 경제가 수십 년 이상을 평균 이상으로 성장해야만 한다. 어디에서 신연방주(구동독지역)가 이러한 성장동력을 얻을 수 있을까? 구동독지역에 대한 투자는 감소하고 있다. 구서독지역과의 풍요의 간극이 다시 벌어지고 있으며, 주민 이동 역시 여전히 줄어들지 않고 있다.

엑소더스는 구동독지역을 스텝지대화하고 있으며(versteppen), 무능한 지역으로, 고령화지역으로 만들고 있다. 지역연구가 울프 마티젠(Ulf Matthiesen)이 말한 것처럼 우선 성비의 혼란을 가져오고 있다. 왜냐하면 남자보다 더 많은 수의 여자가 그들의 고향을 등지고 있기 때문이다. 같은 연령대의 남자 100명에 여자 80명이라는 성비의 불균형이 많은 지역에서 나타나고 있다. 제대로 교육받지 못하고 사회·경제적으로 충분한 권리를 가지지 못한 사람으로 구성된 남성 다수사회가 민주주의 안정에 어떠한 영향을 줄 것인지에 대해 지금까지 연구된 바는 없다. 2004년 9월 작센 주와 브란덴부르크 주정부 선거에서 NPD(독일민족민주당으로 극우정당이다 : 역주)와 DSU(독일사회당으로 극우정당이다 : 역주)가 특히 젊은층에서 많은 지지를 받았다는 것은 결코 좋은 예감을 주지는 않는다.

---

4) 2005년 1월 초 납세자연합의 '채무시계'는 1조 4,100억 유로를 가리키고 있었다.
5) Sachverständigenrat, S. 633.

1,560억 유로가 지원되고 15년으로 기간이 한정된 연대협약 II(제2차 연대협약으로 2005년부터 2019년까지 구동독지역을 지원하는 프로그램이다 : 역주)가 이제 막 시행되었다. 이 연대협약 II에 걸었던 희망, 즉 2019년이면 지원을 종결할 수 있다는 희망이 헛된 것임이 시행초부터 확실해졌다: 양독간 경제적 차이가 더 벌어지기 때문에 2020년 이후에도 구서독지역은 여전히 구동독지역을 특별지원 프로그램으로 부양해야만 한다. 간극이 더 벌어지리라는 것은 너무도 자명하다.

그럼에도 누구도 이 시나리오에 대해 진지하게 마주앉으려 하지 않고 있다. 한 나라 안에서 격차가 비정상적이라고 단순히 지적하는 것조차도 위험하게 되었다. 생활수준의 차이를 균등화하려는 사람은 연방대통령 호르스트 쾰러(Horst Kohler)가 말한 대로—"국가에서 많은 것을 공급하는 급부국가를 공고히 하고 젊은 세대에게 감당할 수 없는 부채를 남기려는 사람이다." 이런 식의 진부한 언급은 특히 구동독지역에서 분노를 폭발시켰다. 이에 대해 비판자들은 기본법이 '연방 내에서 생활수준의 균등'을 보장하고 있다고 주장한다.

물론 부와 빈곤을 법률조항에 의해 독일 지도 위에 똑같은 정도로 나눌 수는 없을 것이다. 단지 구동독지역을 경제적으로 취약한 구서독지역 주정부 수준에 근접시키려는 과제조차 전문가의 낙관적 견해에 따르더라도 두 세대가 필요하다고 한다. 2060년 정도로나 예측할 수 있을 것이다. 어쨌든 2025년 또는 2040년이면 서독 수준을 따라갈 수 있을 것이라며 제시했던 이전의 예측과 통계는 환상으로 공동묘지에 묻혀야 할 것이다.

이러한 예측은 완전히 실현될 수 없다. 왜냐하면 상상의 제국에서나 가능한 높은 경제성장을 전제해야 하기 때문이다. 따라서 구동독지역은 구서독지역의 지원이 없다면, 앞으로도 예측할 수 없는 오랜 기간 동안 자신의 힘으로 생존할 수가 없다는 것은 자명하다. 그 동안 수준이 높아지기는 하였지만, 1997년 작가 다니엘라 단(Daniela

Dahn)이 지적한 사항은 여전히 유효하다: "신연방주는 현재 자급자족 능력에 있어 과거 동독시절보다 훨씬 못한 상태에 있고, 채무자와 파산자의 경우도 동독시절보다 훨씬 더 많아졌다."

구동독지역은 재건에 성공하지 못했다. 과거의 동서독 지역 경계를 따라 뻗어 있는 보이지 않는 경제적 장벽이 사회의 분열을 위협하고 있다. 동서독간 논쟁의 톤은 점차 날카로워지고 있다.《슈피겔》에 실린 기사, 〈구동독지역에서의 경악스러운 결과〉는 한편의 독자들에게는 마음이 편치 못하게 하였고, 또 다른 독자들에게는 인내심을 잃게 만들었다. 통일이 된 지 15년이 지났지만, 독일은 쇠약해지고 있고 경제적으로 관찰할 때 독일은 여전히 두 부분으로 나뉘어져 있다. 모두 똑같은 시장경제적 규칙과 사회국가적 규칙이 유효하지만, 서독지역이 프랑스나 이탈리아의 수준으로 움직이고 있는 동안, 구동독지역은 헝가리나 폴란드 등과 같은 등급에서 움직이고 있다. 슬로베니아는 그 사이 1인당 국내총생산에 있어 신연방주를 앞질렀고,[6] 체코 역시 지난 10년 동안 구동독지역은 물론 구서독지역과 비교해도 현저히 빠른 속도로 따라오고 있다. 구동독지역에서의 실패가 구서독지역 경제 발전에 걸림돌로 작용하고 있다.

구동독지역 재건이 구서독지역의 추락을 이끈 것인가? 많은 구서독지역 주민들은 그렇게 보고 있다. 또는 독일이 개혁을 지연시켰기 때문에 신연방주가 스스로 일어서지 못한 것인가? 구동독지역 주민들은 기꺼이 그렇게 믿고 싶을 것이다. 그러나 사실은 다음과 같다: 신연방주의 동력이 전체 독일에서의 미약한 경제발전에 의해 멈춰진 것이다. 그러나 전체적 상황이 좋았다고 하더라도, 구서독지역이 이익을 얻었을 것이다. 따라서 기본적 문제는 여전히 남게 될 것이다: 만약에 두 대의 기차가 같은 속도로 달린다면, 간격은 좁혀지지 않을 것이기

---

[6] 책의 뒷부분에 기술된 '구동독지역을 앞지르는 동유럽 개혁국가' 참조.

때문이다.

구동독지역 재건사업 자체가 아니라, 재건사업에도 불구하고 구동독지역이 발전하지 못하고 있음이 구서독지역을 끌어내린 것이다. 결국 신연방주의 지속되는 정체가 전체 독일의 운명을 결정하는 문제가 되고 있다. 누가 이러한 딜레마로부터 우리를 구할 수 있을 것인가?

누구도 방법을 알지 못하기 때문에 이러한 불행이 국가위기로 급속히 확대될 수 있다. 이것으로부터의 폭발력은 하르츠 IV(Harz IV, 독일의 실업보험 등에 대한 개혁 : 역주)에 반대하는 월요시위에서와 마찬가지로 분명하다. 수주 동안 정부는 마비된 것처럼 보였다. 구동독지역 주민이 과거에는 그처럼 과격한 행동으로 위협하지 않았기 때문이다. 아마 2004년 여름의 과격한 시위는 어쩌면 서막이었는지도 모른다.

늦어도 2010년, 브레멘(Bremen)에서 독일 통일 기념식(독일 통일 기념식은 매년 주정부별로 돌아가면서 개최되고 있다 : 역주)이 개최될 때에는, 성난 민심에 직면하게 될 것이다. 그때쯤이면 구동독지역의 주정부, 시 그리고 지자체의 재정은 엄청난 압박에 부딪히게 될 것이다. 2008년 이후에는 신연방주의 재무부 장관과 주의회는 그들의 권한을 어쩔 수 없이 넘겨주어야 하는 무자비한 메커니즘이 생겨나게 될 것이다. 연대협약의 계획에 따르면, 구동독지역이 연대협약(Solidarpakt)으로부터 받는 금액이 매년 급감하게 되어 있다. 2005년에 약 150억 유로가 구동독지역 재건을 위해 투입되지만, 2015년에는 약 절반으로 줄어들게 되어 있다. 이후에도 계속 감소하여 2020년에는 제로가 된다.

연대협약의 창안자들이 생각한 것처럼, 구동독지역의 경제가 그때까지 크게 성장하여 신연방주의 세수가 급격히 증대한다면, 구동독지역의 상황이 그렇게 극단적으로 악화되지 않을 수 있다. 그러나 현실은 이러한 가상모델을 따르지 않기 때문에, 세입 부족이 구동독지역의 재정을 붕괴시킬 것이다. 그리고 그러한 상황은 더 이상 제어할 수 없는 범위로 일어나게 될 것이다. 구동독지역은 재정 혼란으로 침몰

할 것 같은 상황이 될 것이고, 경제적 위기는 국가재정의 악화를 더욱 심화시키게 될 것이다. 이것은 또다시 사회적으로 폭탄처럼 작용하게 된다. 왜냐하면 주정부, 시정부, 자치단체들이 지금까지 해오던 서비스는 더 이상 제공되지 못할 것이고 광범위한 분야에 걸쳐 작동할 수 없게 될 것이다.

그러면 무엇을 해야 하는가? 대동독 이전금액이 계획대로 감축되어 구동독지역의 유치원이 폐쇄되고 공연장이 문을 닫고, 도로 건설과 교량건설을 위한 지출이 제로(0)가 되는 것을 손놓고 바라보아야만 하는 것인가? 어차피 마비된 경제에 최후의 일격을 가해, 실업자가 대폭 증가하도록 놔둘 것인가? 아니면 대불황을 방지하기 위해, 기존의 지원프로그램과 병행해서, 또 다른 지원 프로그램에 착수해야만 하는 것인가?

어디서 수십억 유로를 마련하고, 이것을 가지고 무엇을 얻을 수 있을까? 구동독지역의 이미 쇠잔한 경제조건은 조금이라도 변화가 가능할까? 일단 작동하기 시작한 악순환을 끊는다는 것은 어렵기 때문에 독일 통일은 대재앙이라 할 수 있다.

마피아 없는 메조지오르노(Mezzogiorno)

모든 것이 잘되고 있다— 독일 정치가들은 통일된 국가의 상황에 대해 이런 식으로 단순히 입장을 표명하고 있다. 2004년 4월 슈뢰더 연방총리가 슈트랄준트(Stralsund)를 방문했을 때, 총리는 왜 구동독지역에서의 발전이 공공연히 인정받지 못하고 있는지에 대해 이해할 수 없었다: 그는 "우리가 항상 바라왔던 성장의 핵심(동력)이 이미 존재하고 있다"고 생각했다. 총리가 한자동맹 도시를 잠시 방문하였을 때,

과거 6,000명의 인력을 거느렸던 현대식 조선소에 이제는 1,300명의 노동자만 남아 있다는 사실을 측근들이 그에게 언질해주지 않은 것 같다. 또한 국가의 지원이 없었다면, 한국 조선업체의 저가 공세로부터 살아남을 수 없었을 것이라는 말도 해주지 않은 것 같다. 성난 군중이 "우리가 국민이다"(Wir sind das Volk, 1989년 통일 직전 동독 시위대가 사용한 구호 : 역주)라고 외치며, 시위로 총리를 맞이했다는 사실은 무시되었다. 다음의 문장이 이러한 상황에 적합할 것 같다: "구동독지역 재건정책에 관한 논쟁을 단지 부정적으로만 이끌려는 사람은 구동독지역에 무슨 일이 일어나고 있는지 제대로 설명하지 못한다."

슈뢰더 총리의 방문 목적지인 메클렌부르크-포어폼메른에서 성장하였고, 여전히 그곳에 지역구를 가지고 있는 야당지도자 안겔라 메르켈(Angela Merkel, 2005년 9월 18일 조기총선에서 승리하여 기민·사민당의 대연정에서 11월 22일 총리로 선출되었다 : 역주)의 상황인식도 별반 다르지 않다. 구동독지역 재건정책에 있어 잘못된 것은 무엇일까? 이에 대해 2004년 4월 기민당 대표 역시 "구조조정과정에서 나타날 수 있는 일"로 치부하고, "그러한 문제는 과거 루르(Ruhr)지역에서도 있었다"고 답변했다(루르지역은 탄광지역으로 후에 채산성 악화로 구조조정이 진행되었다 : 역주). 이러한 비교를 통해 그녀가 대중에게 말하고자 하였던 것은 무엇인가? 2004년 12월 루르지역이 속한 노르트라인-베스트팔렌(Nordrhein-Westfalen)의 실업률은 10.4%였던 데 반해 동독지역은 18.5%였다. 바이에른(Bayern)과 바덴-뷔르템베르크(Baden-Württemberg)처럼 노르트라인-베스트팔렌은 이른바 기부하는 주정부에 속하고 2002년과 2003년에는 거의 17억 유로를 재정균형을 위해 제공했다(독일은 주정부 간 재정 상태의 불균형 해소를 위해 잘 사는 주에서 못사는 주를 지원하는 재정균형제도를 운영하고 있다 : 역주). 독일에서 가장 면적이 큰 주정부(바이에른 주를 의미) 하나의 국내총생산 규모가 5개 신연방주 국내총생산을 모두 합친 것보다 약 2배 정도가 크다.

문제가 뚜렷이 드러났음에도 불구하고, 그간 성취한 것을 과소평가해서는 안 된다는 것이 현재의 긴급대응전략으로 보인다. 이러한 점에 있어서는 동서독간 놀라운 유사성이 있다. 1989년 10월말 동독의 계획부 장관이었던 게하르트 쉬러(Gerhard Schürer)는 정치국원들에게 비밀보고서를 제출했다. 쉬러는 보고서를 통해 동독의 국가재정이 파탄 상태라고 주장하고 있었음에도, 동독 사회주의통일당(SED)의 비서들이 맨 먼저 읽은 것은: "동독은 발전된 사회주의 국가 건설에 있어 소기의 성과를 이룩하였고 그것은 국제적으로도 인정받고 있다"라는 것이었다. 통일 이후 신연방주는 주목할 만한 발전을 이룩했다— 이러한 내용에 대해 메르켈뿐만 아니라 슈뢰더도 즉각적으로 동의한 것으로 보인다. 야당 지도자인 메르켈은 "신연방주는 그 동안 유럽의 중심에 위치한 생산성이 높은 경제적 입지로 발전했다"고 요약하고 있다. 슈뢰더 총리는 "우리가 말할 수 있는 것은 잔의 반이 비었다는 것이 아니라 잔의 반이 차 있다는 것이다"라고 설명하고 있다. 통일 프로젝트가 약 10년 전부터 위기에 처해 있건만, 두 사람은 초지일관 침묵으로 대응하고 있다.

동독의 지도자들은 경제를 더 좋아 보이게 하기 위해 통계를 왜곡하는 것을 망설이지 않았다. 호네커 공화국이 멸망한 후에도 사람들은 진실을 드러내는 것을 꺼리고 있다. 연방정부가 「독일 통일 현황에 관한 연례보고서」를 제출할 때마다, 구동독지역은 유토피아, 즉 기회와 가능성으로 가득 찬, 노력하는 지역으로 치장되고 있다. 독자들은 때때로 다니엘 뒤젠트립(Daniel Düsentrieb, 도널드 덕의 만화에 나오는 몽상가: 역주)의 세계에 와 있는 듯한 느낌을 받는다— 최근의 통일보고서는 마치 새로운 '하이테크놀러지 지역'의 목록을 작성해 놓은 것 같다.

예를 들면 구동독지역 중에서도 경제상황이 특별히 더 좋지 않은 노르트하르츠(Nordharz)에서조차 그러한 첨단 연구지역이 존재하고 있을 정도이다.

현실에 대한 잘못된 미화(Schönfälscherei)에 책임을 져야 할 사람은 구동독지역 재건을 담당하고 있는 만프레드 슈톨페(M. Stolpe, SPD) 장관이다(2005년 11월 이후 대연정에서는 Wolfgang Tiefensee 장관이 구동독지역 재건을 담당 : 역주). 2004년 9월 슈톨페 장관은 보고서를 제출하면서, 심지어 구동독지역과 구서독지역의 격차가 2003년에 다시 조금 줄었다고 주장했다. 즉 구동독지역이 구서독지역보다 0.3% 더 성장했다고 말했다. 그러나 이러한 작은 우위조차도 어설픈 계산상의 작위 덕분에 가능했다— 베를린(Berlin)이 배제되었기 때문이다. 이전처럼 수도의 경제발전을 신연방주에 포함하여 계산했다면, 구동독지역의 경제발전이 구서독지역보다 0.1% 더 낮은 결과를 가져오게 된다.

구동독지역과 구서독지역의 주민들은 통일과정의 상황을 좀더 객관적으로 평가하고 있다. 2004년 5월 동독지역 주민의 88%는 구동독지역의 재건을 실패한 것으로 보고 있다. 엠니트(Emnid)의 여론조사에 따르면, "많은 부분에 있어 성공했다"고 보는 사람은 놀라울 정도로 소수인 단지 11%에 그치고 있다. 구동독지역에서 직접적 경험을 하지 않은 구서독지역 주민의 평가도 크게 다르지 않다: 구서독지역 주민의 60%도 구동독지역 재건을 실패로 여기고 있다.[7] 독일인들의 판단은 명확하나— 그러므로 구동독지역의 발전이나 회복에 관한 정치인들의 희망으로 가득 찬 보고를 의아하게 받아들인다. 현실감을 상실한 것인가? 아니면 스스로를 기만하는 것인가?

두 국민정당(사민당과 기민/기사당)에는 침묵의 카르텔이 지배하고 있다. 독일 통일과 구동독지역 재건사업에 관한 문제가 관심사로 되면, 말들이 혼란스러워지고 현실은 배제된다. 그레고르 기지(Gregor Gysi)가 민사당(PDS, 동독 사회주의통일당의 후신 : 역주)에게만 '독일 통일을 위한 정당'이 될 수 있는 기회가 주어졌다고 이야기한다면, 유감스럽

---

[7] Die Welt vom 12. 5. 2004, *"Umfrage: Aufbau Ost ist gescheitert"*

게도 그가 옳다. 녹색당(Grüne)과 자유민주당(FDP)은 독일 통일의 문제에 대한 관심이 매우 적다. 빈병 회수(녹색당의 경우 환경문제에 더 많은 관심을 가진다는 의미 : 역주)나 치과에서의 보철(자민당의 경우 의료보험 등에 더 많은 관심을 가진다는 의미 : 역주)이 양당에게는 구동독지역 재건보다 더 핵심적인 관심사항으로 보인다.

구동독지역에서 가끔 대중집회를 통해 표출되는 분노는 유력 정당의 정치인들이 구동독지역의 어려운 상황을 애써 감추려는 오만한 태도와도 관계가 있다. 단지 작센-안할트(Sachsen-Anhalt) 주지사 볼프강 뵈머(Wolfgang Böhmer)와 같은 소수의 인사들만이 무엇이 문제인지를 솔직히 인정하고 있다: "우리는 가난을 관리하고 있다. 이를 거론하는 것은 적어도 인정하는 것을 의미한다. 마치 혼자서 숨길 수 있는 것처럼 행동하는 것은 문제 해결에 아무런 도움이 되지 않는다. 비록 고통스러울지라도 현실에 대한 진단을 책상 위에 올려놓아야만 한다."[8]

통일이 된 지 15년이나 지났음에도, 구동독지역의 경제를 움직이기 위해 국고에서 가능한 많은 돈을 신연방주에 지원해 주어야 한다는 신념이 여전히 지배적이다. 아직도 '구동독지역을 지원지역'으로 이야기하고 있다. 이러한 개념에는 분명히 커다란 오해가 있다. 보조금은 구동독지역의 구서독지역에의 의존만을 영속화시키게 될 것이기 때문이다. 통일 이후 매년 독일 국내총생산의 약 4%~5%가 구동독지역을 위해 사용되었다. 미국은 세계에서 가장 강력한 군사력을 지닌 국가로 만들기 위해 국방에 그 정도의 금액을 지출하고 있다. 2004년 구동독지역은 순이전금액으로 적어도 850억 유로를 지원받았다.[9] 이 금액이면 아이부터 노인까지 모든 구동독지역 주민에게 매달 약 480

---

[8] Die Welt vom 1. 8. 2002: *"Böhmer: Wir verwalten das Elend"*
[9] 각주 3번 참조

유로를 줄 수 있는 금액이다.

현실은 어떨까: 총이전금액의 대부분이 주민들에게 직접 돌아갔다. 작센-안할트와 메클렌부르크-포어폼메른과 같은 주의 경우 2003년 국가가 가계총소득의 50%를 지원했다— 연방통계청에 따르면 이러한 수치는 전체 독일 평균의 거의 두 배에 달한다. 점점 더 많은 구동독지역 주민들이 국가지원에 의존해 살고 있고, 사회복지 지출금이 구동독지역 지원의 대부분을 차지하고 있다. 지원금의 약 15%만이 마비된 경제를 움직이기 위한 투자로 사용되었다— 그리고 이것이 항상 효율적인 것도 아니었다.

구동독지역의 가계부문이나 공적 부문에서 지출된 유로의 1/3은 자신의 능력으로 창출한 수익에서 지출된 것이 아니다. 구서독지역에서 구동독지역으로의 이전금액은 헝가리나 체코 국내총생산보다 높고 덴마크나 그리스 국내총생산의 절반을 넘어서는 금액이다. 2000년을 제외한 지난 10년 동안 이루어진 지원은 전체 독일경제 성장보다 항상 두 배 정도가 높았다— 결국 대동독지역 이전금액이 경제의 걸림돌로 작용하고 있는 것이다.

구동독지역은 세계적으로 유례를 찾을 수 없을 정도로 유일하게 지원에 크게 의존하고 있다. 경세학사 한스 베르너 진(Hans-Werner Sinn)은 구동독지역에서 국민경제적으로 부족한 금액을 45%로 산출하고 있다. 이러한 부족금액은 구서독지역으로부터의 추가적 부채로 메워지고 있다. 경제전문가들이 한 국가 내에서 생산능력의 부족을 평가함에 있어, 이탈리아의 메조지오르노는 13%이므로 (구동독지역의 45%와 비교해) 월등히 좋은 상황이라고 할 수 있다. 지원 없이는 생존할 수 없어 미국의 항구적 지원에 의존하고 있는 이스라엘조차도 자체 생산능력의 부족은 단지 12%일 뿐이다.[10] 만약에 구동독지역이

---

10) Sinn, *Ist Deutschland noch zu retten?*, S. 230 f.

하나의 국가라면, 즉각 지불능력 부재의 상태에 빠졌을 것이다— 많은 원조에도 불구하고 경제적으로는 세계에서 가장 끔찍한 피조물인 호문쿠루스(Homunkulus, 괴테의 파우스트에 나오는 엄지손가락 크기의 인조 소인간 : 역주)가 되었다.

그럼에도 이러한 형상의 발명자들은 자신의 불행한 창조물에 대해 이야기하려 하지 않고 있다. 긴박한 다른 어떤 사회문제도 구동독지역에서의 대실패에 비교될 만큼 금기시되는 것은 없다.

침묵이 금이라는 격언은 적어도 고위 관직에 재임중인 사람들에게는 유효한 것으로 보인다. 정부의 세번째 높은 지위에 있는 요인(국회의장)의 분명한 어조는 터부를 깰 수 있는 거의 배신에 견줄 만한 것이었다. 2001년 국회의장 볼프강 티어제(Wolfgang Thierse, 동독출신으로 사민당 소속의 국회의원 : 역주)는 「구동독지역에 대한 실천프로그램의 준비를 위한 5가지 테제」를 발표했다. 이미 첫 문장부터 정곡을 찌르고 있었다: "구동독지역이 경제적·사회적으로 위기에 처해 있다는 솔직한 상황 인식이 필요하다." 그가 기대했던 반응은 일어나지 않았다— 이에 대해 모든 정당으로부터 나온 반응은 '트집만 잡는 사람'이라는 비난이었다.

"구동독지역 재건 사업이 실질적으로 아직 끝나지 않은 성공적 스토리라고 생각하고 있는" 같은 정당 소속의 슈뢰더 총리 역시 민감하게 반응했다. 슈뢰더 총리는 별도의 실행 계획을 거부하였으며, "구동독지역이 경제적으로나 사회적으로 위기에 처해 있다는 평가에 동의할 수 없으며, 이러한 평가는 구동독지역에서 매우 다양하게 이루어지는 발전과 많은 부문과 지역에서 특별히 나타나고 있는 동적인 발전에 대한 적절한 평가도 아니다"라고 말했다. 총리는 구동독지역이 위기에 처해 있다는 주장에 추호도 흔들리지 않았다.

구동독지역이 파멸로 치달을까? 책임 있는 정치가들에게 이러한 질문에 대한 답을 바라는 것은 그들의 상상력을 넘어서는 지나친 요구로 보인다. 왜냐하면 그러한 정책실패를 예견하지 못했기 때문에 그들은 문제에 대한 염려나 사려 깊은 생각을 하지 못한다. 물론 티어제는 자신의 의견이 정치 지도층에 의해 확고히 거부되면서, 문제가 있는 사람으로 치부되었다. 티어제는 정부가 더 많은 재정을 떠맡아야 한다고 요구했기 때문이다. 그리고 티어제는 '자신감, 연대감, 정체감'을 강화하기 위해 구동독지역 주민들에게 사회복지정책을 추진해야 한다고 요구해왔기 때문에, 국가 역할을 신봉하는 '불평하는 동독사람(Jammerossi)'이라는 별칭을 얻게 되었다.

티어제 스스로 자신의 테제가 야기한 소용돌이에 대해 가장 많이 놀란 듯하다. 그는 줄곧 사민당(SPD) 부의장 직책을 유지해 왔는데, 갑자기 신중해졌고 전술적으로 행동했다: "'위기에 처했다'가 의미하는 바는 필연적으로 추락에 직면해 있다는 것이 아니며, 단지 위험한 상태이고 미해결의 상황을 묘사하는 것이다." 이제 티어제가 흔들렸다. 곧 그는 자신이 야기했던 논쟁을 국가의 근본에 충실한 제목 즉, 『동독지역의 미래』라는 두루 무난한 제목을 가진 책으로 펴냈다. 터부 파괴자가 다시 질서에 편입되었다.

고령의 사민당 동지인 클라우스 폰 도나뉘(Klaus von Dohnanyi)와 헬무트 슈미트(Helmut Schmidt, 1974-1982년까지 서독 총리로 재임하였으며, 생존하고 있는 정치가 중에서 가장 존경받는 인물이다 : 역주)는 이러한 처세와는 거리를 두고 있다. 이들은 은퇴한 정치인이기에 정당내 지위에는 관심이 없다. 폰 도나뉘는 평소에 갖고 있던 생각과 의견을 담은「구동독지역 재건사업의 노선교정(Kurskorrektur beim Aufbau Ost)」이라는 개혁보고서를 정부에 제출했다. 개혁보고서는 "지금까지의 정책을 통해서 구동독지역에 자립적인 경제를 건설한다는 목표에 분명히 도달하지 못했다"고 언급하고 있다. 폰 도나뉘에게 전략적 구상을 의뢰하였던 연방정부는 보고서에 제시된 정책을 채택하지 않음으로써 반항적인 제안을 묵살했다.

헬무트 슈미트는 자신의 후임자인 슈뢰더에게 구동독지역에 좀더 명확한 목표를 설정할 것을 요구했다: "심리적 약진, 즉 높은 관심, 광범위한 토론 그리고 계속적인 참여를 촉구하는 도전적인 프로젝트가 추가되어야만 한다— 그리고 동시에 서독 경제 따라잡기 과정이 다시 가동되어야 한다." 그러나 총리는 전임자의 제안을 터무니없는 요구로 여기고 침묵하고 있다.

실질적으로 변화하는 것이 아무것도 없다면, 결과는 어떨까? 헬무트 슈미트에게는 그것이 명백한 것처럼 보인다: "그러면 우리는 동독지역에 전형적인 마피아 없는 메조지오르노를 얻게 될 것이다." 헬무트 슈미트는 "어쩌면 독일이 경제적으로는 해낼 수 있을지도 모르겠지만, 정치적으로는 의심스럽다"고 예측하고 있다.

구동독지역의 쇠퇴 시나리오가 많은 유력 정치인들을 괴롭히고 있다. 그럼에도 정치가들은 대책을 알지 못하고, 일상을 뛰어넘는 개혁적 구상을 실천에 옮길 수도 없기에 차라리 무시하려 하고 있다. 그래서인지 이제는 구동독지역을 독일의 정상적인 일부분으로 간주하려는 열망이 너무 강하게 된 것처럼 보인다.

이러한 이유로 90년대 후반부터 구동독지역과 구서독지역을 분리해서 발표하던 정부 통계가 점차 사라졌다. 2000년 이후에는 국민경제의 전체 지표가 더 이상 구연방주와 신연방주로 구별되지 않았고, 단지 각각의 연방주에 따라 구별되었다. 경제성장률과 같은 경우 동-서독지역의 정확한 비교는 거의 불가능하게 되었다.

마찬가지로 통일된 지 10년만에 연방정부는 유일한 연구프로젝트도 해체했다. 3개의 연구기관이 정기적으로 제출했던 「동독지역의 경제 및 기업의 발전」에 관한 보고서가 재정상의 이유로 19호를 끝으로 더 이상 발간되지 않게 되었다. 발전이 없다면 연구를 하지 않는 편이 더 좋다는 의견이 정부의 입장에서 보면 오히려 모순이 없는 것으로 받아들여진 듯하다.

동독 현실에 대한 서독의 외면

다시 통일을 맞이한다면 우리는 더 잘 할 수 있을 것이다: 우리가 더불어 함께 살아야만 하는 통일이 그렇게 잘못된 이유는, (통일에 대한 열광으로) 마법에 걸려 통일이 가져올 의미를 분명히 알지 못했던 통일 초기의 시기보다 훨씬 과거로 거슬러 올라간다. 구서독 역사의 이면(Geschichtskeller)을 알지 못하는 사람들은 왜 서독이 통일 프로젝트를 그렇게 희망없이 방치하고 있는지를 이해할 수 없을 것이다.

1989년 10월 동독이 40주년이자 마지막인 정부 수립 기념일을 축하할 때, 독일 영토 위의 최초 사회주의 국가는 서독 국민들에게는 이미 오래 전부터 존재하지 않는 국가가 되어 있었다. 즉 동독은 강제환전(동독을 방문하는 서독인이 하루 일정액을 동독화폐로 반드시 교환하여야 하는 제도 : 역주)과 국영소매점 그리고 명령이 함께하는 회색지대로 낯선 혹성이었다. 이제 사람들이 '자유구입상점'에서 물건을 구입할 수 있을까 고민하고, 소련이 무엇을 원하고 있는지 골똘히 생각하던 시대는 오래 전의 역사가 되어버렸다. 이탈리아의 토스카나(Toskana)는 누구나 알고 있지만, 구농녹지역의 튀링어 발트(Thüringer Wald)를 아는 사람은 없을 정도가 되었다(시대의 관심사가 생필품을 걱정하던 시대에서 해외여행으로 바뀌어 버린 것을 비유 : 역주).

기본법의 전문에 열정적으로 드러난 민족통일과 국가통일을 이룩하려는 의지로 가슴이 뜨거워졌던 일들이 이제는 먼 옛날의 일이 되어 버렸다. 헌법 기초자의 통일 계명("전체 독일 민족은 자유로운 결정권에 의해 독일의 통일과 자유를 완성하여야 한다")은 이제 더 이상 적절하지 않은 구시대의 유물인 것처럼 보였다. 어떤 사람들은 기본법에서 이를 최우선적으로 삭제하려 했다. 어쨌든 통일 이전 서독주민들은 국토의 분단을 변화시킬 수 없는 당연한 사실로 받아들이고 있었다.

1989년 7월 소련이 사회주의 형제국가에 대한 군사적 개입을 인정하는 브레즈네프 독트린의 폐지를 결정했을 때, 초강대국에 의해 공고화된 세계질서가 명확히 균열되기 시작했다. 이제 바르샤바 조약국들은 자유의사에 따라 자신의 사회체제를 결정할 수 있게 되었다. 폴란드에서는 1989년 8월 솔리다르노시 출신의 정치가 마조비에키(T. Mazowiecki)가 역사상 최초로 비공산주의자 총리로 지명되었다. 서독에서는 그것을 크게 반기지는 않았다― 동유럽 블록의 변화는 조만간 동서독관계에 (부정적) 영향을 미칠 것이 분명하다고 생각하였기 때문이다.

"기본법의 독일 통일조항은 결과적으로 독일 민족에게 불행이 될 것"이라고 당시 헤센 주의회 녹색당 원내총무였던 요시카 피셔(Joschka Fischer)는 염려하기도 했다. 헤센(Hessen) 주 주지사였던 사민당의 한스 아이헬(Hans Eichel)은 통일이 가져올 파괴력을 경고하기도 했다. 그리고 당시 니더작센(Niedersachsen)의 주지사이자 한스 아이헬의 당동료였던 게르하르트 슈뢰더는 1989년 가을 헝가리가 동독주민을 위해 국경을 개방하고 이를 통해 철의 장막이 걷히기 시작하였음에도 당시 독일 통일의 열망을 억눌러야 한다고 생각했다: "서독 정부 수립 40년이 지난 지금 독일의 새로운 세대에게 통일의 기회를 가지고 기만해서는 안된다. 통일은 존재하지 않는다." 더욱이 1989년 겨울, 연방정부가 이미 '독일과 유럽의 분단극복을 위한 10개항 프로그램'을 발표했을 때, 자르란트(Saarland) 주지사였던 오스카 라퐁텐(Oskar Lafontaine)은 베를린에서 사민당 당대회의 대표자들에게 "통일? 역사적으로 얼토당토않다"고 외쳤다.

독일, 하나의 조국? 지식인 중 귄터 그라스(Günter Grass)는 통일이라는 대안에 대해 가장 비판적 형태로 이의를 제기했다. 귄터 그라스는 공허한 통일조항에 대해 격렬히 반대했다. 역사의 흐름이 통일의 가능성으로 방향을 틀었을 때에도, 그는 두려워하였고 목소리를 높여 독일의 통일을 향한 진전을 가로막고자 했다: 즉 "현재 통일에 대해 생각하며 답을 찾고자 하는 사람은 아우슈비츠를 함께 생각해야만 한다. 이러한 전율의 장소는 독일의 미래에 있어 통일국가를 배제하도록 만든다."

잠깐 살펴보건대, 이와는 다른 방식으로 접근하였던 사람이 헬무트 콜(H. Kohl)이었다. 동독의 호네커 서기장이 서독을 방문했던 1987년 9월 7일의 유명한 회담에서 콜은 좀처럼 외교적 언사를 사용하지 않음으로써 회담이 거의 스캔들 수준에 이르기도 했다. 콜 총리는 호네커(Erich Honecker)를 마주하여 오해의 여지가 없도록 분명한 어조로 다음과 같이 말했다: "(서독주민은) 민족 통일에 대한 의식을 항상 가지고 있으며, 통일을 향한 의지는 결코 식지 않을 것이다." 콜 총리는 집권 후 1982년 10월 13일 본(Bonn)에서 있었던 자신의 최초 정부 정책설명에서 민족통일의 목표를 분명히 공표했다. 키징어 총리(K. G. Kiesinger)에 의해 1968년 최초로 도입되었으나 후에 빌리 브란트의 사민-자민 연정에 의해 폐지된「분단된 독일의 민족 상황에 관한 보고」를 1983년에 과시하듯 다시 도입했다.

상징적인 통일 제스저와는 대조적으로 정부의 실질적인 업무에 있어서는 장벽 너머 민족의 현실적 상황에 대해 알리는 노력을 거의 전개하지 않았다. 콜 총리에게 있어서 통일은 특히 개인적 이유가 있는 관심사였다— 그는 구동독지역인 라이프치히 출신의 여성과 결혼했다(콜의 부인인 한네로레 콜은 2001년에 자살했다 : 역주). 그러나 부정할 수 없는 사실은 1,381km의 국경을 마주하고 있는 동독에 대한 지식은 콜이 총리로 재임하던 기간만큼 위축된 적이 없었다.

"독일 (통일)문제는 미해결 상태에 있었지만, 그에 대한 해결책은 현재 국제정치의 아젠다에 올라 있지 않다"고 1987년 콜 총리 스스로 언급하기도 했다. 1990년 1월 라이프치히의 시위 군중이 "우리는 한 민족(Wir sind ein Volk)"이라고 외쳤을 때, 놀랍게도 본에서는 또 다른 독일의 내부 상황에 대해 모르고 있었다는 사실이 분명해졌다. 서독 정부는 동독이 1987년 이후 국가파산 상태에 빠져 있다는 것을 전혀 모르고 있었다.

보수-자유연정(기민당-자민당) 역시 동독의 국가부채 규모나 국가자산 상황이 어느 정도인지에 대해 정확한 수치를 가지고 있지 못했다. 이 점에 대해서는 1994년 테오 바이겔(T. Waigel) 재무장관이 시인한 바 있다: "우리는 동독의 경제 현실이 어떠한지에 대해 거의 아무 자료도 가지고 있지 못했다. 다만 오래 전에 작성된 국가예산 계획서를 가지고 있었을 뿐이었다. 동독 재무성이 우리에게 알려준 정보는 많은 것들이 변조되고 미화된 것이었다."

그럼에도 불구하고 콜 정부의 내각에는 항상 동독을 전담하는 부처로 내독관계부(內獨關係部 Bundesministerium für innerdeutsche Beziehungen, 우리나라의 통일부 : 역주)가 있었다: 라이너 바르첼(Rainer Barzel, 기민당), 하인리히 빈데른(Heinrich Windeln, 기사당) 그리고 도로테 빌름스(Dorothe Wilms, 기사당) 등이 내독관계부 장관을 역임했다. 이러한 소관 장관 외에도 전독(全獨)문제연구소(Gesamtdeutsche Institut)에는 약 260명이 일하고 있었다. 여기에 서독 정보부(BND)와 외교관들을 또한 추가할 수 있다. 이러한 자원에도 불구하고 내독관계부는 특히 동독 경제 현황에 대해 필요한 정보를 거의 제공하지 못했다. 동독에 대한 과학적 관찰도 "돌이켜 보건대 특별히 고통스러운 한 장이 되었다." 마지막 내독관계부 장관이었던 빌름스는 2001년 연방정부가 동독의 경제적·구조적 상황에 대해 아주 잘 알고 있었던 것은 아니라고 고백했다. 상황이 과거에도 항상 마찬가지였던 것은 아니다.

서독 정부 출범 초기에는 연방정부의 위임으로 통일을 연구하고 준비하는 기획그룹이 존재했다. 1952년 3월 '독일 통일문제 연구고문단(Forschungsbeirat für Fragen der Wiedervereinigung Deutsclands)'이

전후 최초 총리인 아데나워(Konrad Adenauer)에 의해 설립되었다. 고문단은 정기적으로 광범위한 활동보고서를 출판하였고, 동독의 상황을 정확히 분석했다. 네 번째 보고서의 제목은 「독일 통일에 대한 준비」인데, 1966년에 동보고서는 다음과 같이 기록하고 있다: "일반적으로 통일을 맹세하고 요구하는 것으로는 충분하지 않다. 우리는 구체적으로 통일을 목적으로 노력하고 구체적으로 준비해야만 한다."

학자들은 "향후 통일과정에서 분단 독일을 경제적·사회적으로 통합하기 위한 제안과 권고를 활용하기 위해" 동독 내부의 전체적 발전 과정을 기록했다. 공공 부문에서 다양한 단체를 대표하는 사람들이 고문단에 속했다: 기민당, 사민당, 자민당, 기사당, 독일 노동조합, 독일 기업연합, 독일 시협의회 등이 이에 속했다.

아데나워 정부에서는 국민들이 회전광고판의 포스터에 적힌 '동독으로 소포보내기'에 관심을 기울였다. 많은 가정에서 밤에는 동독에 있는 형제자매를 기억하기 위해 창가에 촛불을 켜 놓았다. 1960년 8월 철학자 칼 야스퍼스(Karl Jaspers)가 북독일 방송에 출연하여 "오로지 자유— 자유만이 중요하며, 통일은 이에 비해서 그렇게 중요하지 않다"[11]고 언급하였을 때, 그의 발언은 대중의 분노를 폭발시켰다.

그로부터 거의 10년이 지난 후 분위기는 달라졌다. 빌리 브란트(Willy Brandt)의 신동방정책 및 신독일정책의 결과로 동독을 보는 시각이 부드러워졌다. 사람들은 이제 많은 것에 대해 더 이상 정확하게 알려 하지 않았다. 동독에서의 인권유린 행위를 비난하는 것은 바람직하지 않은 태도로 여겨지기도 했다. 그럼에도 불구하고 이를 지적하는 사람은, 'ZDF-Magazin' 프로그램을 진행했던 TV 저널리스트 게르하르트 뢰벤탈(G. Löwenthal)처럼, 보수주의자이거나 냉전주의자로 명명되었다. 1989년 후반에 이르러서야 비로소 동독의 시민운동

---

11) Augstein, Grass, S. 9 f.

이 사회주의통일당(SED)을 독일의 두 번째 독재국가로 확고히 각인시켰다. 동독의 시민운동은 주민수로 비교할 때 동독이 세계에서 가장 많은 비밀경찰을 유지한 나라라는 사실을 서독사회에 일깨워주었다. 동독의 실상에 대한 지식의 공백은 특히 사민-자민 연정에 의해 이루어졌는데, 연구고문단 역시 사민-자민 연정에 의해 해체되었다.

빌리 브란트 정부하에서 내독관계부 장관을 지낸 에곤 프랑케(Egon Franke)는 통일을 위해 책임을 맡고 있는 부서의 업무가— 동독의 시각에 따르면 주전론자와 서독 독점자본주의 대표자에 의해 점령된, 즉 1953년 6월 17일 파시스트적 쿠데타(동독의 노동자 봉기 사건 : 역주)에 책임이 있고 또 다른 전복(Tag X)을 획책하고 있는 독일정보부(BND)의 업무— 1975년 4월 8일 공식적으로 끝났다고 설명했다. 이에 대해 프랑케는 "우리는 가능하다면 시간적으로 일정 기간 두 독일이 함께 병존하는 것을 목적으로 설정하기를 원했다"고 언급했다. 통일 업무를 관장하는 우두머리가 국가 차원의 동독연구를 "재고하고 수정할 것과 (하나의 시각이 아닌) 폭넓은 토대에 기반할 것을"[12] 지시했던 것이다.

이러한 결정이 어떤 나쁜 결과로 나타날지 보여주는 것이 연구고문단에 의해 1975년 소위 마지막 성명으로 발표된 「25년 이후 동독」이라는 건의서였다. 연구고문단이 해체된 후에는 동독의 현실과 동떨어진 것들이 사실로 받아들여지는 일도 일어났다. 연구고문단은 동독경제의 취약성과 증가하는 동서독 격차를 엄밀히 그리고 경험적으로 분명히 밝혔으며, 그것은 세부적인 경제분야에까지 진행되었다. 대학 내 · 외부의 연구가 긴밀히 연계된 고문단은 경제통계를 이데올로기에 종속시키고 허구를 믿기 시작한 사회주의통일당 계획자보다 동독경제에 관해 더 잘 파악하고 있었다. 어떤 시대에도 '그렇게 연막을

---

12) Zitiert nach Forschungsbeirat, *Die DDR nach 25 Jahren*, S. 8 f.

치고 위장하고, 통계적으로 왜곡된' 동베를린의 연출에 대해 모르는 채로 대응하지는 않았으며, 제대로 된 기관을 해체한 적도 없다. 연구 고문단이 해체된 후 단지 하나의 작은 연구기관이 본에서 동독 현황의 조사를 계속했다.

이제 다른 시각의 분석이 힘을 얻기 시작했다. '동유럽/동독' 분과를 통해 동독 경제에 대한 조사에 있어 선도적 역할을 하고 있었던 독일경제연구소(DIW)는 1978년에 놀라운 조사결과를 발표했다: "동독과 서독의 사회적 총생산이 1960년부터 1976년 사이에 빠른 속도로 근접하고 있다"는 것이었다. 이를 통해 "동서독의 능력 비교에 있어 격차가 더 벌어지고 있다는 가설이 반박될 수 있다"고 연구자는 주장했다. 어떻게 이렇게 커다란 과오를― 실제로는 동독이 서독에 계속 뒤처지고 있었다― 저지를 수 있었는지에 대해서는 여전히 비밀로 남아 있다.

상호 존중을 지향하는 긴장완화정책이 학자들의 판단 능력을 흐리게 했다. 독일 경제연구소는 이후에도 동독의 경제능력을 과대평가하는 보고서를 정기적으로 발표했다. 1990년 4월에도 연구소는 여전히 동독의 생산성이 서독 수준의 40%에 이른다고 전제하고 있었다. 실제에 있어서는 약 50년에 가까운 계획경제 끝에 얻은 동독의 1인당 생산성은 기껏해야 서독의 1/3에 불과했다.[13]

동독 경제능력에 대한 서독의 환상은 여행 안내서에서도 찾아볼 수 있었다. 1990년에 새로 출판된 《Baedeker》는 여행지로서 동독을 추천하면서, "동독의 주목할 만한 경제력은 인구수에 따르면 세계에서 단지 41위이고 면적에 따르면 겨우 세계 91위이지만 산업생산 규모에

---

13) 그러나 대다수의 연구자들은 1989년도 동독의 일인당 총생산은 겨우 서독의 20% 수준으로 보고 있다. 하지만 정확한 수치가 상정될 수는 없다. 동독의 경제상황에 대해 서독이 취득한 정보는 독일경제조사연구소(DIW)와 연방의회 앙케이트위원회의 자료에 의한 것이다.

따르면 선두를 차지한다"고 칭찬하고 있었다. 동독은 스스로 세계 10위라고 주장했다. 이러한 분위기는 통일 초기 콜 정부내에서도 지배적이었다. 동독의 행정구조와 학문체계에 관해서는 극히 피상적 지식만을 가지고 있었다.

임박한 통일의 비용을 평가하기 위해 재무성은 예측모델을 만드느라 분주했다. 단순하게 만들어진 계산모델[14]에 이미 알려진 인구수를 적용시켰다. 사회적 총생산량이 불확실하였음에도, 낙관적 평가에 지나치게 의존했다. 어쨌든 이용 가능한 통계는 1990년 후반기에나 비로소 제공되었다. 그러나 상황이 이미 한참 진행된 이후였다.

화폐통합의 드라마

통일이라는 모험을 향한 여행은 항법장치 없는 비행기가 안개 속에서 눈감고 하는 비행과 비슷한 것이었다. 이럴 경우 방향 설정에 관한 도움이 반드시 필요한 법이다― 콜 총리는 그와 같은 당이었던 유명한 경제 정책가의 제안에 귀를 기울였어야 했다. 1953년 9월 12일 루드비히 에어하르트(L. Erhard)는 「통일의 경제적 문제(Wirtschaftliche Probleme der Wiedervereinigung)」라는 제목으로 통일과정의 형태에 관한 청사진을 제시한 바 있다. 에어하르트는 단계적 조치를 목록화하는 대신에 '시장경제의 기본원칙과 방법에 대한 동독지역의 재적응'을 위한 철학을 제시했다.

노련한 대가의 사고는 거의 40년이나 지난 상황에서도 여전히 현실적인 지혜로 가득차 있다. 에어하르트는 기민당의 후계자들에게, 동

---

14) Jacobsen, S 16.

독지역 재건을 성공적으로 이끌 수 있게 하기 위하여, '통일의 그날(Tag X)'에 필요한 모든 본질적 요소들을 담은 정책적 안내서를 남겨놓았다.

사민당의 문서고에도 통일을 위한 매우 흥미로운 기고문이 남아 있다. 1959년 3월 18일 사민당은 독일 통일계획과 관련하여「경제적·사회적 통일과정의 가능한 단계」라는 구상을 발표했다. 저자는 젊은 국회의원인 헬무트 슈미트였다. 에어하르트의 일반적 구상과는 달리 한자도시 출신은 이미 양독일의 동반 성장을 위한 구체적 방안을 발전시켰다. 슈미트의 논문은 기민당 콜 총리의 뒤를 이은 사민당 슈뢰더 총리에게 애정어린 제안을 하고 있다ㅡ 15쪽의 논문이 경제적 통일문제에 대해 주는 조언은 이 논문에 비해 12배 정도 두꺼운「독일 통일 현황에 대한 연방정부의 연례보고」보다 더 가치가 있다.

에어하르트와 슈미트의 계획은 무엇보다도 한 가지 점에 있어서 분명하다: 동독지역 재건의 명백한 실패가 동독지역의 어려운 출발조건에서 기인한 결과만은 아니라는 것이다. 동독지역 재건의 실패 원인은 역시 정책적 실패에 있다. 기민당이나 사민당은 콜 총리가 급히 서둘러 시작한 화폐통합의 심각한 과오를 바로잡지 못했다. 콜이나 슈뢰더와 달리 에어하르트와 슈미트는 경제적 따라잡기 과정이 단지 돈만으로는 성공할 수 없으며, 이보다는 동독지역의 진정한 경쟁적 우위가 필요하다는 날카로운 지적을 했다. 비상시에는 서독지역에서의 반대를 무릅쓰고서라도 이러한 정책을 관철시켜야만 했었다.

에어하르트가 가졌던 아주 단순한 사고는 '소련 점령지역(1945~1949년 동독정부 수립시까지의 동독지역을 지칭 : 역주)의 재편성'을 위한 전체적 행보는 무엇보다도 하나의 유일한 목표에 따라야 한다는 것이었다: 즉 동독지역과 서독지역 사이의 생산력 균등화를 '시간적으로 가능한 짧은 시간에' 도달할 수 있도록 하기 위해, 동독경제의 생산성이 '가능한 신속히 그리고 강력히' 상승되어야만 한다는 것이다. 물론 에어하르트의 구상은 당시 이미 서독에 뒤떨어진 동독경제에 대해 상당한 지원을 계획하고 있었다. 이와 반대로 사회정책적 프로그램에 대해서는 언급하지 않고 있다. 에어하르트의 구상에서 수준 높은 복지와 더 나은 사회안전망은 사회발전의 결과이지, 현재 구동독지역에서 나타나고 있는 것처럼 복지나 사회안전망이 생산력 발전을 위한 전제 조건은 아니었다.

에어하르트의 통일계획은 첫번째 조치로써 '소련 점령지역에 화폐제도개혁'을 도입하자는 것이었는데, 그것은 소련점령지역을 서독의 화폐체계로 편입하는 것을 말한다. 에어하르트의 구상은 물론 콜의 화폐 · 경제 · 사회통합(Währungs-, Wirtschafts-, Sozialunion)과 공통점이 거의 없다. 왜냐하면 에어하르트는 화폐통합이 자동적으로 경쟁력을 끌어올리는 것이 아니라 오히려 경쟁력을 제약하는 압력이 된다는 것을 분명히 인식하고 있었기 때문이다.

에어하르트는 "이러한 과정에서 소련 점령지역의 경제적 상황이 무자비하게 개방될 것은 당연하다. 그리고 결과가 참담할 것이라는 사실도 의심할 바가 없다. 아마 그 이상으로 충격적일 수 있다"는 점을 우선 명확히 했다. 에어하르트는 동독경제를 위협하는 충격을 완화하기 위해서 '생산성 촉진을 위한 세금감면'을 계획했다. 에어하르트의 야심찬 목표는 동독지역 기업의 경쟁력이 서독지역 상대자와 같은 조건을 갖도록 만들자는 것이다.

헬무트 슈미트의 구상은 두 독일 경제의 단계적 통합을 계획한 것이었다. 과도기에는 두 개의 자율적 경제정책을 수행하는 정부가 존재하게 된다. "3단계인 마지막 단계에서는 화폐통합의 단계에 도달하는데" 계획에 따르면 빨라야 5년 정도 걸리게 된다. 슈미트의 모델은 동독의 붕괴를 피하기 위해 동독시장을 신중하게 개방해야 한다는 선견지명을 가지고 있었다. 서독은 동독상품에 대해 시장을 즉각 개방해야 하지만, 반면 동독에게는 과도기 동안 교역의 제약을 통해 산업을 보호하는 것을 허용하자는 내용이었다.

콜의 화폐통합은 어떠했는가? 그것은 무엇보다도 동독지역 주민의 기대를 충족시키고자 하였고 목전에 다가온 선거에서의 승리를 염두에 둔 것이었다.

우선 1990년 봄 화폐통합에 대한 동독주민의 기대를 귀담아 듣지 않을 수 없었다: "서독마르크가 이쪽으로 오지 않으면, 우리가 그쪽으로 가겠다(Kommt doch D-Mark nicht nach hier, dann kommen wir zu ihr)"와 "1:1의 화폐교환이 없다면, 우리는 하나가 아니다(Ohne 1:1 werden wir nicht eins)"라는 구호가 거리를 메우고 있었다. 이러한 요구는 수긍이 가는 것이었다. 서독마르크에 대해 동독주민이 서독주민보다 더 긴밀한 관계를 발전시켜 왔다. 서독마르크는 "초대되었지만 금지된 세계, 자본주의 소비의 문을 열 수 있는 만능 열쇠였다."[15] (서독마르크라는) 열쇠를 가진 사람은 주문한 후 배달까지 빨라야 10~12년 걸리는 동독 자동차 트라반트(Trabant)를 며칠 만에 받을 수 있었다. 더욱이 복잡한 서류를 준비하지 않고, 단지 외환 상점 Genex의 카탈로그를 통해서 구할 수 있었다.

정권의 마지막 즈음에 동독은 자신의 상품을 서독에 약 4:1 정도의 화폐비율로 판매했다. 이러한 교환 비율이 1980년대 조반에는 2.2:1이었으므로, 80년대 말 동독의 화폐는 거의 50% 정도의 가치를 상실한 셈이었다. 1990년 초 동독마르크는 암시장에서 약 7:1의 비율로 교환되기도 했다. 동독은 때때로 자신의 주민에게 더 불리한 교환비율을 요구하기도 했다: 고급 상점에서 14동독마르크를 지불하고 자랑스럽게 구입해서 식탁 위에 올려놓는 파인애플 통조림은 1998년 인터숍에서 개당 1.5서독마르크를 지불하면 구입할 수 있었다. 파인애플의 동서독 가격 비율은 9.3:1에 이르고 있다.

---

15) Jarausch, S. 217.

따라서 콜의 화폐통합은 동독주민에게는 아주 훌륭한 거래였다. 급여는 1:1로 교환되었고 연금은 새로이 산정되어 평균 30% 정도 상승했다. 예금의 대부분은— 연령에 따라 2,000동독마르크에서 6,000동독마르크까지 교환— 거의 1:1로 교환되었다.[16] 동독주민의 저축과 현금보유량은 약 1,980억 동독 마르크에서 화폐교환으로 인하여 약 1,200억 서독마르크[17]의 가치를 갖게 되었다. 주목할 만하게 증가한 것은 동독의 구매력이었고 이것이 서독기업에게는 경제적 붐을 가져다주었다.

또한 화폐교환은 집권 정당에게 유리하게 작용했다. 이미 1990년 2월 7일 서독마르크가 동독지역에 도입된다고 공표되었고, 이러한 발표는 1990년 3월 18일 개최된 동독 최초의 자유총선에서 지금까지 승리할 가능성이 희박했던 기민당이 갑작스럽게 판세를 역전시켜 승리할 수 있는 계기를 만들어 주었다. 연합정당인 독일동맹(DSU) 및 민주개혁당과 함께 '보수연합'을 형성한 기민당은 선거에서 47.7%라는 대승을 하게 되었다. 선거전문가들이 1990년 서독 연방하원 선거에서 패배할 것이라고 예측했던 콜이 다시 희망을 갖게 되었다: 즉 독일은 약 1,200만 명의 선거인(동독주민)을 더 가지게 되었다. 1933년 이래 최초의 전독일 자유총선인 1990년 12월 2일 선거에서 콜과 외무장관 겐셔가 이끄는 보수-자유 연합은 54.8%를 득표하는 훌륭한 성과를 거두었다.

물론 콜의 통일전략은 단지 선거전략에만 기초한 것은 아니었고, 서독에 각인된 신화를 따른 것이기도 하다. 1948년의 화폐개혁이 서독지역에 경제적 도약을 가져왔듯이 동독과의 화폐통합이 동독경제의 잠재력을 이끌어 낼 수 있을 것이라고 믿었다. 결과적으로 이러한 판

---

16) 전체적으로 화폐의 평균 교환비율은 거의 1:1.5였다.
17) Hölder, S. 127.

단은 이중적 사고의 오류에 기반하였음이 판명되었다.

우선 차이가 미약한 1990년의 화폐통합과 달리 2차대전 이후의 화폐개혁은 극적으로 차이가 나는 화폐적 단절이라고 할 수 있다― 서독지역에서 구 제국 마르크는 10:1의 비율에 의해 새로 도입된 서독 마르크로 교환되었다. 결과적으로 서독 상품이 해외시장에서 어느 정도 가격 경쟁력을 유지할 수 있었다. 또한 그 당시 서독기업들은 국제경쟁의 압력에 결코 방치되지 않았다. 즉 고율의 관세와 1970년대 초반에 비로소 변동환율제가 되기까지 고정환율제가 유지되어 외국상품으로부터 보호를 받을 수 있었다.

이에 반해서 통일 이후 구동독지역 기업은 유례가 드문 평가절상의 충격을 통해서 취약성이 지속되었고, 또한 강력한 경쟁자와의 가망없는 경주에 아무런 보호장치 없이 내보내졌다. 여기에다가 불필요한 추가적 부담이 어깨 위에 얹어졌다. 경제적 교환비율은 공정하게 평가하면 1:4였는데, 구동독지역 기업의 부채는 화폐통합을 통해 2:1이 됨으로써 결국 부채가 증대하는 결과를 초래했다. 구동독지역의 기업은 실낱 같은 희망조차 가질 수 없게 되었다. 1991년 6월 콜 총리 집권 시절 경제장관이었던 묄러만(J. Möllermann)은 미국인들에게, "만약 달러가 300-400% 정도 평가절상된다면, 경제적 경쟁력이 현저하게 후퇴하는 것을 경험하게 될 것"이라고 설명하기도 했다. 이미 실질적으로 망가진 국가경제의 경쟁력인 경우에 그러한 평가절상이 경제를 카오스로 몰고 가는 것은 너무도 당연하다.

극적인 평가절상의 결과로 대부분의 동독상품이 시장에서 팔리지 않게 되었다. 이와 동시에 구동독지역 기업은 원래 자신이 차지하고 있었던 중동부 유럽의 판매시장을 잃게 되었다. 모든 산업이 처참한 상황으로 위축되어 대부분의 산업분야에서 10개 중 9개의 일자리가 사라져 버렸다.

1990년 화폐통합에서 왜 그렇게 경악할 만한 실수를 한 것일까? 왜 사회통합을 이루기 위해 수십년 동안 구동독지역 경제에 부담이 될 수 있는 화폐통합을 성급히 시행해야 했을까? 이러한 질문에 대해 냉정한 통일총리 콜은 아무런 정보도 주지 않고 있다. 콜 총리가 자신의 기념비적 업적인 통일에 대해 당당하게 외치고 있는 것은 "모든 곳은 아니지만 많은 곳이 번영"(통일 당시 콜 총리는 3-5년이면 동독지역이 번영할 것이라고 언급 : 역주)하고 있고 서독마르크의 도입은 성공적이라는 것이다. 도대체 이 사람은 어떤 세계에서 살고 있는 것일까? 독일 통일은 경제적으로 불행하게 준비되었다. "콜 총리가 정치적으로는 모든 것을 잘 했지만, 경제적으로는 모든 것을 잘못했다"고 오랫동안 옌 옵틱의 사장을 지낸 로타르 슈패트(L. Späth)는 확언했다.

어쨌든 콜 총리에게 경제는 부차적 문제였다. 콜 총리는 역사적 책무를 수행해야만 한다고 확신하고 있었고, 그것은 정치적으로 규정되었다. 콜 총리는 이러한 역사적 결단이 필요한 과업의 수행에 있어 공적 논쟁은 유해한 것으로 여겼기 때문에 그는 고독한 결정을 내렸고 외부 전문가의 조언을 귀담아 듣지 않았다. 그는 화폐통합에 대한 연방은행과 전문가그룹의 경고를 지나치게 무시했다.

이제 국가가 이러한 무시에 대한 대가를 치러야 하게 되었다.

구동독지역 재건을 서투른 서독 모방으로 만들었고 그럼으로써 서로 다른 것을 같은 것으로 취급해 왔다. 지나치게 복잡한 서독의 규정들이 통일조약을 통해 새로 가입한 신연방주에 적용되었고, 그것은 낙후된 구동독지역의 경제 현실에 적합하지 않았다. 이와 관련하여 동독측 협상파트너인 귄터 크라우제(Günther Klause)와 함께 통일조약을 지휘한 볼프강 쇼이블레(Wolfgang Schäuble)는 생각을 달리했다. 쇼이블레는 단지 서독의 선별된 법률만 구동독지역에 이전하는 것을 원칙으로 하고, 법치국가적으로 필요한 예외를 제외하고는 동독의 법률을 우선적으로 적용하려고 했다. 그러나 이러한 방안은 콜의 내각에 의해 좌초되었다. 쇼이블레에 따르면 "(통일과 함께) 즉시 (동서독지역에) 가능한 한 동일한 생활조건의 창출이라는 주장이 선호되었다." 18)고 한다.

이러한 무차별 평등주의는 구동독지역에서 관료주의가 서독에서처럼 증식하게 만들었다. 관료주의는 구동독지역의 경제 경쟁력을 약화시켰다. 국제적으로 제일 앞서가는 표준들이 구동독지역에 그대로 적용되었다. 유럽연합의 가장 가난한 지역에 속하는 곳에 세계에서 가장 비싼 비용을 수반하는 환경법이― 하수정화시설이나 공장유치 등에 적용― 시행되었다. 과도적 기간에 대한 경과규정도 별로 도움이 되지 못했다. 회사법, 계획법, 임금법의 경우에도 실수로 가득찬 규정들이 도입되었다.

1990년 통일 이후 구동독지역에 요구된 것들과 마찬가지로, 만약 1949년 이후 서독지역이 그러한 복잡한 규정들에 의해 지배되었다면, 아마도 서독의 경제적 기적은 실현되지 못했을 것이다.

---

18) Welt am Sonntag vom 23. 8. 2004, *"Mit weniger Bürokratie wären wir besser gefahren"*

붕괴된 공화국의 유산

침몰한 국부

서독 경제기적의 역사에서 1개의 장은 대개 감춰지고 있다. 그것은 동독에 관한 것이다. 동독이 없었더라면 전후 서독사회의 놀라운 경제성장이 과연 가능했을까 하는 점에 대해 확신하기 어렵다. 소련점령지역(동독)에서의 탈출자들에 의한 역동적 지원이 서독의 전후 재건에 양질의 자원이 되었으며, 특히 동독에서 가족을 찾아온 사람들은 서독 번영의 토대가 되었다. 한쪽이 얻는 것이 있으면 다른 쪽은 잃는 것이 있게 마련이다. 1945년 이후 독일에서의 부(Reichtum)는 동서독으로 편의적으로 나누어졌다.

오늘날 구동독지역에서 보여주는 파국적 모습은 정확히 이러한 분리와 관련이 있다. 오늘날 서독지역에서 이를 상기하는 것이 단지 역사가들에게만 흥미로운 것은 아니다. 이것은 커다란 노력하에 전개되고 있는 구서독지역에 의한 구동독지역으로의 엄청난 재정조달의 의미를 다시 생각하도록 만들고 있다. 서독지역은 수십 년의 분단을 통해 얻은 것을 1990년 10월 3일 독일 통일 이후 동독에 아직 완전히 돌려주지 않았기 때문이다. 그리고 그것은 결코 가능할 것 같지도 않다. 그럼에도 불구하고 이렇게 특별한 동서독관계사의 역사로부터 의무감이 생겨난다: 통일이 성공하려면, 취약점이 보상되어야만 한다. 즉 구동독지역이 한때 역사적 상황에 의해 잃어버렸던 것을 적어도 일정부분 되찾을 기회를 가져야 하는 것이다.

초기에는 강제로 동서독간의 분할이 생겨났다. 1945년 4월 13일 미군이 대학도시 예나(Jena)를 점령했을 때, 전문지식인을 데리고 갈 것이라는 소문이 널리 유포되었다. 물론 이를 위한 시간은 매우 짧았다. 왜냐하면 승전 연합국의 협정에 따라 튀링엔은 소련 점령군의 관할이 되었기 때문이다. 미군은 철수하기 직전에 세계적으로 유명한 두 곳의 기업을 방문했다.

광학기기 제조회사 칼 차이스(Carl Zeiss)와 유리공장 쇼트 & 게노센(Schtt & Genossen)에 각각 리스트를 전달했다. 하나의 리스트에는 84명의 명단이 적혀 있었고 다른 리스트에는 41명의 명단이 적혀 있었다. 물론 명단에 기록된 사람들은 모두 중요한 인사였다. 경영자, 기술자, 설계자 등의 전문가들에게 철수하는 미군과 함께 예나를 떠나 미군 점령지역으로 이주할 것을 명하는 최후통첩이 전해졌다. 이에 대해 항의했지만 소용이 없었다: 1945년 6월 24일 예나 주민은 군용 화물트럭에 실린 채 서쪽으로 향했다. 강제로 끌려간 사람들은 뷔어템베르그 지방의 오버코헨(Oberkochen)과 마인츠(Mainz)에 공장을 다시 건립하였고 이렇게 복제된 기업은 얼마 되지 않아 원래의 기업보다 더 번창했다.

미국의 선례는 소련 점령군이 저지른 것에 비하면 관대한 편이다. 소련은 약 3,500명의 독일 기술자를 징집하여 소련으로 끌고 가서 일반적으로 적어도 5년 간 의무 근무토록 했다. 오사킴(Ossakim)이라는 작전명에 포함된 기업은 오버쇠네바이데(Oberschöneweide)에 소재한 AEG, 슈타스푸르트(Staßfurt)에 소재한 기관차 공장 헨쉘(Henschel) 그리고 데사우(Dessau)의 비행기 제조회사 융커스(Junkers) 등이었다. 그리고 예나의 유리공장인 쇼트 & 게노센이 재차 이 목록에 들어갔다. 이들 기업에서 일하던 기술자들은 1946년 10월 22일 아침 잠에서 깨어 수시간 안에 가방을 꾸려야만 했다. 근로자들과 함께 전체 공장

설비도 옮겨졌다.

　승자의 전리품으로 경제 및 과학계의 엘리트를 고향에서 끌고 간 것은 더 이상 연합국에 한정되지 않게 되었다. 유능한 인력이 각기 스스로의 동기에 의해 고향을 등지게 되었다. 이들의 행렬에 근로자, 사무원, 수공업자 그리고 소규모 기업가, 예술가, 지식인이 합류했다. 이들의 목적지는 항상 같은 곳이었다: 서독과 서베를린. 1946년 미국, 영국, 프랑스에 의해 점령된 독일의 연합국 지역에는 4,620만 명이 살고 있었으나 1990년 10월 3일에는 6,350만 명이 살게 되었다.

　먼저 소련점령지역(SBZ)이, 그리고 나서 동독이 인구이동의 출혈로 사망할 지경이 되었다. 1948년까지 소련점령지역에서 이미 732,000명이 고향을 등졌고 1949년초부터 1961년 8월 13일까지 2,687,000명이 동독을 떠나 서독으로 넘어갔다. 울브리히트(W. Ulbricht)가 세운 장벽(1961년 8월 13일 세워진 베를린 장벽을 의미 : 역주)도 이주행렬을 막지는 못했다: 1988년말까지 673,000명의 동독주민이 자신의 국적을 포기했다. 철의 장벽이 무너지자, 장애물도 사라졌다. 1989년과 1990년에만 784,000명이 그들의 운명을 개척하기 위해 서독지역으로 이주했다. 결국 전쟁의 종결로부터 1990년말까지 거의 5백만 명에 이르는 동독주민이 동독을 떠났다. 마지막 즈음에 동독에는 단지 1,610만 명이 살고 있었다.

　널리 알려진 것처럼 2차대전 후 독일의 서방점령지역에는 10억 달러에 달하는 마샬플랜이라는 경제 발전 지원프로그램이 있었고 이를 통해 전후재건사업이 시작되었다. 그러나 동독에서는 노동자들이 비행기 폭격이나 탱크 공격으로부터 무사했던 공장의 기계나 설비를 자신의 손으로 해체하여 상자에 담아 화물열차에 실어야 했다. 그리고 소중한 생산재가 소련으로 향하는 것을 구경만 해야 했다. 그럼에도 이것이 1945년 이후 급속하게 나타나 꾸준히 확대되었던 동서독 경제 격차의 주요한 원인은 아니다.

이렇게 막대한 황폐화도, 영국의 국민경제학자 존 스튜어트 밀(J. S. Mill, 1806-1873)이 알고 있었던 것처럼, 국가경제에 결코 지속적으로 해를 끼치지는 않는다. 밀에게는 인간이라는 요소가 가장 중요한 것이기 때문이다: "막대한 파괴를 빠르게 극복하는 능력은 한 국가의 인구감소 여부에 달려 있다. 만약 현재의 국민을 절멸시키거나 굶주리게 하지 않는다면, 과거의 번영을 회복할 수 있는 모든 수단을 가지고 있게 되는 것이다. 그것은 과거의 지식과 유능함을 보유한 사람들 스스로가 자신의 토지와 손상되지 않은 문화를 가지고 있는 것이기 때문이다." 19)

소련점령지역/동독지역에 살고 있던 주민들은 굶주리지 않았고 절멸된 것도 아니었고 동시에 유능함이나 지식을 상실한 것도 아니었다. 이보다는 오히려 수백만 명의 주민이 소련에 의해 만들어진 체제에 대해 끊임없이 등을 돌린 것이 문제였다. 공산주의자들은 자신이 지배하고 있던 국민을 철저히 도피하게 만들었다. 가장 큰 피해를 준 것은 2차대전의 파괴도 아니고 공장의 해체도 아니고 체제에 의한 주민 추방이었다.

동독 정권 수립 10년 전인 1939년까지만 해도 동독지역은 서독지역에 비해 현저하게 잘 사는 지역이었다. 동독지역은 주민 1인당 산업생산량에 있어 725제국마르크(Reichsmark)로 2차대전 이후 3개 서방 연합군이 분할 점령했던 서독지역의 평균 609제국마르크보다 훨씬 높았다. 1945년 이후 폴란드 서부 지역이 된 독일의 동부 지역은 249제국마르크로 가장 낙후된 지역이었다.20) 따라서 동독지역의 생산량은 서독지역의 평균을 약 1/5정도 능가했다. 이를 통해 1945년 이전 중부

---

19) Ziet. nach Schliller, S. 18.
20) 이것은 1945년 승전 연합국의 포츠담 회담에 참석했던 국제 통계학자들의 자료에 근거했다.

독일은 독일의 경제적 핵심지역이었고 이 중심에서 작센은 독일 산업화의 발상지로 발전했다.[21]

켐니츠(Chemnitz)는 그 지역에 소재한 많은 공장으로 인해 대륙의 맨체스터(Manchester)로 통하고 있었다. 드레스덴은 그 중에서도 카메라 산업과 담배 산업을 정착시켰고, 라이프치히는 세계무역의 중심으로 유명했다. 작센 주의 대도시들은 1850~1939년 사이에 전체 독일의 대도시 인구성장에서 베를린보다 더 높은 증가율을 나타냈다. 당시 주민수는 1850년 62,400명에서 1939년에는 1,100%인 702,600명으로 증가했다.[22] 경제, 과학 그리고 문화의 시너지 효과가 라이프치히와 작센을 이주자들이 선호하는 목적지로 만들었다. 1차 세계대전 이전에는 작센과 작센에 인접한 뵈멘(Böhmen)이 유럽에서 1인당 가치 창출이 가장 높은 지역이었다.

1945년 이후에 동독지역의 엘리트 계층이 무차별적으로 빠져나감으로써 전통이 풍부하고 성과도 다양하였던 산업지역이 황폐화되었다. 이 지역은 한때 부의 기반이 되었던 것을 잃어버렸다: 수 세대에 걸쳐 축적된 지식이 통제할 수 없이 서독으로 넘어갔다. 동독지역 산업화의 뿌리에 대해 잘 묘사해내고, 2차대전 후 동독지역 산업의 소멸에 관해 저술하기도 했던 드레스덴 출신의 헤르만 골레(Hermann Golle)는 다음과 같이 주장하기도 했다: "200년의 독일 산업화 역사에서 그리고 전세계의 산업화 역사에서 동독에서 서독으로 옮겨간 그렇게 엄청난 기술이전은 결코 유례를 찾을 수가 없다."[23]

통일 이후에도 이러한 동독지역의 손실이 메꾸어지지는 않았다. 비록 쇼트(Schott, 유리 공장)나 칼 차이스(Carl Zeiss, 광학)는 회사의 재

---

21) Müller, *Freistaat Sachsen. Wirtschaft und Verkehr*, S. 54 f. 참조.
22) Briesen, S. 155. 참조.
23) Golle, S. 225.

단 정관에 한때 이러한 사실을 기록하였지만, 두 기업 모두 자신의 본사를 예나로 받아들이지는 않았다.[24] 현재 드레스덴 은행(Dresdner Bank)의 본사는 프랑크푸르트 암 마인(Frankfurt am Main)에 자리잡고 있고, 엘베(Elbe) 강가에 있는 본래의 드레스덴에는 초라한 지점만 유지되고 있다. 세계대전 이전에 중요한 화재보험사였던 알테 라이프치거(Alte Leipziger)는 할레쉔 나치오날레(Halleschen Nationale)와 통합되어 재정업무는 헤센 주의 오버우어젤(Oberursel)에서 운영되고 있다. 자동차 회사 아우디(Audi)는 동독지역의 츠빅카우(Zwickau)에서 서독지역의 잉골슈타트(Ingolstadt)로 이전되었다. 과거에 비행기 엔진을 생산하였고 전쟁 이전 아이제나흐(Eisenach)에 자리를 잡고 있었던 BMW는 자동차 생산라인의 대부분을 바이에른으로 옮겼다.

전세계 150여 개국에서 팔리고 있는 두발용품과 향수 생산업체로 유명한 세계적 선도기업인 웰라(Wella)는— 작센의 로텐키르헨(Rothenkirchen)에서 이발사 프란츠 슈퇴어(Franz Ströher)가 1880년 제국의 초석을 놓았다— 현재 다름슈타트(Darmstadt)에 본사를 두고 있으며, 본래의 자리에는 보잘것없는 자기업인 론다(Londa)가 아직 남아 있을 뿐이다. 이전에 동베를린에 소재했던 차량 브레이크 제조회사인 크노트 브렘제(Knorr Bremse)는 현재 뮌헨에 본사를 두고 있다. 바이에른의 주도(뮌헨)와 밀접히 연관되어 있는 세계 최대의 지폐인쇄회사인 지제케 & 데브리앙(Gisecke & Devrient)도 원래는 동독지역에 속하는 기업이었다. 1989년 변혁기 이후 바이에른이 다시 사들인 라이프치히의 구 본사(지제케 & 데브리앙은 2차대전 이전에 라이프치히에 소재)에는 현재 콘체른 종사자의 일부만이 일하고 있다.

---

24) 1896년 에른스트 압베(Ernst Abbe)에 의해 창설된 회사의 구 정관 3절은 "회사의 합법적인 본사는 예나에 둔다"라고 명시했다. 차이스(Zeiss)와 쇼트(Schott) 회사의 무배상 몰수 이후 서독에서 재창설된 회사는 1948년 6월 1일 회사의 합법적인 본사를 브렌츠(Brenz) 강 인근의 하이덴하임(Heidenheim)으로 이전했다.

그 결과가 이제는 전체 독일에 부정적 영향을 미치고 있기 때문에, 통일 이후 서독지역이 알아야만 하는 불운한 이전의 사례로 특히 라이프치히를 들 수 있다. 분단과 함께 라이프치히는 독일 축구연맹(현재 프랑크푸르트 암 마인 소재)뿐만 아니라 제국법원(현재 헌법재판소로 칼스루에 소재), 독일 도서관 협회(현재 프랑크푸르트 암 마인 소재)도 잃어버렸다. 출판분야에서도 만회할 수 없는 손실이 있었다. 서지학 연구소(현재 만하임 소재), 브록하우스(Brockhaus, 백과사전 출판사로 현재 베를린/뮌헨 소재), 출판사 인젤(Insel, 현재 프랑크푸르트 암 마인 소재), 출판사 레클람(Reclam, 현재 슈투트가르트 소재) 등이 서독지역으로 이전되었는데 이들은 잘 알려져 있는 이름이기에 예를 든 것에 불과하다.

출판업자, 편집담당, 판매담당 전문가들과 함께 상호 연관산업이 이전되었다: 즉 인쇄와 제본에 관계하는 산업들도 이전되었다. 이러한 이동과 함께 다시 고도로 전문화된 기계제작회사가 사라지고 동독지역은 기술적 진보의 연결고리에서 떨어져 나가게 되었다. 당시 독일 내에서 약 100년 이상된 등사기(polygraphischen Maschinenbau) 제조회사 20개 중에 5개 회사가 박람회 도시인 라이프치히에 자리를 잡고 있었다: 라이프치히 고속인쇄공장(1868년 설립), 쉘터 & 기제케(Schelter & Giesecke, 1880년 설립), 칼 크라우제(Karl Krause, 1883년 설립), 크라임 & 웅어(Kleim & Unger, 1891년 설립), 기계제작회사 게오르그 슈피스(Georg Spieß, 1900년 설립).[25]

확산 효과를 지닌 도미노 현상이 단지 출판인쇄업에서만 나타난 것은 아니었다. 한때 브륄(Brühl)과 하인슈트라세(Hainstraße)에 유명한 판매점을 운영하였고, 전성기 때에는 도시 전체의 산업만큼이나 많은 사람을 고용하였던 라이프치히 모피산업은 1945년 후에 프랑크푸르

---

25) Golle, S. 238.

트 암 마인으로 빠져나갔다. 19세기 작센 메트로폴리스의 과학적 기반에 의해 발전하였고, 노벨상까지도 염두에 두었던 향수원료와 향료 산업의 경제적 중심은 니더작센 주의 홀츠민덴(Holzminden)으로 옮겨졌다. 그러나 다른 지역으로 분가한 사업이 미국의 거세지는 경쟁에 부딪혀 헤게모니를 유지하지 못하기도 했다. 다른 한편 하노버(Hannover)에서는 세계 최대의 산업박람회가 자리를 잡았다: 하노버 박람회는 영국 점령군의 명령에 의해 설립되었고, 라이프치히의 박람회 전문가를 성공적으로 이주시켰다.

1945년 이후 동독은 수많은 전문분야에서 사람과 함께 연구력, 시장의 노하우 그리고 사업의 아이디어와 기업가 정신을 잃어버리게 되었다. 이와 함께 서독지역에서는 새로운 발전이 펼쳐지게 되었다. 폴란드와 체코슬로바키아의 독일인 추방과 함께 옮겨진 집약된 잠재력 덕분에 서독은 2차대전의 폐허 위에서 추측컨대 약 360,000개의 기업이 성장하게 되었다.[26] 이러한 인구 및 산업의 이동이 없었더라면, 1975년 서독의 산업생산은 약 18% 감소하는 것으로 추산되었다.[27] 이러한 평가는 1945년부터 1950년까지 서독에 도착한 피난민과 이주자는 계산에 넣지 않은 것이다.

많은 사람들이 인정하려고 하지 않지만, 이러한 출혈을 고려하면 동독지역에 남은 사람들은 패할 수밖에 없는 위치에 있었던 셈이다. 동독의 발터 울브리히트(Walter Ulbricht)는 이를 계산에 넣고 있었다. 동독의 국가지도자는 정치적 시스템의 경쟁이 특히 경제적 성과의 경쟁이라는 것을 너무나 잘 알고 있었다. 노동에 대한 도덕을 제고하기 위해 본격적인 선전선동 캠페인이 전설적인 인물 아돌프 헤네커(Adolf Hennecke)의 사례를 따라 진행되었다.

---

26) 위의 책, S. 227.
27) Forschungsbeirat, *Die DDR nach 25 Jahren*, S. 18.

1948년 10월 13일 츠빅카우와 오엘스니츠(Oelsnitz) 부근 작센의 석탄광에서 일하는 광부가 놀랍게도 하루 작업량의 387%를 초과 달성하는 특별한 기록을 세웠다.

전국적으로 울려 퍼지는 최대 실적에 대한 선동에도 불구하고 동독 주민들은 소련식으로 각인된 계획경제의 우월성을 믿지 않았다. 베를린 장벽의 구축을 통해 탈출을 막으려는 유일한 타개책이 나오기까지 '사회주의적 인간연대(sozialistische Menschengemeinschaft)'는 계속 위축되었다. 따라서 울브리히트는 서독이 동독의 탈주민 때문에 부유해지고 있다고 비난했다. 1962년 동독정부는 탈주를 근거로 해서 본의 서독정부에 1,000억 서독마르크를 요구하기도 했다. 엄청난 이 금액은 현재 1,640억 유로에 해당된다. 또한 이 금액은 연대협약 II를 통해 2005년부터 2019년까지 동독지역에 지원하기로 한 금액과 비슷하다. 과거에 타당했던 사실은 현재도 여전히 유효하다: 아무리 많은 돈을 가지고도 이미 발생한 손실을 보상할 수는 없다.

비밀 보관함에 감춰진 국가파산

구동독지역 주민이 국가에 많은 것을 기대하고 있는데, 국가는 그들에게 무관심한 것처럼 보이는 것은 역설적이다. 기대가 충족되지 않는다면, 사람들은 반항적으로 대항하고, 이에 따라 국가와 국민간 감정의 골은 점점 깊어지게 될 것이다. 이것은 무엇보다도 항의성 선거에서 이러한 심중이 표출되고 있다. 동독출신의 작가인 옌스 슈파르슈(Jens Sparschuh)는 그러한 행동방식은 동독시절에도 일상적이었다고 기억하고 있다. 동독시절에 사람들은 자신의 요구를 관철시키기 위해 직접 일선의 정치 지도자에게 호소하였고, 당시 서로가 여행신청서 제출이나 여행신청서 교부와 같은 압력수단에 의존했다. "시민과 당은 서로 해결책이 없는 강요(협박) 관계에 놓여 있었다. 그러한 식으로는 국가가 유지될 수 있는 상황이 아니었다"고 슈파르슈는 쓰고 있다.[28]

동독의 경제적 추락에 대한 이유 중의 하나로 이러한 사회적 강요관계를 제시할 수 있다. 국가의 지도자들은 국민들이 어느 정도의 복지를 누리고 있다고 주장했다. 전체적 사회 상황에 대한 배려 없이, 각각은 자신에게 유리한 측면으로 서로의 요구를 충족시켰다.

대부분의 동독주민은 동독사회와 화해하였고, 어떻게 현존 사회주의의 경제적 기반이 공동화되었는지에 대해서는 스토아학파적인 태연함으로 감수했다. 동독 사회가 추구하였던 잘못된 발전을 멈추려는 사회적 움직임도 존재하지 않았다. 1989년 가을이 되어서야 비로소 광범위한 계층의 국민들이 심도있는 개혁을 관철시키려고 나섰다. 동독을 새롭게 하려는 개혁은 너무 늦게 찾아왔다. 이 시점에서 동독은 이미 오래 전에 파산한 상황이었고 외부의 지원 없이는 더 이상 살아남을 수 없었다.

수십 년간 잘못 운영된 경제의 결과는 당시에 일반적으로 평가된 것보다 더 악화되어 재난이라는 표현도 부족한 지경이었다. 동독의 붕괴 후에 비로소 이러한 재난을 파악하게 되었지만 그것은 일부분이었다. 신속한 통일은 사람들의 시선을 재빨리 (과거보다는) 앞쪽으로 향하게 만들었다. 이로부터 오스탈지 현상(Ostalgie, 동독의 사회주의에 대한 향수를 의미하는 합성어, 향수를 의미하는 Nostalgie와 동쪽을 의미하는 Ost를 합성했다 : 역주)도 설명될 수 있다. 이러한 시선은 때때로 과거를 이상화하기도 한다.

작가 클라우디아 루쉬(Claudia Rusch)가 썼듯이 동독은 미래의 가

---

28) Die Zeit vom 23. 9. 2004, *"Das Wasser und der Wein"*

능성을 지닌 자비로운 국가가 아니라 조직의 책임을 모르는 철면피한 체제였다. 그것은 마지막까지 은폐한 국가파산이 보여주고 있다. 국가파산의 원인은 동독 역사를 한참 거슬러 올라가야 하며, 그것은 오래 전에 추진한 사회주의의 주요 과제에 있다. 즉 거의 모든 학생들이 과제로 써야만 했던 '경제정책과 사회정책의 통일(Einheit von Wirtschaft- und Sozialpolitik)'에서 기인한다.

1989년 이전 20년을 세밀히 관찰하면, 동독의 몰락에는 두 가지 요인이 관계하고 있다. 국가의 혜택을 조용히 받기만 한 동독주민과 국가를 붕괴로 몰고 간 양심 없는 지도부 일당이다. 그리고 이것은 서독 정부의 지원과 함께 이루어졌다.

동독 사회주의통일당(SED) 당서기장인 에리히 호네커(Erich Honecker)는 제8차 당대회에서 자신의 전임자인 울브리히트가 실각한 후 곧 '경제정책과 사회정책의 통일'을 사회주의의 새로운 이상으로 공표했다. 그것은 1971년 6월이었다. 울브리히트 치하에서 아직 먼 목표로 연기되었던 사회주의의 공산주의로의 전환이 그 당시에는 갑자기 가깝게 잡을 수 있는 것처럼 보였다. "민족의 행복을 위해서 모든 것을 해야만 한다"고 호네커는 요구했다. 이전에 동독 스스로 터부시하였던 것들이 허용되었다: 1971년 11월 국영상점은 4일 동안 150,000벌의 수입 청바지 리바이스를 판매했다. 울브리히트 치하에서 '청바지'는 서구적 퇴폐문화의 상징이기도 했다. 1972년 10월 사회주의통일당의 당중앙위 비서국은 소비재 생산을 활성화하기 위하여 수억 마르크가 소요되는 계획을 결정했다.

호네커의 '경제정책과 사회정책의 통일'은 개혁을 통해 국민경제의 효율성과 다이내믹을 제고하려는 '계획과 실행의 (단일화라는) 신경제체제'로 규정되었다. 이를 통해 현존 사회주의 경제에 대한 이해가 근본적으로 변화되었다. 신경제체제는 이제 체제경쟁력의 교본으로 이해되었고 최초의 경제적 세계관을 통해 승리로 나아갈 것으로 간주되었다.

이제 국민의 필요가 중심과제가 되었고 호네커는 이를 '복지사회주의(Wohlfahrtssozialismus)'라고 선언했다. 집세가 낮추어졌고, 근로시간은 단축되었고, 병자구호와 아동보호는 확충되었다. 순풍에 돛을 단 혼인의 출발(국가와의 결혼)은 부채를 통해서 이루어진 것이었다: 신문에 광고되었듯이 "아버지 국가로부터 7,000마르크의 기채"를 통해 이루어졌다. 1990년까지 '주택문제'를 해결해 모든 주민에게 적절한 주거를 마련해야 주어야만 했다.

결산: 국민에게 줄 행복(자선)을 재정적으로 담보하기 위해서는 경제가 보다 효율적으로 운영되어야만 했다. 그래서 5개년 계획(1971-1975)의 목표는 성장과 생산성을 배가하는 것이었다. '계획에 따른 생산— 현명한 합리화— 모든 것을 유용하게'가 경쟁을 고취하기 위한 선전 문구가 되었다. 동시에 외화 획득률을 높이려고 했다. 이를 위해 계획한 것은 우선 서구의 기계를 대규모로 수입하는 것이었다. 이를 통해 비사회주의 국가에 팔 수 있는 적합한 제품을 생산하고자 했다.

이러한 구상은 실현되지 않았다. 호네커의 경제정책과 사회정책의 **중간 휴지기**에도 정책적 통일에 대해서는 논의되지 않았다: 두 가지 중 한 가지, 즉 사회복지정책의 축복이 작동하기 시작하였음에도 다른 한 가지, 즉 경제정책의 성과는 기다려야 했다.

모든 어려움에도 불구하고 호네커의 정책 전환은 동독을 안정단계로 이끌었다. 정치계층과 국민 사이의 관계는 변화된 토대 위에 서게 되었다. 새로운 사회계약이 작동하기 시작했다: 국민들은 사회주의통일당의 지배권을 존중하였고, 당은 국민의 충성심에 대해 약속한 복지를 지불했다.

특히 1968년 프라하의 봄과 1970년 폴란드의 노동소요를 반영한 '경제정책과 사회정책의 통일'을 통해, 동독의 당과 국가 지도부는 지금까지 유례가 없었던 동의를 이끌어내는 방식을 만들어냈다.

1972년 동독의 지도부가 11,400개 사기업을 국유화할 때조차도 문제가 될 만한 시위는 일어나지 않았다. 그것은 놀라운 일이었다. 당시 동독에서 사적 영역이 산업생산의 약 11%를 차지하고 있었고, 심지어 모든 소비재의 거의 40%를 생산해내고 있었기 때문이다.29) 이것은 국민경제에 부담을 주는 이데올로기의 영광스러운 승리였다.

(동독체제의) 숙명론적인 평등주의로 인해 동베를린 정부는 재정적 출혈을 감수하여야 했다. 이미 1971년 동독은 외화획득을 부채변제에 거의 모두 사용했고, 수입물품을 외상으로 구입해야만 했다.30)

당중앙위 경제담당 비서인 귄터 미탁(Gunter Mittag)은 모든 반대에 대해 당서기장의 권위를 마구 휘둘렀다. 미탁의 콤비나트 경영에 대한 경직적 태도는 명령경제의 개인화로 이어졌다. 그는 성과를 과시하기 위해 통계를 조작하게 했다. 경제를 이해하지 못하는 호네커는 자신의 전문가를 무조건적으로 신임했다. 그는 몇 권의 책도 썼는데, 『주요 과제는 목표를 향해 노력할 때 실현된다(Die Hauptaufgabe wird zielstrebig verwirklicht』(1978), 『주요 과제를 향하여 매진하자(Konsequent auf dem Kurs der Hauptaufgabe』(1986), 『주요 과제의 방향이 당의 과업과 대중의 행동을 결정한다(Kurs der Hauptaufgabe prägt Arbeit der Partei und Handeln der Massen』(1987)31) 등이다.

확고한 마르크스주의자 루돌프 바로(Rudolf Bahro)처럼 조직화된 무책임성을 지적하는 사람은 감옥으로 보내졌다. 1978년 바로는 자신의 저서 『대안(Alternative)』에서, 국영 고무콤비나트 부서 책임자의 입을 빌어 사회주의 수뇌부의 행동을 "권력 유지를 위해 매 5개년 계획마다 보다 나은 빵과 보다 나은 유희를 약속해야만 하는 것"으로 비

---

29) Mahlert, S. 21.
30) Ebbinghaus 참조
31) *Enzyklopädie der DDR* 참조.

난했다. 바로의 '새로운 정책에 대한 평가'는 선동으로 규정되었다. 이제 대안은 더 이상 있을 수 없게 되었다. 1977년 11월 호네커는 당 지도부의 회의에서 다음과 같이 암시했다: "생산력이 충분하지 못하고, 외환보유고는 이자와 부채를 갚는 데 심각한 문제가 있다. 내년 6-7월이면 파국이 올 것이다."[32]

이미 1979년 11월 이데올로기에 충실하였던 경제사가 위르겐 쿠진스키(Jürgen Kuczynski)는 "어떤 영역에서도 계획을 세울 수 없게 되었다. 우리는 수척해진 손과 치아 없는 입으로 살아야 한다"고 자신의 일기에 적고 있었다.

적어도 세 번에 걸쳐, 즉 1978, 1983, 1988년에 동독은 외환변제 불능 직전까지 갔었다. '경제정책과 사회정책의 통일'을 내세울수록, 기생적인 무리를 받아들임으로써 생활수준 유지를 위한 비용은 끊임없이 늘어났고 불행의 정도는 주저없이 은폐되었다.

"우리가 재정정책에서 성공하지 못한다면 모든 급진적 개혁이 실패로 이어질 수 있다"는 레닌의 경고를 동베를린의 어느 누구도 명심하지 않았다. 오랫동안 사회주의통일당 지도부는 외환의 형태로 우상화된 실물화폐(Karl Marx의 Ware Geld)를 신봉했다. 특히 동독의 외환금고는 서독에 의해 채워졌다.

내독관계의 진전을 위해 본(Bonn) 정부는 동베를린 정부를 매우 다양한 영역에 걸쳐서 관대하게 맞이할 준비가 되어 있었다. 고속도로 통행로 건설을 위해 서독정부는 1975-1980년 사이에 22억 마르크를 약속했다. 여기에다 통행료에 대한 연간 지불방식으로 1976~1989년 사이에 국가재정으로 총 69억 마르크를 추가 지출했다.[33] 그리고 도

---

32) 이러한 호네커의 발언은 FDGB 위원장 하리 티쉬(Harry Tisch)의 개인 문서에 기록되어 있다.
33) 1976~1979년까지 매년 4억 마르크가 지불되었고, 1980~1989년까지는 5억 2,500만 마르크로 합의했다.

로사용료, 증가된 왕래자, 동독의 철도 요금 인상 등에 대해서도 본 정부는 당연히 국고로 지불하였고 아울러 동서독간 편지왕래 또는 동서독간 장거리 전화의 자동화 등을 위한 지불도 있었다.[34]

서독의 본 정부는 등가적 보상을 받지 않은 채 정치적으로 계산된 금액을 지불했다. 이러한 우호적 지원이 동베를린 정권의 생존을 보장하기도 했다. 70년대 늦어도 80년대에 동독의 국가재정은 서독 정부로부터 수십억 마르크의 유동성을 확보하지 못했더라면 붕괴했을 것이다. 인도적 이유에서 지원했다고 여전히 주장하고 있지만, 사실은 달리 해석될 수도 있다.

동독 정부는 계속 불어나는 외환부채 때문에 서독에 대한 의존성이 높아졌고, 인간거래라고 하는 특이한 경제거래의 분과까지 생겨났다 (서독은 1963-89년까지 동독에 34억 4,000만 마르크를 지불하고 동독정치범 33,755명을 석방, 서독으로 이주시켰다 : 역주). '국민의 수출재로서의 평가절하'는,[35] 오랜 협상 후에 최초로 8명의 수감자가 동베를린의 프리드리히슈트라세(Friedrichstraße)를 통해 동독을 떠나기로 한 때인 1963년 여름에 이미 시작되었다. 8명에 대한 보상으로 서독은 현금 340,000마르크를 지불했다. 1인당 42,500마르크인 셈이었다. 1977년에 동독정부는 이러한 금액을 배 이상으로 올릴 것을 요구했다.

국가의 금고가 빌 때마다 감옥을 가득 채웠다고 작가 위르겐 푹스(Jürgen Fuchs)는 비난했다. 서독은 돈이 있었고 동독은 상품을 만들어냈다. "너는 고깃덩어리에 불과하므로 확인 도장을 받고 난 후 계산대를 통해 가라"고 했다고, 정치범 석방거래를 통해 풀려난 사람이 '인간성이 무시된 거래실상'을 자신의 경험을 통해 기술했다.

서독정부는 약 33,000명에 이르는 정치범 석방을 위해 34억 마르크

---

34) Winters, S. 1305 f.
35) Neubert, S. 874.

를 지불했다. 이 금액은 1983년 중반 프란츠 요셉 슈트라우스(Franz Josef Strauß)가 착수한 동독에 대한 차관공여액의 3배에 달하는 액수이다. 이것은 약 25만 명에 이르는 동독주민의 국외여행 신청서가 받아들여질 수 있도록 지불된 금액을 포함한 것이다. 본은 밀케(E. Mielke, 동독 국가안전부의 수장 : 역주)의 계좌(번호 0528)와 호네커의 특별계좌(번호 0628)로 지불하였는데, 이것은 동독 대외무역 제국이었던 KoKo (Kommerzielle Koordination)를 통해 입금되었다. 14세 이하 청소년의 (동독방문시) 강제환전 폐지와 국경의 자동발사시설 해체와 같은 것에 대한 동독정부의 양보를 위해 지불된 금액이 서구 화폐로 교환될 수 있는 경화로 지불되었다.

국가안전부 알렉산더 샬크-고로드코프스키(Alexander Schalck-Golodkowski)의 KoKo 제국 역시 동독의 생존을 연장하는데 기여했다. 베일에 휩싸인 특별기관인 KoKo는 몰수한 국보급 보물을 판매하였으며, 박물관의 문화재도 내다 팔았고, 나치제국의 유물인 군사물품도 적극적으로 거래했다. 서방에 설립한 위장회사를 통해 금수조치를 무력화시켰고 무기와 탄약을 긴장발생지역에 공급했다. 이라크-이란 위기시에는 양측 모두에 무기를 내다 팔았다. 이렇게 벌어들인 돈은 스위스와 리히텐슈타인에 있는 대리인을 통해 동베를린으로 들여왔다. KoKo는 약 250억 마르크의 자금을 공급했다.36) 그럼에도 불구하고 이러한 자금이 '경제정책과 사회정책의 통일'을 구제하지는 못했다.

알아차릴 수 있었던 위기증상에도 불구하고 당기구내에서는 어떤 반대의 움직임도 없었다. 단지 정치국의 게르하르트 쉬러(Gerhard Schürer)만이 호네커로 하여금 비교적 용이한 정책적 수정을 하게끔 움직이려 하였고 최악의 상황을 피하고자 했다. 1988년 4월 이미 국가

---

36) *Enzyklopädie der DDR* 참조.

파산을 더 이상 피할 수 없게 된 때, 쉬러는 당서기장에게 절약 가능부문과 효율성 제고부문을 목록화한 13쪽의 보고서를 제출했다. 쉬러는 보고서에서 산업생산시설 입주에 특별히 많은 비용이 소요되는 기존 인구 밀집지역과 갈탄 채광을 위해 갱도를 깊이 파야 하는 지역은 피해야 하고, 이미 결정된 비디오레코더 생산계획에 대해서는 부담하기 어려운 높은 비용을 감수하기보다는 취소할 것을 제안했다.37)

작센 주의 츠빅카우 출신인 쉬러는 1951년 국가계획위원회에서 자신의 정치경력을 시작하였고 나중에 위원장이 되었다. 이러한 경력 때문에 그는 '공화국의 성과 조작자'라는 명칭도 얻었다(1989년 변혁 이후에 서비스업 콘체른인 두스만(Dussmann)이 동유럽 시장을 개척하는데 일조했다). 계획위원회에는 25,000명이 근무하였는데 철강산업의 건설에서 화장실의 두루마리 화장지 생산에 이르기까지 국민경제의 모든 부문을 조정했다. 그래서 쉬러는 다른 어떤 사람보다 실제로 존재하는 (계획경제의) 결점을 잘 알고 있었다.

1988년 5월 4일의 정치국원 회의에서 호네커의 심복 미탁(Mittag)은 쉬러의 보고서를 철저히 반박했다.38) 빠른 속도로 재앙으로 미끄러져 들어갔고, 일단 정해진 코스로부터 벗어나려는 몸부림도 이데올로기적 폐쇄성을 지닌 동독 공산당 기구를 극복하지는 못했다. 연간 약 4억 5,000만 동독마르크를 보조금으로 지급하고 있는 복지사회주의는 손을 대지 못하는 불가침의 영역이었다. 에곤 크렌츠(Egon Krenz)는 1989년 5월 일상적인 국민복지지원정책의 지속을 새롭게 강조했다. 경제정책과 사회정책의 통일을 포기할 수는 없었다― 그것이 곧 동독 사회주의였기 때문이다.39)

---

37) Schürer, S. 186 f.
38) 위의 보고서.
39) Hertle, *Der Mauerfall*, S. 26.

물론 약속한 "물질적·문화적 생활수준의 향상"은 여전히 실현되지 않았지만 단 한 가지 영역에서 동독은 세계적 수준을 견지했다: 1989년 동독 주민 1인당 평균 10.9리터의 순 알코올을 마셨는데, 그것은 맥주 146리터와 소주 15.5리터에 상응한다.[40] 다른 경우 상황은 암울하다. 어떤 물품은 공급상의 문제가 지속되어 사재기 현상도 발생했다. 동독의 상업공급부에는 불만을 호소하는 시민들의 항의가 빗발쳤다. 1989년 가을에는 시민들이 1971년에 체결된 사회계약(경제정책과 사회정책의 통일을 통해 국가는 국민에게 복지를 보장하고 국민은 당의 지배권을 존중하는 방식 : 역주)을 해지하기에 이르렀다. 당사자의 한쪽이 계약에서 합의한 의무를 이행하지 않았기 때문에 계약의 토대가 사라졌다.

상황은 계속 악화되었다. 비록 북경에서 발생한 데모에 대한 중국식 해결 모델(시위에 대한 무력 진압 : 역주) 이후 시위에 대한 피의 진압이 있을지도 모른다는 두려움이 있었지만, 1989년 10월 9일 라이프치히의 월요데모에는 70,000명 이상이 운집했다. 일주일 후인 10월 16일에는 약 100,000명이 시위에 참여했다.

며칠 후 정치국은 주례 회의에서 전혀 상황을 인식하지 못하고 있던 호네커를 퇴임시켰다. 10월 23일 라이프치히 거리에는 300,000명이 모였다. 직후 새로 선출된 당비서 에곤 크렌츠는 국가의 경제적 위기를 있는 그대로 제시했던 계획위원장 쉬러를 5명으로 구성된 (비상)위원회 위원에 임명했다.[41] 이제야 비로소 사람들은 오랫동안 감춰져 눌려 왔던 현실을 인식하기 시작했다.

1989년 10월 30일 회의시 정치국원에게 「동독의 경제상황에 대한 분석 및 평가」가 제출되었고 그것은 처절한 실패에 대한 포괄적인 고

---

40) Kaminsky, S. 135.
41) 이 모임에는 쉬러와 함께 무역부장관 게르하르트 바일(Gerhard Beil), 'KoKo' 회장 알렉산더 샬크-골로드프스키, 재무부장관 에른스트 회프너(Ernst Höfner) 그리고 통계청장 아르노 돈다(Arno Donda)가 속했다.

백을 담고 있다. 이 서류는 다음과 같이 표기되어 있다:

비밀문건 b 5 – 1158/89
37판, 1-22쪽
파기 1989.12.31
비밀등급 변경 불가

비밀 보고서에 실린 (동독의 현실에 대한) 주요 내용은 공식적 프로파간다(선전, propaganda)에 적합한 것은 아니었다.

20여년간에 걸친 복지사회주의(Wohlfahrtssozialismus)의 대차대조표는 우울했다. 투자를 위한 자금이 부족했다: 투자액은 1988년 확연히 감소되어 9.9%가 되었다(1970년 16.1%). 투자시설의 절반 이상이 고철로 분류되었다. 기계의 53.8%는 못쓰게 되거나 폐기하는 것이 나을 정도로 보수가 시급한 상태에 있었다. 도로 상황은 황폐화되어 있었고 사회간접자본의 52.1%는 사용하기 어려운 상태였다.

동 보고서의 저자들은 동독의 생산성이 서독에 비해 40%정도 뒤진다는 것을 인정했다. 관료주의적 어리석음과 경악할만한 낭비가 비판대에 올랐다. 전형적인 동독의 정치술어로 "사회적 노동력과 동원 가능한 자원의 배치에 있어 사회적 상부구조와 생산력의 토대 사이에 과오가 있었다"고 표현할 수 있다.

'주요 과제(경제정책과 사회정책의 통일)'의 공표 이후 국내외적인 채무행위가 통제할 수 없게 늘어나 버렸다. 국내부문에서의 국가 부채는 1970년 120억 마르크에서 1988년에는 1,230억 마르크로 증가했다. 그것은 약 1,000%의 증가를 의미한다. 정치국원들은 실질임금의 상승이 국민소득의 증가분보다 계속 높았기 때문에 화폐가 지속적으로 가치를 상실해 왔다는 것을 알았다. 결국 임금상승은 돈을 찍어내는 조폐기계를 통해 조달된 셈이었다. 쉬러 보고서의 저자들은 자본주의 국가와 은행으로부터의 차입을 실질적인 국가적 재앙으로 보았다: 국가채무의 총액은 보고서에 따르면 1970년 20억 바루타마르크 (Valutamark, 동독이 서독과의 협정 등에서 서독마르크를 표기하던 방식으로 1VM= 1DM이다 : 역주)에서 1989년까지 490억 바루타마르크로 확대되었다— 그것은 2,450%의 증가였다.

많은 노력에도 불구하고 빠른 속도로 늘어나는 부채를 더 이상 통제할 수 없었다. 목표에 도달하기 위해 24명으로 구성된 권력집단(정치국)은 천문학적인 수출흑자가 있어야만 가능한 허구적 시나리오를 계획했다. 이에 따르면 1990년 비사회주의국가와의 교역에서 20억 마르크의 흑자를 내야 한다는 계획이 만들어졌다.

(단위 : 10억 바루타마르크)	1990	1991	1992	1993	1994	1995
필요한 수출 초과	2.0	4.6	6.7	9.2	10.2	11.3
부채 상황	55.5	62.0	63.0	62.0	60.0	57.0

국가위기 극복을 위한 정치국의 허구적 시나리오

대외부채를 청산하려는 동독의 위대한 계획은 완전히 비현실적이었다: 동독의 서방에 대한 상품 수출은 내독교역을 제외하면 총 55억 서독마르크 정도에 불과하였기 때문이다. 그것은 서독 수출액과 비교하면 단지 1%에 불과했다.[42]

그럼에도 불구하고 1995년에 이미 110억 바루타마르크가 넘는 수출흑자를 가정하고 있었다. 이러한 전제하에서도 부채가 1992년까지 630억 바루타마르크로 증가하고 있었다. 전체 계획은 망상이었다. "그러한 수출초과는 지금까지의 조건하에서 전혀 현실적이지 못한 가

---

42) DB Research, *Perspektiven Ostdeutschlands*, S. 9.

설이었다."

가장 염려스러운 것은 주권을 포기해야 할지도 모른다는 것이었다. "지불불능의 즉각적 결과는 국제통화기금(IMF)이 모라토리움(지불유예, Moratorium)을 통해 동독이 무엇을 해야 할지를 결정, 지시한다는 것이다"라고 저자들은 설명하고 있다: "경제에의 개입, 기업의 재사유화, 보조금의 제한 또는 폐지를 의미하는 국가의 지위 포기 요구 및 수입정책을 결정하는 국가의 지위 포기 요구와 연관되어 있다." 이것은 동독 공산주의에게는 악몽을 의미하는 것이었다.

따라서 현황 설명에서의 제안은 다음과 같이 나타났다: "이러한 결과를 피하기 위해 모든 대책을 강구해야 한다." 그러면 어떻게 할 것인가? 이에 대해 5명으로 구성된 태스크포스(프로젝트, taskforce)팀 역시 답을 알지 못했다. 대안적 계획(Plan B)이 부재했다. 그러나 동독 공산당의 경제참모들은 그들 스스로조차도 믿지 않는 반신반의의 개혁 계획을 제시했다. "절박함과 진실함을 가지고 추진했다고 할지라도 원하는 결과는 얻을 수 없었다. 진행을 멈추기에는 너무 늦었다." "1985년에 많은 노력을 기울였다면 가능했었을지도 모르지만 현재는 그러한 가능성이 더 이상 없다. 단지 부채증가를 멈추려고 하더라도 1990년의 생활수준이 25-30% 감소하게 되고 동독을 지배하는 것이 불가능하게 될 것이다." 세계사에서 비교 가능한 사례를 찾아봐도 그렇게 경제가 파산되는 경우는 거의 없었다.

상황은 이미 충분히 음울해질 대로 음울해져 있었으나 정치국 위원들은 진실을 직시하려 하지 않았다. 진실은 비밀문건 b 5 - 1156/89에 담겨져 있었으나 3쪽의 문건은 단지 당서기 에곤 크렌츠와 빌리 슈토프(Willi Stoph)에게만 열람하도록 허용되었다. 최고위 당간부들은 비밀문건을 통해 동독이 앞으로도 계속 자본주의의 채권제공자에게 의존할 수밖에 없다는 것을 알 수 있었다: "연간 기채는 약 80억에서 100억 바루타마르크에 이르고 그것은 동독과 같은 나라에게는 너무 많은 금액으로 약 400개의 은행을 상대로 상황에 따라 자금능력을 보여주어야만 한다"는 것을 의미했다.

이제 크렌츠와 슈토프도 범죄 음모에 연루되었다. 그럴싸한 어음으로 현재의 유동성을 믿게 할 수는 없었다. 비록 동독이 지불만기 채무로 인해 높은 이자로 빚을 얻게 되었지만, 해외 계좌의 많은 돈을 그대로 유지하여 채권자들을 교활하게 기만했다. 이러한 사실이 기채의 신뢰 제고에 긍정적으로 작용한다는 내용이 비밀문건에는 있었으나 "실제 채무를 얻는 데 있어서는 별로 효과가 없었다."

이제 정치국에서는 공공연하게 마지막 수단을 고려하게 되었다. 지불능력을 확보하기 위해 1991년에는 지금까지의 기채 정책과는 달리 서독 정부와 230억 바루타마르크의 채무에 관해 일정 기간 안에 협상하는 일을 피할 수 없게 되었다. 그러면 서독에는 그에 대한 대가로 무엇을 제공할 수 있었을까? 무엇보다도 국가의 안전이 취약하게 되었다. 계획상에는 심지어 1995년 말까지 서독 정부의 통행료 지급 약속이 이미 지출된 것으로 계상되어 있었다. 쉬러와 같은 사람들은 밑천 없이 큰 이익을 취할 수 있는 방법만을 생각하게 되었다: 그래서 생각한 것이 '서독과의 국경', 즉 장벽을 이용해 자금을 마련할 수 없을까 하는 것이있다.

"서독으로 하여금 우리(동독)의 제안에 대한 진정한 의도를 인식하도록 하기 위해 다음과 같은 설명이 필요하다. 즉 오늘날 존재하고 있는 양독 사이의 국경을 금세기에 불필요한 것으로 만들게 하는 조건을 창출해야 한다"고 쉬러는 보고서에 진지하게 적고 있다. 9개월 전에 호네커는 다음과 같이 설명한 적이 있다. "장벽이 세워진 조건이 변화하지 않는 한 장벽은 그대로 남아 있게 될 것이다. 장벽을 구축했던 이유가 제거되지 않는다면 장벽은 50년이고 100년이고 존재하게 될 것이다."

동독은 권력 유지를 위해 장벽을 개방하려고 하였다: 동독 공산당의 권력자들은 물에 빠진 사람처럼 지푸라기를 잡고자 했다. 거기에는 이데올로기적 원칙도 도덕적 거리낌도 없었다. 단지 군사적 잔재를 없애기 위하여 힘쓰고 있다는 것을 보여주려고 했다. 쉬러 보고서에서 새로운 차관을 얻기 위해 국경을 희생해야 한다는 등 모든 관련 제안을 담은 구절은 최종본 형태로 정서된 정치국 회의록 자료 속에는 빠져 있다. 그러나 다행스럽게 가필한 초안이 문서보관소에서 발견되었다.

1989년 10월 말 정치국은 쉬러의 안을 오랜 토론 없이 통과시켰고 내용은 당출판물을 통해 단지 축약된 형태로 알리기로 했다. '경제정책과 사회정책의 통일' 이라는 실험이 가져온 참담한 결과에 대해서는 어느 누구도 책임을 지려고 하지 않았다. 긴급회의 하루 후인 1989년 11월 1일 크렌츠는 모스크바에서 이제 더 이상 구제할 수 없게 된 상황을 타개해 보려고 모든 시도를 했다. 그러나 고르바초프는 더 이상 동독을 지원하려고 하지 않았다.

1991년 호네커 정권하의 계획경제 최고담당자인 귄터 미탁(Gunter Mittag)은 다음과 같이 설명했다: "만약 통일이 없었다면 동독은 예측할 수 없는 사회적 결과를 동반한 경제적 파국을 향해 나아갔을 것이다. 더 이상 생존할 수 없는 상황이었기 때문이다."[43] 동독을 회생시키기 위해 이제 다른 사람들이 책임을 지게 되었다.

---

43) Der Spiegel, 37/1991, *"Es reißt mir das Herz kaputt"*

제2장

구동독지역의 추락

큰 통일과 작은 통일

통일은 마치 마른 하늘의 날벼락처럼 서독 주민에게 전혀 예상치 못하게 다가왔다. 통일이 이루어진 1990년 10월 3일 이후에 저질러진 많은 실수들은 이런 연유로 피할 수 없었다고 한다― 평계 같은 어리석은 주장은 이처럼 변명하고 있다. 그러나 이것은 단지 절반의 진실만을 담고 있다. 서독은 동독이 붕괴되기 오래 전에 이미 통일을 연습할 수 있었기 때문이다. 서독정부는 통일로 야기되는 다양한 측면을 연구할 수 있는 기회가 있었다. 따라서 통일이 단계적으로 진행될 때, 어떤 장기적 손실과 위험이 발생하는지에 대해 아주 정확히 알 수 있었다. 좀더 정확히 말하면, 그것을 잘 알고 있어야 했다.

1957년 1월 1일 자르란트가 11번째 주정부로 연방에 가입했다. 이러한 '작은 통일'에서 축적한 경험이 1990년 (통일에 대해 가졌던) 과장된 확신의 근거가 될 수 없었다. 오히려 1950년대 말의 '큰 통일'을 위한 '작은 통일'의 시험은 철저히 실패하였기 때문이다. 자르란트의 사례는 일정 기간의 국가적 분단에서 나타난 경제적 폐해가 결코 쉽게 원상복구될 수 없다는 것을 보여주었다. '작은 통일'이 서독의 경제 기적 과정에서 발생하였지만, 이것은 승승장구하던 서독경제의 어두운 한 단면으로 남아 있다.

동독은 1990년 유럽국가 중에서 인구밀도가 가장 높았던 나라 중의 하나였다. 동독지역에는 아일랜드, 발틱 3국(에스토니아, 라트비아, 리투아니아), 키프로스, 룩셈부르크, 말타에 살고 있는 사람들을 모두 합친 것보다 더 많은 사람이 살고 있었다. 만약 동독이 아직도 독립국가였다면, 거의 1,500만 명의 인구로 유럽연합의 24개 국가 중에 여덟 번째가 되었을 것이다. 그것은 네덜란드 다음이고 그리스, 벨기에, 체코보다 앞에 서게 됨을 의미한다.

이와 달리 자르란트는 유럽지도에서 아주 작은 부분이다. 로렌(Lothringen)과 룩셈부르크 사이에 있는 2,570㎢의 지역으로 동독 면적의 약 2.4%에 해당한다. 자르란트의 연방가입과 함께 서독의 인구는 960,000명이 늘어났다. '작은 통일'은 결과를 예측할 수 있었다. 자르란트의 사례가 동독의 경우와 다른 것은 통합에 있어 훨씬 더 유리한 전제조건을 가지고 있었다. 왜냐하면 사유재산과 자영 기업이 자르란트에서는 동독에서처럼 파괴되지 않았기 때문이다.

한 가지 관점에서 분단된 양 독일이 닮은 데가 있었다: 자르란트는 프랑스의 반보호령이었고, 동독은 소련에 의해 지배되는 의존적인 국가였지만, 모두 형식적으로는 자주권을 가지고 있었다. 자르란트는 자신의 헌법, 국기, 국가와 화폐를 가지고 있었다: 가장 작은 발행권인 마르크 지폐의 한 쪽에는 프랑스어로 1마르크(Un Mark)가, 다른 쪽에는 독일어로 1마르크(Eine Mark)가 표시되어 있었다. 자르란트는 올림픽 대표팀을 내보내기도 했었다. 자르란트는 2차대전 후 독일 사회에 자긍심을 불어넣어준 '베른의 기적(Wunder von Bern, 독일은 1954년 스위스 월드컵에서 우승함으로써 2차대전의 패배감에서 벗어나 국가재건을 위한 자긍심을 가질 수 있었다 : 역주)'을 수포로 돌아가게 만들 수도 있었던 축구대표팀을 가지고 있었다. 그러나 자르란트의 국가대표팀은 1954년 스위스 월드컵 예선전에서 젭 헤르베르거(Sepp Herberger)가 이끈 독일 축구대표팀에게 홈 경기와 원정 경기에서 모두 패배했다.

연방 총리 콘라드 아데나워는 1919년 6월 28일 베르사유 조약에 의해 독일 영토로부터 떨어져 나갔던 자르란트를 소련점령지역인 동독과 마찬가지로 포기했다. 서구의 양분은 프랑스의 협상 파트너 피에르 멘데스-프랑세(Pierre Mendes-France)와 협의한 1954년의 파리조약을 통해 다시 확인되었다. 협정에서 논의된 '자르 규약(Saarstatut)'은 이 지역을 유럽화하는 것이었고 독일과 평화조약 체결시까지 서유럽 동맹에서 파견된 위원이 자르란트를 통치한다는 것이었다.

아데나워나 멘데스-프랑세는 자르란트의 주민들이 이러한 자르규약에 동의할 것에 대해 거의 의심하지 않았다. 그러나 상황은 달랐다: 1955년 10월 23일 실시된 주민투표에서 자르란트 주민의 67.7%가 본과 파리 정부가 머리를 맞대고 협의한 것에 반대했다. 외무장관 폰 브렌타노(Heinrich von Brentano)가 언급한 것처럼 자르란트 주민은 "최초의 그리고 진정한 통일을 위한 조치"에 투표했다. 1956년 12월 14일 자르란트 의회는 서독 기본법 23조에 따라 다음해를 기해 서독에 편입할 것을 선언했다. 동독의 인민의회는 1990년 8월 23일의 역사적인 특별회의에서 똑같은 조치를 취했다.

결과적으로 동독과 자르란트가 서독으로 편입되었지만, 두 경우 모두 당시 서독 집권 정부의 공적은 없었다. 또 다른 흥미로운 유사점이 있는데, 자르란트나 동독의 경우 주민들이 "우리는 한 민족이다"라는 점을 자각하고, 이를 관철했다는 것이다. 자르란트 주민의 결의에 깜짝 놀란 아데나워는 신속하게 정책전환을 시도하였고 1957년 1월 1일을 "(자르란트의 서독 편입이) 동독지역에도 유효할 수 있다는 믿음을 심어주기 위해 소련점령지역의 주민(동독주민)을 위한 기념일"로 명명했다.

이를 통해 자르란트의 서독으로 편입이 정치적으로는 해결되었지만 경제적으로는 결코 쉽지 않았다. 경제적 합병은 어느 정도의 과도기간을 둔 1959년 7월 6일에 이루어졌는데, 많은 갈등 속에서 진행되었기 때문이다. 광산업이 번성한 자르란트는 2차대전 후 화폐와 관세

통합을 통해 프랑스에 밀접히 연계되었다. 자르 지역의 화폐는 수년 간 프랑스와 연계되었고 자르 지역은 프랑스 방식의 임금과 세제를 받아들였는데 이것이 '작은 통일'에서 힘든 부담으로 입증되었다. 자르란트의 편입 이전에 중요한 탄광은 프랑스에서 대개 관리했다. 이러한 상황이 여타 독일 지역, 즉 전통적인 자르 지역 생산물의 주요 구매자를 차단하였기 때문에, 자르란트의 경제는 가파른 내리막길로 접어들었다. 산업은 프랑스 통치 기간 동안 심각한 자본 부족과 높은 세금 그리고 기계와 부품의 공급 부족으로 어려운 상황에 처해 있었다.

이미 1954년 당시 사람들은 다음과 같이 기록했다: "지역의 원천적 부의 근원인 석탄 매장량과 이에 토대한 광업과 제련공업이 경제적 위기의 근원으로 전락했다는 것은 너무도 명백하다."[44] 산업이 경쟁력을 상실하였기 때문에, 인원 감축 없이는 광산과 제련 산업은 적자에서 헤어날 수 없었다. 서독으로의 편입 후 1958년 자르란트의 전문가는 다음과 같이 자르란트의 상황을 규정했다: "대단히 치밀하게 계산된 보조금 지급체계만이 자르 지역의 생산품을 세계시장에 진출시킬 수 있다."[45]

자르란트는 재편입의 충격으로 지금까지 회복되지 못하고 있다. 동서독 통일 이전에 연방에 가입한 자르란트는 거의 50년을 재정지원이라는 혈관주사에 의존하고 있다. 이미 1950년대 말에 특별 재편입 지원이 있었다. 그 이후 자르란트는 정기적으로 주정부 재정균형제도에 의해 많은 지원을 받고 있다. 그럼에도 불구하고 자르란트 주정부는 1994년 재정위기에 빠졌고 그 이후 10년 동안을 연방의 재정건전화 지원에 기대고 있다. 자르란트는 쉴레스비히-홀스타인(Schleswig-Holstein)과 함께 서독의 주정부 중에서 1인당 부채액이 가장 높아 많

---

44) Hellwig, S. 161.
45) Altmeyer, S. 535.

은 어려움을 겪고 있다. 인구적 관점에서도 편입의 실패는 흔적을 남기고 있다: 자르란트는 서독지역 주정부 중에서 가장 고령화되었다.

만약 자르란트가 연방 재편입 후 약 50여 년 동안 받은 모든 지원을 리스트화한다면 금액이 막대할 것이다. 그럼에도 구조적 문제는 아직 극복되지 않고 있다. 그러면 어떻게 훨씬 규모가 큰 동독의 재편입이 성공할 수 있을까? 동서독 통일의 경우 완전히 다른 규모의 지원과 훨씬 더 긴 시간을 상정하지 않고 가능할 수 있을까?

저발전 국가 중에서 빠른 성장으로 선발주자 따라잡기에 성공한 주목할 만한 사례도 물론 있다. 1960년대 중반 유럽의 가난한 국가였고, 1980년대에 이르러서야 비로소 그리스의 경제수준에 도달하였던 아일랜드가 이에 속한다. 1990년대에는 성장률이 8%를 넘어섰다. 그 사이 '켈틱의 호랑이(아일랜드)' 는 신용평가기관인 무디스사로부터 '서유럽의 가장 강력한 국민경제' 라는 지위를 부여받았고, 유럽연합에서 룩셈부르크 다음으로 높은 1인당 경제생산력을 보여주었다.[46] 아일랜드는 낮은 수익세 덕분에 해외자본을 마치 자석처럼 끌어들이고 있다.

그렇지만 분단국 통일의 경우 후진 지역이 성공적으로 통합된 사례는 매우 드물다는 것이 입증되어 왔다. 발전에 꽤 오랜 시간이 필요하다는 것은 너무도 당연하다. 미국에서 남북전쟁 이후 남부지역을 북부지역에 경제적으로 연결하는 데 130년 이상이 걸렸다는 것을 알아야 한다. 브뤼셀의 유럽연합으로부터 수십년간에 걸친 지원에도 불구하고 포르투갈의 남부지역 알렌초(Alentejo)와 북부지역의 경제적 격차는 크게 감소하지 않고 있다. 스페인도 가리시엔(Galicien)과 에스트레마두라(Estremadura) 사이의 경제적 격차 축소에 실패했다.

---

46) 유럽연합 25개국의 일인당 국민총생산을 100으로 놓는다면, 2003년 아일랜드와 독일의 일인당 국민총생산은 각각 131%와 108%이다. Eurostat-Pressemitteilung, 73/2004, "Nowcast des BIP pro Kopf für 2003"

이탈리아는 130년이 넘도록 완화되지 않고 있는 역사적 유산으로 고통받고 있다: 1870년 국가통일 이후 저발전된 남부와 번영하는 북부 사이의 격차가 고정된 상수로 계속 남아 있다. 쟁점이 되고 있는 '남부문제'가 자주 이탈리아 내부의 인종주의로 이어지고 국가적 결속을 뒤흔드는 위협이 되고 있다. 남부에 대한 여전히 높은 교부금도 이러한 대립을 해소하지 못하고 있다. "80년대말 이탈리아 정부는 임금보전과 이전지불을 통해 남부지역 가계 가처분 소득의 약 50%를 만들어 냈다. 이러한 비율이 1970년에는 36%였다"고 1998년 유럽집행위원회는 밝혔다. 많은 경제관계 전문가들이 저발전의 고착 원인으로 주목한 높은 이전금조차도 머지않아 축소될 것이다— 메조지오르노(Mezzogiorno, 이탈리아 남부지역)는 실패한 따라잡기의 전형적인 사례가 되고 있다.

메조지오르노와 동독지역을 비교할 때, 독일에서는 너무도 터무니

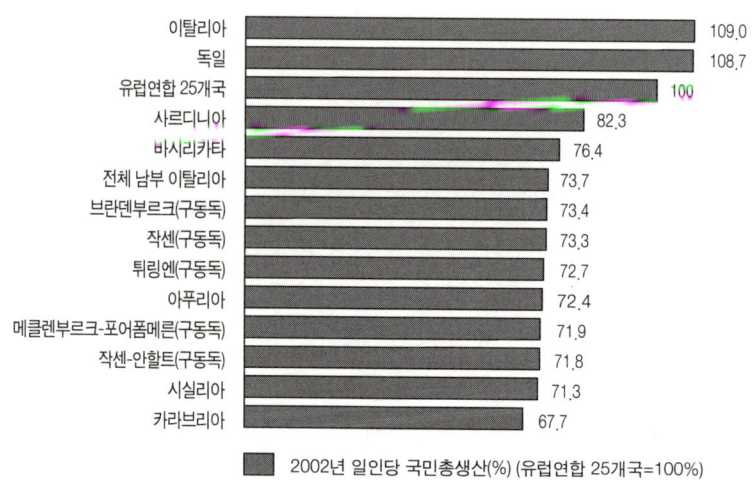

지역	수치
이탈리아	109.0
독일	108.7
유럽연합 25개국	100
사르디니아	82.3
바시리카타	76.4
전체 남부 이탈리아	73.7
브란덴부르크(구동독)	73.4
작센(구동독)	73.3
튀링엔(구동독)	72.7
아푸리아	72.4
메클렌부르크-포어폼메른(구동독)	71.9
작센-안할트(구동독)	71.8
시실리아	71.3
카라브리아	67.7

■ 2002년 일인당 국민총생산(%) (유럽연합 25개국=100%)

【표 1】 남부 이탈리아와 구동독지역 연방주의 경제력
출처: 유럽연합통계청

없는 기대가 횡행하고 있다. 독일의 무지한 자만심: 메조지오르노는 동독지역보다 상대적으로 산업화된 지역이다. 경제력[47]에 있어서 작센-안할트(Sachsen-Anhalt) 주와 시실리아(Sizilein)는 거의 차이가 없으며, 사르디니아(Sardinien)는 오히려 작센 주보다 더 좋은 상황이다 (표 1 참조). 이런 사실을 제외하더라도 이탈리아는 경제 격차를 균등화하기 위해 다양한 정책을 추진한 바, 풍부한 경험도 가지고 있다.

이탈리아 정부는 이미 1950년에 쥐트카세(Südkasse; Cassa per il Mezzogiorno)라는 발전지원회사를 설립했다. 이를 통해 30년 이상 지속적 노력을 펼쳐 왔다.

이러한 과정에서 오늘날 구동독지역에서 많은 논란이 되고 있는 모든 구상과 수단들이 시험되었다― 투자보조금 또는 세금감면, 국가주도에 의한 인프라 구축, 전체적으로 고른 지원 또는 성장축을 목표로 하는 지원 등 어느 것이 유리한지에 대해 논의되었다.

1957년부터 로마 정부는 남부지역 신규투자에 대해 국가가 60% 참여하는 국가 콘체른을 의무화하기도 했다. 1984년까지 쥐트카세를 통해 남부지역에 유입된 금액을 환산하면 2,440억 마르크에 달한다. 이러한 지원 활동에도 불구하고 북부지역과 수준 차이를 크게 좁히지 못했다.

독일은 이탈리아로부터 많은 것을 배울 수 있었다. 그럼에도 불구하고 독일에서는 메조지오르노의 실패와 지금도 한창 진행중인 구동독지역 재건을 비교할 수 없다고 주장하고 있다. 신연방주(구동독지역) 주민이 남부 이탈리아인과 달리 산업사회와 지식사회에서 형성된 경험을 가지고 있고 또한 매우 근면하다고 한다면, 이러한 평가는 1957년의 자르란트에는 타당하지 않았단 말인가?

---

[47] 2002년의 일인당 국민총생산은 구매력기준(Kaufkraftstandard, KKS)에 의한 것이다. Eurostat-Pressemitteilung 13/2005, *"Regionales BIP je Einwohner in der EU 25"*

붕괴와 희망: 인위적인 건설 붐

요제프 슘페터(Joseph Schumpeter)는 특이한 방식으로 독일 통일의 대부가 된 것처럼 보였다. 백 년 전의 유명한 국민경제학자가 창안해 낸 모델은 신연방주에 적용하기에 완벽한 것처럼 보였다: 슘페터는 '창조적 파괴과정'을 통해 경제가 역동적으로 발전해 나갈 수 있다고 믿었다. 그는 이러한 과정에서 전체 경제의 고른 발전이 아니라 내부의 창조적 변화를 이끌어 내는 것이 중요하다고 생각했다.

그러나 유감스럽게도 1990년의 통일정치가들은 슘페터를 완전히 잘못 이해했다. 다음과 같이 생각하는 것이 논리적인 것처럼 보였다: 새로운 것을 발전시키려면 우선 오래 된 것을 붕괴시켜야만 하는 것은 아닐까? 왜 산업현장에 널린 고철덩어리들을 끼고 고민해야 하는가? 자연친화적인 토대 위에 생산력을 빠른 속도로 발전시키기 위해서는 우선 쓸모없게 된 공장을 완전히 없애는 것이 오히려 맞는 것은 아닐까?

15년이 지난 후 결과는 끔찍하게 되었다. 너무 많은 것이 파괴되었으나, 새롭게 만들어낸 것은 아주 적었다. 그러면 오히려 기존의 것을 유지하기 위해 많은 노력을 기울였어야 했던 것은 아닐까? 적든 많든 기본적으로 새로운 것을 만들어내기 위해 국민경제를 완전히 해체하는 것이 어리석은 짓은 아닐까? 급속한 청산을 위해 지불한 대가가 너무 높은 것은 아닐까? 아무튼 슘페터는 이러한 결과에 대해 어떠한 책임도 지지 않을 것이다.

통일 후 구동독지역의 현실을 자세히 살펴보면, 지속적으로 반복되는 모티브가 두드러진다: 모든 것이 잘 될 것이라는 희망은 후회와 함께 막을 내렸다. 1990년 기대는 높이 치솟았다. 지푸라기를 태운 것 같은 미지근한 온기조차도 1990년대 중반에 이미 모두 사그라졌다.

이런 관계로 콜 정부의 마지막 즈음에는 '동맹 동독지역(Bündnis Ost)' 이라는 구호가 다시 나타나기도 했다. 그렇지만 그것은 공포된 목표와는 다르게 반대지점에 도달하여 실패로 입증되었다. 그리고 사민당의 슈뢰더 총리가 집권하였고 그는 동독지역 재건을 '총리의 주요 업무(Chef Sache)'로 하겠다는 헛된 공약만 남발했다— 상황은 더 악화되었다.

이제 연대협약 II가 성공을 위한 전환점이 되어야만 한다. 그러나 과거에 이미 실패했던 것이 앞으로 성공할 수 있을까? 아마도 사람들은 새로운 연대협약을 통과시키기 전에 이제는 지난 15년 간의 경험을 가지고 매사에 보다 철저할 수 있다고 생각하였을 것이다. 그것은 소중한 경험이어야만 했기 때문이다.

동독의 전 국민경제를 생산으로 돌리려 했던 악명 높은 경제개발 5개년 계획은 거대한 관료적 기구를 만들어 냈고, 동독의 몰락과 함께 역사의 쓰레기가 되었다. 통일 이후 동독경제가 완전히 다른 법률을 따르게 되었지만, 전체적인 발전의 전개과정은 대체적으로 과거에 익숙했던 습관을 버리지 못하였다. 1989년의 변혁 이후 구동독지역의 궤적은 5년씩 3단계로 구분할 수 있다: 붕괴와 희망의 기간(1991~1995), 정체와 환멸의 기간(1996~2000) 그리고 쇠퇴와 자기 기만의 기간(2001~2005).

첫번째 단계는 가장 소용돌이치는 단계였던 것으로 증명되었다— 동시에 가장 성과가 있었던 통일과정이었다. 근로자와 농부의 국가는 팀파니의 울림과 함께 작별을 고했다. 계획경제로부터 시장경제로의 전환과정에서 고용과 생산 부문은 최근 경제사에서 그 유례를 찾을 수 없을 정도로 크게 후퇴했다. 1989~1991년 사이 동독지역에서 직업 활동인구는 964만 명에서 652만 명으로 거의 1/3 정도가 감소되었다. 동시에 모든 생산과 서비스를 포함하는 국내총생산은 약 40% 정도 축소되었다.

　동유럽의 다른 어떤 후기 공산주의 국가도 자본주의 시대로 들어서는 입장권을 동독처럼 그렇게 높은 가격으로 지불한 나라는 없었다. 무슨 일이 일어난 것일까? 우선 사회주의 실험이 그에 대한 대가를 강요했다. 대부분의 공장기계는 50년대에 제작된 것이었고 많은 기계는 심지어 바이마르공화국 시대 또는 제국시대까지 거슬러 올라가는 것도 있었다. 박물관에나 있을 법한 기계로 경쟁력을 가진다는 것은 불가능했다. 동독은 과거의 경제를 가지고 있었다. 물론 서독지역에도 현대화되지 않은 부문이 있었다. 그러나 동독지역은 여기에 치명적인 임금상승이 추가되었다. 이러한 것들이 동독의 경제를 잘못된 길로 들어서게 만들었다.

　1990년초 동독의 산업부문에 고용된 근로자의 시간당 임금은 서독의 근로자와 비교할 때 초라한 수준인 7.4%였다. 물론 동독지역의 낮은 생활비용은 참작되지 않은 것이다. 그러나 화폐통합과 통일 이후인 1990년 말까지 동독지역 산업근로자의 시간당 임금은 서독지역의 36.8%로 치솟았다. 1991년 중반에는 벌써 50%가 되었다. 아이러니한 경제기적: 시간당 임금에 있어 1990년에는 그리스를 앞질렀고, 1991년에는 아일랜드, 1992년에는 미국을 앞질렀다.[48] 그렇지만 생산성은 뒤졌다. 이것은 동독지역의 생산성 제고에 대한 의지 부족 때문이 아니라, 구서독지역의 소득수준을 빠른 속도로 따라잡기 위한 전제조건이 형성되지 않았기 때문에 발생한 것이다.

　동독의 통신망은 개발도상국의 상태였다. 장거리 통신시설의 1/4은 30년대 수준이었고, 심지어 1/3은 쓸모없는 것이었다. 동서독을 이어주는 회선은 매우 적어 연결이 어려웠고 당시 동독의 최신 기술이었던 C-전신망조차도 서방의 주요한 사업자와 연결하기 위한 예외적 사

---

[48] ifo연구소 자료에 근거해 자체 계산.

례였다. 비로소 90년대 하반기에 이르러서야 통신망의 어려움이 해소되었다. 물론 기술분야에서 진척이 없었던 것은 아니다. 그러나 보다 중요한 현대 시장경제가 어떻게 작동하는지 알고 있는 사람은 거의 없었다.

경쟁력의 부재, 세계경제로부터의 차단 그리고 경영에 대한 무지가 큰 문제였다. 특히 의사소통이 어려웠다. 동독의 경제학자는 시장, 조세권, 경영방법에 대해서가 아니라 축적비용, 규격화 그리고 근무조 교대의 효용성에 대해서 논의했다. 양 독일간 언어장벽의 극복을 위해 경제와 경영분야에 독-독 사전이 있어야 할 정도였다.

빠른 속도의 임금상승만큼 기계설비의 현대화가 따라가지 못했다. 서독의 관료주의적 임직원이 노동조합과 경영을 지배했다. 이들이 두려워한 것은 한 나라 안에서 저임금 경쟁이 발생하는 것이었다― 서독으로서는 동독에게 일거리를 빼앗기는 것이고 나아가 일자리가 없어지는 것이었다. 국가는 임금결정에 개입하지 않았다. 동독주민은 신속한 소득의 동등화를 단순하게 정의의 계율로 이해했다. 기민당(CDU)조차도 선거전에서 '동일 노동에 동일 임금(Gleicher Lohn für gleiche Arbeit)'이라는 인기영합적인 슬로건을 내세웠다. '동일한 효율과 수익'이라는 면에서 물론 서독지역과 동독지역의 노동은 동일하지 않았다. 전 경제부 장관 칼 쉴러(Karl Schiller)는 '임금의 급속한 (서독 수준으로의) 상승'은 "간단히 말해 동독지역에서 일자리가 사라지는 것을 의미한다"고 기록하기도 했다.

구동독지역을 구서독지역 슐레스비히-홀슈타인 주와 비교하면 시사하는 바가 많다. 매우 적은 산업부문을 가지고 있어 구조적으로 취약한 슐레스비히-홀슈타인은, 동독을 기준으로 평가할 때, 거의 경제 거인이라고 할 수 있다. 1991년 기준으로 슐레스비히-홀슈타인은 전통적 산업지역인 구동독지역의 작센-안할트 주와 튀링엔 주를 합친 것보다 많은 상품과 서비스를 생산했다. 더욱이 인구를 비교할 때 슐레스비히-홀슈타인은 절반밖에 되지 않는다. 결국 신연방주가 구연방주와 얼마나 많은 격차가 있는지 설명이 된다. 그럼에도 불구하고 고용인구당 임금비용, 이른바 노동자 임금은 1995년 벌써 슐레스비히-홀슈타인의 82%에 도달했다. 그러나 생산력에 있어서는 이와 반대로 겨우 약 46%에 이르고 있다.[49] 82 대 46, 이러한 맥락에서 구동독지역의 현재 상황을 중병으로 판정하게 된다.

1990년 7월 1일 개소한 라이프치히 노동청은 매주마다 수천 명을 실업자로 등록했다. "기업들이 1990년 나머지 기간 동안 11,000명을 추가 해고할 것으로 예측되었다. 8월 노동청의 간부인 로타르 마이어(Lothar Meyer)는 이것도 진실의 전부는 아니다"라고 언급했다. 고용주들이 통보한 바에 의하면 적어도 57,000명의 근로자가 추가적으로 단축노동에 들어가야 했다. 이와 달리 단지 1,575명의 공식적 일자리가 생겨났을 뿐이다. 새로운 일자리는 노동청이 생김으로써 직접 만들어진 것이었다(동독 시절에는 공식적으로 실업이 없었으므로 노동청이 없었다. 따라서 이를 새로 만들면서 이에 따라 신규 일자리가 발생했다 : 역주). 그러나 이것조차도 쉽지가 않았다. 그나마 라이프치히에서 계획하였던 630명의 신규 일자리에서 215명은 채워지지 않았다. 사무실 공간이 부족했기 때문이다.

이미 1991년 3월 라이프치히에서 월요데모가 되살아나 60,000명이 거리로 나섰다. 플랭카드에는 "콜이 우리의 손을 잡고 경제기적으로 이끌었다" 대신에 "동독의 호네커는 속이고, 서독의 콜은 기만했다"고 쓰여 있었다. 1991년 구동독지역 실업자 수는 약 150만 명에 이르렀다. 이외에도 167만 명이 (근무시간이 전혀 없는) 단축노동 상황에 처해 있었다. 더 심한 경우: 직원들이 없음에도 단지 서류상으로만 회사의 급여 목록에 올라가 있는 근로자도 있었다.

---

[49] 기본 통계에 의거한 저자의 환산.

소란스러운 기업파산이 선정적인 언론의 표제를 장식했다. 과격한 표현들이 동독주민에게 많은 두려움을 불러 일으켰다. 5,000명이 근무하고 있었던 드레스덴의 카메라 회사 펜타콘(Pentacon)은 공장폐쇄라고 불리는 방식으로 청산된 최초 대기업 중의 하나였다.

펜타콘은 1989년의 변혁기 이전에는 해외에서도 많이 찾던 '프라티카(Praktica)' 라는 상표의 카메라를 생산했다. 그리고 유리반사 카메라의 부품으로 높은 시장점유율을 차지하고 있었다. 네덜란드 30%, 영국 24%, 프랑스 12% 그리고 서독이 5%였다. 가격 경쟁에 익숙하지 못했던 대부분의 동독 기업과 비교하여 펜타콘은 국제적으로 잘 팔리는 제품을 만들어내고 있었다.

작센의 근면함과 발명제국의 풍부한 전통으로 인해 펜타콘은 긍정적인 이미지를 가지고 있었다. 1936년에 최초의 유리반사 카메라를 생산하였고, 1949년에 유리반사 소형카메라를 세계 최초로 개발했다. 그러나 그것도 도움이 되지 못했다. 동독 시절에 외화를 획득하기 위한 일환으로 많은 보조금을 지원받아 생산된 제품은 시장의 경쟁에서 더 이상 기회를 가질 수 없었다. 최고의 제품 '프라티카 BMS'에 제공되는 400마르크의 생산비는 수익을 훨씬 능가하는 것이었다. 당시로서는 놀라운 일이 아니었다. 카메라에 소요되는 800여 개의 부품 중 720여 개 부품이 58개의 자매회사에서 생산되었다. 이것은 소위 90%의 제품 완성도를 의미하는 것이었다. 국제적으로 알려진 일반적인 제품 완성도 비율은 약 10%이다. 1990년 말에는 영화에서처럼 필름이 끊어져 펜타콘은 문을 닫게 되었다.

오랫동안 발전해 온 교역관계조차도 더 이상 도움이 되지 않았다. 경화로서 소련화폐 루블이 지위를 상실했기 때문에 후기 공산주의 국가와의 상품 교역이 거의 이루어지지 않았다. 1988년 동독 산업수출의 거의 60%가 공산주의 국가와 이루어졌었다.

구동독지역에서 예상했던 경제적 부흥이 일어나지 않았기 때문에 구동독지역의 반발은 계속되었다. 공장 점거가 유행이 되었고 위기는 통제 범주를 벗어나기 시작했다. 이를 진정시키기 위해 다른 상황이 필요했다. 갑자기 경기활성화 엔진이 소리를 내기 시작하였고, 건설경기에 불이 붙었다. 세제혜택은 특정부문을 도취상태에 빠지게 만들었다. 특별공제(Sonder-Afa Ost) 덕분에 서독에서 온 고소득자(대학교수, 치과의사, 수공업자)들이 세금을 크게 감면받을 수 있었고, 이것이 국가에는 수십억 유로의 부담으로 이어졌다. 구동독지역 건축부문에 투자 바람이 불었다. 이러한 추세로 인해 구동독지역 곳곳에 새로운 지점을 열었던 재정관련 종사자, 중개업자, 기금관리전문가, 공증인 역시 이익을 보았다.

라이프치히 시내 중심부 위로는 200대 이상의 기중기들이 움직이고 있었다. 구동독지역에서 실업이 늘어나고 있었음에도 불구하고 우후죽순처럼 생겨나는 공사장에서 적은 돈으로라도 하청을 얻기 위해 포르투갈, 아일랜드, 폴란드로부터 계절 노동자들이 몰려왔다. 이러한 건설경기 붐은 유럽 전체에서 단 한 번도 없었던 기록이었다. 1992년부터 1995년까지 건설업은 평균 18.4% 증가했다. 이를 통해 구동독지역 도시의 쇠퇴를 막을 수 있었고 새로운 시내를 맞이할 수 있었다.

구농독 경제는 1993년과 1994년에 꿈 같은 경제성장이라고 할 수 있는 11.9%와 11.4%의 경제성장률을 기록했다. 세계에서 가장 큰 국가지주회사로서 몰락한 동독기업을 새로운 소유주를 찾아 넘겨주어야만 했던 신탁관리청은 특혜적 지원 약속을 통해 투자자들을 유혹했다. 신탁청은 구동독지역을 유럽에서 가장 빠른 성장지역으로 만드는 책임을 맡고 있었다. 플룩스(Flugs)는 라이프치히를 '붐타운' 과 '독일의 성장도시' 로 부르기도 했다. 현지 광고는 동 지역을 아무런 거리낌없이 아시아의 호랑이 국가와 비교했다. 그러나 지역경제를 빠르게 번영시키려 했던 비료가 오히려 독이 되었다.

사무실과 주택들이 많이 건설되었지만, 세입자 부족으로 현재도 비어 있는 형편이다. 이로 인해 이후 십여 년 동안 부동산 시장이 공급과 수요의 균형을 잃어버렸을 뿐만 아니라 동독지역의 주거지는 사람이 살지 않게 되어 황량하게 변했다. 처음에 세금으로 이루어 놓은 것들을 이제 지원금을 주면서 다시 해체하고 있는 셈이 되었다. 슘페터와 같은 시기에 활동했던 경제학자 케인즈(John Maynard Keynes)가 창안하여 유명해진 병모델(Flaschenmodell)이라는 것이 있다. 병모델에 따르면 경제를 다시 활성화시키기 위해서는 땅을 파고 그 안에 병을 묻고 다시금 땅을 메우는 인력을 국가가 고용해야 한다고 주장한다. 이런 무용한 그러나 임금을 지급하는 고용은 경제적 관점에서 아무것도 안 하는 것보다 좋다는 것이다. 구동독지역에서 이 모델의 실천적 실험은 유감스럽게도 실패했다. 국민들의 세금을 단지 땅에 묻기만 하는 결과를 가져왔다.

건설경기는 인위적으로 조성되어 붐을 이루었지만, 제조업은 휘청거렸다. 동독지역의 대도시 라이프치히에서는 한때 100,000명에 달했던 산업종사자가 15,000명 이하로 떨어졌고, 이후 더욱 줄어들어서 10,000명도 채 안되게 되었다. 통일 이후 최초 5년이 지난 즈음에는 건설경기 붐조차도 연속된 기업도산으로 브레이크가 걸렸다― 새로운 천년이 시작되기까지 인위적인 건설붐의 후유증은 커다란 영향을 미치고 있다.

은행에서 수십억 유로를 빌렸던 기업도 파산했다: 부동산 재벌 위르겐 슈나이더(Jürgen Schneider)는 통일 이후 구동독지역에서 새로운 가능성을 발견했다. 그는 위조된 서류를 가지고 여러 금융기관에서 융자를 계속 얻어냈다. 그렇지만 피해는 염려했던 것보다 적었다. 은행들은 자신들이 대부해준 자금 전체가 결손이 되는 것을 방지하기 위해 슈나이더가 시작했던 거의 모든 건설 계획을 마무리지었기 때문이다.

슈나이더의 사기에 의해 무엇보다도 라이프치히 도심부가 이익을 보았다. 슈나이더는 파산에도 불구하고 언론의 스타가 되었다. 다른 파산자들은 한스 리터(Hans Ritter)의 사례에서처럼 소리 없이 무대에서 사라졌다. 튀링엔의 농부 아들인 리터는 1990년 40명을 고용한 농업회사를 설립했다. 2년 후 리터의 월급 지급자 명단에는 2,700명을 고용한 것으로 나타났다. 허름한 농가에서 제국으로 발전했다: 구동독지역에서는 접시닦기가 아니라 흙손과 시멘트에서 아메리칸 드림이 실현되었다. 그리고 그것은 좀더 험한 일이었다. 리터는 베를린 장벽이 붕괴된 후 넓고 큰 세상에서 단지 오스트리아로 5일간의 여행만을 스스로에게 허락했다. 회사의 매출은 오래 전에 천만 유로에 달하였으나 그는 바르트부르크라는 동독의 중고자동차를 몰고 다닐 정도로 검소했다.

콘체른을 발전시키기 위해서 리터는 의도적으로 동독 출신의 관리자를 앉혔고, 농업기업에 프랑스 은행이 25%의 지분으로 참여하도록 했다: "관리자들은 창의적이었고, 배우려는 자세가 되어 있었고, 복잡하지 않고 실용적이었다"는 것이 그의 평가이다. 콘체른에 속한 약 20개 회사가 튀링엔 주, 작센 주, 브란덴부르크 주 그리고 심지어 폴란드에서까지 활동했다. 리터의 가파른 상승은 많은 동독주민에게 커다란 자부심을 심어 주었는데 그것은 자신들 중의 한 명이 해냈다는 것이었다.

그러나 자기자본이 취약했다. 리터는 사업을 계속 확대해 나갔다. 1993년 영국과 오스트리아의 경쟁자들과 비교해 앞서 나갔으며, 천만 유로의 손실이 발생한 라이프치히 농업주식회사를 인수했다. 회사의 경영정상화가 필요했던 시기가 하필이면 건설 경기의 하락과 맞아 떨어졌다. 정부에 의한 '언 발에 오줌누기' 식의 지원마저 약화될 때, 무엇을 해야 할까? 신연방주에서 가장 큰 고용주의 하나가, 특히 잘 나가던 동독 출신이 경영하던 회사가 경영정상화로 인한 부담이 너무 컸기 때문에 1995년 경기침체와 함께 몰락하게 되었다. 비록 10~15명을 고용하고 있었던 규모가 작은 회사가 대부분이었지만, 당시 리터와 같이 몰락한 사례는 신연방주(구동독지역)에 수만 개가 넘었다.

침체와 각성: 제거된 산업

통일 후 두 번째 5년기(1996년부터 2000년)에 들어서자 구동독지역 주민들 사이에는 두려움이 커지기 시작했다. 새로운 시작에 대한 기대는 변화하길 바라는 것이었는데, 이 모든 것이 수포로 돌아갔다. '유럽의 최고 성장지역'이라는 말 대신에 '유럽연합의 낙후지역'이라는 말이 자주 입에 올랐다. 신연방주와 동베를린이 전체 독일의 수출에서 차지하는 비율은 겨우 3%에 불과하였고, 주민 1인당 세금부담률은 단지 서독지역 수준의 31%에 머물렀다. 앞서가던 경제성장 곡선이 서독지역 수준으로 다시 떨어질 때까지 보여준, 최고점을 상실한 후의 방향 변화가 실망스러웠다.

콜 총리는 "다른 나라도 독일이 당연히 경제분야에서도 통일을 극복할 수 있을 것으로 믿고 있다"며 회의론자들을 설득했다. 그것은 별로 위안이 되지 못했다. 왜냐하면 낙관론자들이 너무 무시하고 있던 사실들이 속속 드러났기 때문이다. 1996년 자유국가 작센(Freistaat Sachsen, 작센 주는 정식 주명 앞에 자유국가라는 수식어를 붙여 사용한다 : 역주) 주가 경제백서를 발표하였을 때, 작센의 전체 경제력은 다임러 벤츠(Daimler-Benz)의 경제력과 비슷했다. 슈바벤(schwäbische) 지방의 벤츠 자동차 회사가 104,000명을 고용하고 있었던 데 반하여 작센에는 195만 명의 직업활동 인구가 살고 있었다. 이러한 사실이 급속한 경제위축의 필연적 결과라는 것은 너무도 분명했다. 영화의 짧은 장면 속에서처럼 전체 경제부문이 그야말로 순식간 사라져 버렸다.

특히 심하게 위축된 부문은 신발산업이었다. 동독 시절에는 대표적 콤비나트인 '자유의 기치(Banner des Friedens)'가 신발공장을 운영했다. '자유의 기치'는 전통적으로 신발산업의 중심지였던 작센-안할트 주의 바이센펠(Weißenfell)에 자리잡고 있었고, 당시 48,000명을 고용하고 있었다. 일이 많았기 때문에 베트남인들을 불러오기도 했다. 그러나 현재 이 지역의 신발산업은 총 2,000명도 못되는 일자리를 제공하고 있으며, 과거 콤비나트에서 분리된 몇 개 기업들만 남아 있다. 과거 일자리의 약 96%를 잃어버린 셈이 되었다. 이제는 다른 산업부문에서 일어났던 일들이 그나마 명맥을 이어가고 있는 얼마 남아 있지 않은 신발산업에도 발생하게 되었다: 즉 여전히 산업이 안전한 제방에 도달하지 못하고 있다.

창조적 파괴라는 스스로 만든 이론이 현실을 철저히 파괴했다. 실제로 역사상 가장 큰 탈산업화과정을 만들어 내었다.

1997년 5월 콜 총리는 '동맹 동독지역(Bündnis Ost)'을 창안하였고, 연방, 주정부, 노동조합, 은행, 산업의 대표자들로 구성된 원탁회의가 만들어지게 되어, '동독지역에서 일자리 창출을 위한 공동 이니셔티브(Gemeinsame Initiative fur mehr Arbeitsplaze in Ostdeutschland)'를 시작했다. 1998년부터 협동적 활동을 통해 매년 100,000개의 새로운 일자리를 만들기로 했다. 서독지역 상품 진열대에서 단지 3%밖에 차지하지 못하고 있는 동독지역 상품의 판매를 공동 지원하기 위해 심지어 사민당(SPD)과 기민당(CDU)이 이 부문에서 대연정을 형성하기로 했다. 그리고 우선 아직도 민간 소유주를 찾지 못한 신연방주의 기업을 위해 10억 마르크의 대부를 약속했다.

이러한 정책 '동맹 동독지역'은 실수로 판명되었다. 계획과 달리 오히려 1990년 하반기 직업활동 인구수는 1991년말에 비해 거의 60만 명이 감소한 595만 명이 되었다. 동시에 실업자 수는 계속해서 높은 수치를 갱신했다. 영국에 이에 대한 적절한 속담이 있다: 경제는 벌한다(Economics takes revenge)― 경제는 잘못된 정책에 대해 반드시 앙갚음을 한다는 것이다.

그러는 동안에도 노동조합은 공격적인 임금인상 정책을 단호하게 밀고 나갔다. 노조는 서독지역의 임금수준에 도달하기를 원했다. 1996년 금속과 전자산업노조는 마침내 자신의 정책을 관철시키는 데 성공했다: 주당 3시간의 연장근무에 대해서는 100% 서독지역의 임금수준으로 지불받기로 했다. 이러한 행운의 숫자 100은, 금속노조가 60여 년 전 동독지역에 도입되었던 파업권을 최초로 행사함으로써 쟁취되었다.

"동독지역의 금속노조 임원인 하소 뒤벨(Hasso Düvel)이 인정한 것"50)처럼, 결과적으로 "경제적 측면에서 결코 정당화될 수 없었지만 정치적 이유에서 서명된" 임금협약이 효력을 발생하게 되었다. 1997년 구서독지역의 시간당 임금은 26.36서독마르크였으나, 전체 동독지역에서는 18.57서독마르크로 인상되었다. 그것은 심지어 프랑스의 시간당 임금과 비교해도 2마르크가 높은 것이었다.

시간당 임금이 현저히 낮은 곳은 체코였다. 체코는 저임금과 일관된 평가절하 정책을 통해 자신의 경쟁력을 강화할 수 있었다. 이러한 결과로 체코는 실업률이 서독지역보다 낮은 고용기적을 이룩했다. 이러한 과정에서 구동독지역은 10,000명 이상을 고용한 기업을 단 하나도 갖지 못했다.

정책은 변경되지 않은 채 그대로 진행되었다. 구서독지역과 비교해 구동독지역에 실질적 경쟁력의 장점을 키워주어야 했음에도 그렇게 하지 못하고, 이전에는 결코 만져보지 못했던 많은 돈이 아무런 계획 없이 구동독지역에 자주 지원되었다. 지자체 시장들은 모든 곳에 새

---

50) Die Welt vom 19. 5.1993, *"Eine Zusage nach der anderen platzt wie eine seifenblase"*

로운 산업지구를 개발하려고 시도했다. 그러다 보니 산업을 유치하지 못하면 큰 빚더미에 올라앉게 되는 결과를 초래하였고, 실패의 결과로 이제 불빛만 켜져 있는 농지를 보유하게 되었다. 지역은 번영하지 못했지만 때때로 밤에는 불빛이 번쩍거렸다. 이것이 '우스꽝스러운 농담으로 가득찬 경제'를 만든 원인이 되었다— 과도한 인프라에 대한 무의미한 투자.

1997년 말의 세제혜택 종료는 건설경기를 다시 한번 거세게 나락으로 끌어내렸다. 어쨌든 추가수요도 거의 포화상태에 있었다. 구동독지역은 호텔, 사무실, 신축 주거에 있어서 구서독지역을 따라잡았다. 새롭게 세워진 건축물의 대부분은 미국식으로 현대화·거대화되었고, 때때로 구서독지역이 오히려 낡고 불결한 것처럼 보인다. 예를 들면 미래풍의 주유소 같은 것을 예로 들 수 있다. 너무도 화려한 초대형 매장이 라이프치히 중앙역에 새로 세워졌다. 불빛으로 휘황한 쇼핑센터의 주차장이 대도시의 변두리에도 세워졌다. 또한 구동독지역의 괴르리츠(Görlitz)와 같은 곳은 보불전쟁 이후 한창 번성하던 모습을 되찾았다. 왜 다른 곳에서는 이처럼 성공할 수 없었던 것일까?

물론 구동독지역에도 신속하게 고도로 현대화된 공장이 있었다. 산업부문에서 위안을 삼을 곳도 있다. 폴란드 접경 지역인 아이젠휘텐슈타트(Eisenhüttenstadt)에 있는 에코 철강(Eko Stahl)의 휘텐베르크(Hüttenwerk), 동해안의 조선소, 작센과 브란덴부르크의 열차 객차 공장 그리고 전지역에 퍼져 있는 발전소는 완전히 새롭게 건설되었다. 드레스덴에는 지멘스(Siemens)의 자회사인 인피니온(Infineon) 반도체 공장이 문을 열었고 제약 콘체른 바이엘(Bayer)는 아스피린 공장을 레버쿠젠(Leverkusen)에서 비터펠트(Bitterfeld)로 옮겼고, 프랑스의 정유 콘체른 엘프(Elf)는 유럽지역에서 20년만에 처음으로 로이나(Leuna)에 정유공장을 건설했다.

특히 푸르른 자연환경에 설립된 공장은 일반적으로 생산성도 높다.

많은 자본이 투입된 곳은 상대적으로 높은 노동비용조차도 중요한 역할을 하지 못한다. 하이테크 산업 주변지역에는 (비용을 감소시키는 요인으로) 하청업자들도 정주한다. 1996~2000년 기간에 제조업은 7% 이상 성장했다. 그러나 건설분야가 같은 정도로 위축되었다. 건설분야가 경제성장에서 많은 부분을 차지하였기 때문에 전체적 성과는 부정적으로 되었다.

신연방주가 초현대식 기업의 이주로 독일의 현대화된 산업지역으로 변모할 수 있다는 당초의 가정은 순진한 희망사항으로 끝이 났다. 여기에는 무엇보다도 두 가지 원인이 있다: 구동독지역에 이주한 눈길을 끄는 제조업도 대부분 자회사로서 설립되었다. 경영, 마케팅, 연구, 판매, 협력 등 주요한 기능은 외국의 콘체른 본부에 남아 있게 되므로 본부에는 교육수준이 높은 직원들이 근무하게 된다. 고도로 발전하는 국민경제를 위한 부의 근원이 되는 노하우가 결여된다면, 중요한 가치창출을 하는 서비스업도 생겨날 수 없다. 그러므로 오늘날까지 어떤 중요한 광고회사, 회계 관련 회사도 '연장된 작업대(단순조립)의 나라'에 자신의 본부를 두지 않는다— 대머리만 사는 사회에서 이발사가 할 일이 없게 되는 것과 마찬가지 이치이다.

다른 한편 하이테크 공장에 대한 자부심이 미래의 전망을 가로막는 경우도 있다. 자동차 산업과 함께 동독지역의 대표적 산업분야라 할 수 있는 화학산업은 '플라스틱과 고무'라는 자신의 단순한 이미지를 신속히 털어내야 한다. 현대화 추진과 고통스러운 정리 해고 이후 화학분야는 90년대 하반에 인상적으로 성장했다(표 2 참조).

그러나 90년대 하반기 구동독지역의 화학분야가 전체 독일의 매출에서 차지하는 비율은 단지 4%에 머무르고 있었다. 2004년 1/4분기에는 비율이 8%(베를린 포함시 10%)로 증가했다. 인구비율로 볼 때, 이러한 비율은 18%(베를린 포함시 21%)에 도달해야만 한다.

성장하고 있는 화학산업을 적어도 구서독지역 수준으로 만들기 위

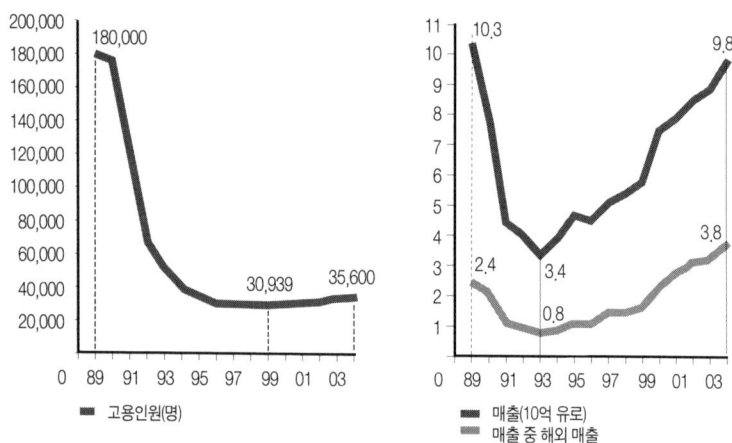

【표 2】구동독 지역 화학산업의 발전 추이

출처: Nordostchemie

해서는 구동독지역은 2배 이상의 수익을 올려야만 한다. 그러면 어떻게 이를 달성해야 하는가? 신연방주의 화학산업분야 매출은 아직도 1989년 수준에 도달하지 못하고 있으며 2007년에야 도달할 수 있을 것으로 보인다. 이것이 의미하는 바는 통일된 지 17년이 지난 후에야 비로소 구동독지역이 과거의 동독 수준에 도달한다는 것이다.

몰락과 자기 기만: 실업의 불행

통일과정 3장으로서 좌절과 자기기만의 장이면서, 동시에 현재까지 이르는 마지막 장이 시작되었을 때에도, 미해결된 '총리의 주요 업무 (Chefsache, 게르하르트 슈뢰더 총리는 1998년 취임시 동독지역 재건을 자신의 주요 과제로 하겠다고 약속했다 : 역주)'는 여전히 신랄한 놀림감이 되고 있다. 총리는 자신이 지킬 수 있는 것보다 많은 것을 약속했다.

슈뢰더 총리는 취임 이후 여름 여행을 가까운 동독지역으로 출발하였는데, 그에게는 미지의 지역인 카프 아르코나(Kap Arkona)에서 피쉬텔베르크(Fischtelberg, 동독지역의 북단과 남단을 가리키는 지명 : 역주)에 이르는 구동독지역을 돌면서, 그는 가는 곳마다 구세주와 같은 대접을 받았다.

슈뢰더 총리는 당시 사람들을 광장에 모아 놓고 구동독지역의 실업축소가 자신의 업무성과로 평가되기를 원한다고 했다. 만약 성과가 없다면, 총리로 재선되기를 원치 않는다고 했다(슈뢰더 총리는 2002년에 재선되었다. 물론 약속과 달리 실업률은 계속 높아졌다 : 역주). 슈뢰더가 총리가 되었을 때, 구동독지역은 15.7%의 실업률을 기록하고 있었다. 그 이후로도 실업수치는 계속적으로 갱신되었다.

국가 전체가 숙취상태에 빠졌다. 경영학 법전에서 폐기된 것처럼 보였던, 독일인에게 투기의 욕망을 일깨운 통일이라는 신경제 체제에서 손쉽게 거둬보려던 성공은 순식간에 사라져 버렸다. 경제가 농담거리가 아니라 다시금 심각한 주제가 되었다. 이제 구동독지역에 자리잡은 경제 형태는 새로운 기업가의 유형을 필요로 하는 것처럼 보였다. 따라서 이제 기업가에게 커다란 희망을 걸게 되었다. 기업가들이 신연방주에 설립된 주요한 자생적 기업의 취약한 결점을 보완해줄 수 있을 것으로 사람들은 기대했다.

슈테판 샴바흐(Stephan Schambach)는 많은 사람들이 신뢰했던 기업가였다. 무에서 유를 창출하였고, 구동독 외화상점의 이름인 '인터숍(Intershop)'의 이름을 따서 설립한 인터넷 판매 시스템 소프트웨어 회사는 얼마 되지 않아 주식시장에서 호평받는 메이커가 되었다. 금발의 튀링엔 주 출신이 소유한 회사의 가치는 한창 때에는 30억 마르크에 달했다. 1,200여 명에 이르는 직원을 고용하였고 다른 구동독지역 기업과 달리 국제적으로 활동했다. 업무 네트워크는 시드니에서 홍콩, 파리, 런던, 뉴욕을 거쳐 상파울루까지 연결되었다. 본부는 샌프란시스코에, 개발부서는 예나에, 재무부서는 함부르크에 있었다. 유명한 잡지 《비즈니스 위크》가 2000년 1월호에서 다가오는 해를 '네트워크의 해'로 선정하면서 표제기사를 실었을 때, 샴바흐가 표지를 장식했다. "우리는 독일의 마이크로소프트가 될 수 있는 가능성을 가지고 있다"고 인터숍의 경영자는 설명했다.

한스 디터 린데마이어(Hans Dieter Lindemeyer)는 또 다른 차원에서 사업을 시작했다. 그는 로이나 출신의 수학자인데 자본주의 경력을 이미 동독시절에 시작한 사람이었다: 린데마이어는 융자금 50,000동독마르크로 1990년 3월 컴퓨터 매매업에 뛰어들었다. 곧 그는 직접 컴퓨터를 생산하기 시작했다. 판매업자에서 생산업자가 되었다. 1998년 9월 7일 린텍 주식회사(Lintec AG)는 새로운 상표로 등록되었다. 이를 통해 린데마이어는 출자자와 구서독지역의 동업자 없이 주식시장에 진출한 최초의 동독 출신이 되었다.

수염으로 창백한 피부를 가린, 키가 작은 린데마이어에게 '작센의 빌 게이츠'라는 명성이 수여졌다. 다양한 재능을 가진 그는 증권시장의 생리에 적응하기 위해 유망한 기술발전 능력이 있는 10여 개의 소규모 회사에 대해 약간의 지분을 사들였다. 그의 주식 재산은 한때 5억 마르크 이상에 달하기도 했다. 통일 이후 형성된 신경제로 모든 것이 가능한 것처럼 보였다. '동독지역에 많은 기회'가 있고, "오늘날에는 세계적 콘체른이 생겨나는 데 더 이상 100년의 세월이 필요하지 않다"고 기염을 토하기도 했다.

서독지역에서 꽤나 번창했었던 EM.TV와 영화세계(Kinowelt)처럼 신경제의 붐에서 탄생한 인터숍과 린텍은 모두 몰락했다. 샴바흐와 린데마이어는 파산의 위험에 처해 있던 회사의 경영권을 이미 오래전에 다른 사람의 손에 넘겨주었다. 결국 구동독지역에 절실히 필요한 잠재력 있는 콘체른에 이들 두 기업은 속하지 않게 되었다― 현재 이 두 회사 모두 합쳐 고용인원은 단지 200여 명밖에 되지 않는다.

신경제의 추락은 구경제(저자는 통일 이후 구동독지역을 신경제로, 구서독지역을 구경제로 칭하고 있다 : 역주)에도 고통을 가져왔다. 잘라내고, 줄이고, 정리하기: 이러한 상황에서 실업을 줄인다는 것은 생각할 수도 없는 일이다. 신연방주에서는 2001년 최초로 경제가 위축되었다. -0.2%로 매우 적었지만, 이러한 신호는 심리적으로 끔찍했다: 따라잡기 대신에 뒤떨어지기: 2001년과 2003년 사이에는 단지 0%의 성장을 했다. 베를린을 포함하면 -0.3%가 된다.

현재는 이러한 상황으로부터 문제점이 지속적으로 나타나고 있다: 구서독 경제가 삐걱거리고 기업에 어려움이 닥치면서, 더 이상 극복할 수 없는 과제가 구동독지역에 부과되었다. 다시 후퇴의 조짐이 보이고 있다. 이러한 의존을 타파하기 위해 신연방주는 보다 경쟁력 있는 상품을 생산해야 하고 해외시장에서 두각을 나타내야만 한다.

구동독지역의 수출 비중은 1996년부터 2001년까지 두 배로 늘어났다. 그러나 수출 부문의 이러한 증가세가 현재는 유지되지 않고 있다. 미래의 생산력을 결정하는 투자가 계속적으로 감소하고 있기 때문이다. 1995년 동독지역은 경제부문의 투자가 주민 1인당 4,900유로에 이르렀으나 서독지역은 1,900유로에 그치고 있었다. 그러나 1997년에 이르러서는 1995년 이후 증가했던 투자확대가 다시 서독 수준 아래로 떨어졌다. 2003년에도 구동독지역은 과거 건설부문의 투자와 같은 도약이 나타나지 않고 있다.[51]

투자 감소는 경쟁력과 깊은 관계가 있다. 중동부 유럽의 국가들은 외국의 기업들을 저임금, 숙련 노동자, 세제 혜택 등으로 유혹하고 있다. 그들은 구동독지역이 경쟁할 수 없는 조건들을 내세우고 있다. 예

---

51) DIW-Wochenbericht 18/2004.

를 들면 개혁 사회주의 국가(동구국가)에서의 자동차 생산업자는 하나의 산업을 새로이 체계적으로 구축하는 반면, 신연방(구동독지역)에서는 과거산업이 남겨 놓은 상당히 부정적 유산으로부터 출발했다.

아우디(Audi), 포르쉐(Porsche), 폴크스바겐(VW), 오펠(Opel) 등 독일의 자동차 생산자들조차 동독을 벗어난 동쪽 지역에 자리잡고 있다. 헝가리의 산업도시 기외르(Győr)에 소재한 헝가리 아우디는 그 사이에 이미 5,000명을 고용하여 연간 130만 대의 자동차 엔진과 21,000대의 스포츠카를 조립하고 있다. 1993년에 있었던 공장 부지 선정시 구동독지역의 막데부르크(Magdeburg) 역시 후보지로서 논의되었지만 탈락했다. 미국 제너럴 모터스의 자회사로 경영 위기에 처했던 오펠은 쉴레지엔의 그라이비츠(Gleiwitz)에 작은 경제 기적을 선사했다. 그라이비츠의 실업률은 단지 11%에 불과하다(폴란드의 실업률은 2005년 기준 약 18% 수준이다 : 역주)― 동독지역에 이곳보다 실업률이 낮은 곳은 없다. 현재 약 2,000명의 근로자가 폴란드의 오펠 공장에서 일하고 있다. 미니밴과 차피라(Zafira)와 함께 곧바로 두 번째 모델이 작업대에서 조립되었기 때문에 수백 명의 인원을 확충해야만 했다. 이와 달리 1,800명을 고용하고 있는 구동독지역에 소재한 오펠의 아이제나흐(Eisenach) 공장은 그 동안의 비효율성 때문에 발생한 근무조 편성 문제로 인해 관계기관에 중재조정을 신청해 놓은 상태이다. 서독지역의 보쿰(Bochum)과 뤼셀하임(Russelheim)에서는 수천 명의 근로자가 해고되기도 했다.

자동차업계의 황제 페르디난트 두덴회퍼(Ferdinand Dudenhöffer)는 유럽연합의 동구 확대와 함께 독일 자동차산업의 입지가 '점차적으로' 취약해질 것이라고 말한 바 있다. 1,300여 하청업자가 중동부 유럽에 500곳의 생산거점을 만들었고 지난 몇 년간 100,000명의 일자리가 옮겨갔다. 켈젠키르헨(Kelsenkirchen)에 있는 자동차연구소 소장은 "이러한 추세를 멈출 수 있는 방법을 알 수 없다"고 언급했다.

자동차업계 전문가들의 충고는 라이프치히 사례(동독지역의 작센 주 라이프치히에 포르쉐, BMW 자동차 공장이 이주했다 : 역주) 등을 통해 반박될 수도 있다. 그럼에도 작센 지방을 괴롭히는 문제가 있다: 포르쉐와 BMW 공장이 정주하였지만 소위 기대했던 효과는 아직 나타나지 않고 있다. 두 개의 공장이 30,000명의 일자리를 창출한다는 목표는 달성하지 못할 것으로 보인다. 이에 대해 두덴회퍼는 종래의 상투성을 벗어난 제안을 했다: 즉 저임금을 허용해야만 하고 문제 해결을 위한 조치, 즉 '자동차산업-지역협력-노동이주 허가(Auto-Regio-Green-Card)'가 조화를 이룸으로써 체코, 폴란드로부터 라이프치히로 저임금 노동력을 끌어들여야 한다. 이렇게 할 때 소망하는 공장 이주를 위한 제대로 된 조건을 창출할 수 있다. 그러나 누구도 이에 대해 더 이상 이야기하지 않고 있으며, 투자는 다른 곳에서 이루어지고 있다.

르노(Renault)는 독일 대신 슬로베니아와 루마니아에 공장을 짓기로 결정했다. 피아트, 도요다 그리고 대우는 공장을 폴란드로 결정했다. 현대-기아는 슬로바키아 수도 브라티스라바(Bratislava)의 근교에 최초 유럽공장의 초석을 놓았다. PSA 콘체른(Peugeot, Citroën)은 트르나바(Trnava)에 7억 유로를 투자하여 공장을 지었고 3,500명에게 일자리를 제공하고 있다. 그 이전에는 도요다와 공동으로 프라하 근교의 녹지에 소형 자동차공장을 설립하였으며 3,000명이 그곳에서 일하고 있다. 이 두 건의 프로젝트에 몇 곳의 구동독 도시들이 동시에 경쟁에 참여하기도 하였으나 소용이 없었다.

그 동안 실업자 수는 계속해서 증가했다(표 3 참조). 1991년 신탁청의 행정위원회에서 근무했던 벨기에인 앙드레 레이슨(Andre Leyson)은 구동독지역의 노동시장 전망에 대해 개인적인 진단을 내놓은 적이 있다: "개인적으로 1995년이면 구동독지역에 노동력 부족현상이 나타날 것이라고 확신한다." 그러나 현실은 완전히 달랐다. 2004년 실업률이 가장 높았던 독일 노동시장 지역의 30개 지역은 예외없이 모두 구

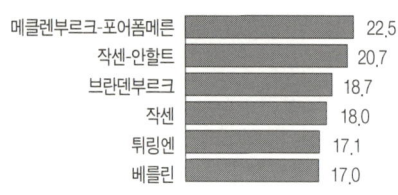

	실업	
	단위 : 백만	백분율
구서독지역	2.86	8.7
구동독지역	1.60	18.5
전체	4.46	10.8

구동독지역의 주별 실업율
2004년 12월 현재 (단위 %)

노동시장의 주요 데이터
2004년 12월 현재

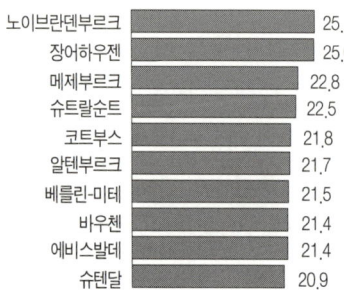

독일 내 최고 실업률 지역
2004년 평균 (단위 : 100%)

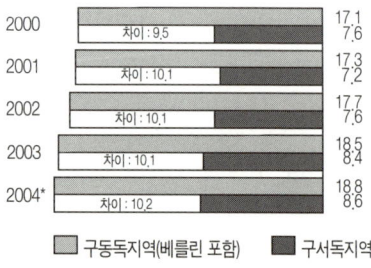

구동독지역과 구서독지역의 실업률 비교
* 전년과 동일하게 고려 (단위 : 100%)

【표 3】구동독지역 노동시장
출처 : 연방노동청

    동독지역이 차지했다. 노이브란덴부르크(Neubrandenburg)와 장어하우젠(Sangerhausen)이 약 25%의 실업률로 특히 절망적인 상황에 처해 있었다.

    위기가 진행되면서 신연방주 노동시장에서 초과공급의 폭이 점점 더 확대되었다. 2001년 구동독지역의 실업률이 17.3%를 기록하여 처음으로 구서독지역의 실업률 7.2%와 비교하여 10%나 차이가 나게 되었다. 이렇게 확대된 격차는 그 이후로 감소하지 않았다. 어쨌든 이러한 격차는 2004년 입법을 통해 도입된 통계상의 조정을 통해 더 확대되지 않았다. 이후 노동청의 고용훈련 프로그램에 참가하는 사람은 원칙적으로 더 이상 실업자로 잡지 않았기 때문이다. 이로부터의 효과: 구동독지역에서의 실업률은 비례적으로 감소하게 되었다. 2004년 겨울에는 동독지역의 실업률이 18.5%로 기록되었는데 이전의 통계 처리방법에 따를 경우 18.8%가 된다.

전체 독일 주민의 단지 1/5 정도만이 베를린과 신연방주에 살고 있지만, 그럼에도 불구하고 공식적으로 등록된 실업자의 거의 40%는 신연방주와 베를린에 살고 있다. 이 통계에는 구동독지역에서 살면서 구서독지역에 일자리를 갖고 있는 약 30만 명의 근로자는 포함하지 않은 것이다.

노동시장이 분리되어 표류하는 것처럼, 사회보장이 의무화된 일자리에서도 이러한 현상이 나타나고 있다. 2004년에 사회보장이 의무화된 일자리의 경우, 구동독지역에서 110,000명이 축소되었지만, 이와 달리 구서독지역에서는 약 320,000명이 증가했다. 이것이 의미하는 바는 구동독지역에서는 '실업자가 될 위험성(도달 위험성)'과 '실업자로 계속 남을 위험성(체류 위험성)'이 구서독지역에 비해 불평등하게 높다는 것이다. 이에 따른 비용도 막대하다. 뉘른베르크에 있는 연방노동청은 2003년에 구동독지역에 185억 유로를 지출해야만 했다. 이와 관련하여 구동독지역으로부터 받아들인 기여금은 단지 61억 유로에 불과하다. 결국 구서독지역이 부담해야 했던 차액은 124억 유로라는 막대한 금액이다. 이것은 구동독지역 모든 주민에게 월 70유로를 건네줄 수 있을 정도의 큰 금액이다.

구동독지역으로부터 직접적 영향을 받고 있음에도, 연방정부가 구동독지역의 실업난 완화를 위해 하는 일은 매우 적다. 여기서도 정치가 얼마나 뻔뻔하게 기능하고 있는지 명백해진다. 슈뢰더 총리는 구동독지역 주민에게 불가능한 것을 약속해놓고는 대량실업사태에 대해 근심조차 하지 않았다. 만약에 스스로 천명한 약속을 이행하고자 한다면 신연방주에 적어도 수천 명의 일자리를 만드는 노력이라도 했어야 했다. 2004년 11월 내각 구성원인 국방장관 페터 슈트룩(Peter Struck, 사민당)은 그 해의 마지막 군의장대 행사에 참석해 105개의 군기지를 폐쇄할 것이라고 밝혔다. 결과는 다음과 같이 나타났다: 구서독지역 영토의 10㎢당 향후 약 10명의 군인이 주둔하는 데 반해, 구동독지역에는 약 5명이 주둔하게 된다. 구서독지역이 특별한 군사적 위협에 처해 있다는 것인가?

면적이 아니라 인구를 척도로 한다고 할지라도, 구동독지역은 상당히 부당하게 처우받고 있다. 구동독지역은 한 번도 구서독지역 병력의 90%에 도달한 적이 없다. 작센 주의 경우, 새로운 주둔계획이 발표되기 이전에도 이미 상당히 탈군사화된 지역이었는데, 또다시 9,200명의 주둔병력에서 4,500명이 감소하게 되었다. 연방관청의 배치에 있어 구동독지역의 차별은 더욱 두드러진다. 연방정부는 과오를 시정할 생각을 하지 않고 있으며, 구동독지역은 무시되고 있다.

특히 더 악화된 것은 장기실업 문제이다. 구동독지역의 경우 2004년 전체 실업자의 거의 44%가 장기실업의 범주에 속한다. 구서독지역은 이와 달리 단지 35%이다. 이러한 불평등이 한 나라를 분열상태로 몰고 갈 수 있다는 것을 2004년 7월에 보여주었다. 연방상원에서 모든 구서독지역 주정부 주지사는 노동시장 관련법인 하르츠 IV(노동시장 개혁에 관한 법률로 실업보험의 혜택을 축소하는 것을 주 내용으로 하고 있다 : 역주)에 찬성하였고, 구동독지역 주정부 주지사들은 하나같이 반대했다.

중요한 국내정책을 둘러싸고 이렇게 동-서간 분열로 치달은 적이 이전에는 결코 없었다. 연방상원에서 구동독지역에 대한 정책이 구서독지역에 의해 다수결로 거부되었다는 것은 내적 통일에 대한 실제 상황이 얼마나 악화되었는지를 보여주고 있다. 1989년 가을에 있었던 동독주민의 봉기에는 서독주민이 참여할 수 없었지만, 이제 그 이름을 딴 '계속되는 월요데모(Immer wieder montags, 1989년 동독정권을 무너뜨리는데 결정적 역할을 한 동독주민에 의한 반정부 시위에서 따온 표현이다 : 역주)'가 등장했다. 구동독지역 주민은 거리에서 깜짝 놀랄만한 방법으로 자신의 분노를 폭발시켰다. 그것은 서독체제에 대한 반대, 민주주의에 대한 반대, 의회제에 대한 반대였다. 이것이 때때로 불안을 가중시키고 있다. 정치가들은 '구동독지역의 급진화'를 경고했다. 물론 책임은 다른 곳으로 떠넘겨졌다. 경제부 장관 볼프강 클레멘트(Wolfgang Clement)는 구동독지역의 높은 실업률에 대한 책임이 공산주의에 있다고 말했다.

사람들은 분노했다. 복지를 배려하는 국가가 수명을 다했다는 것(동독의 붕괴)이 구동독지역 주민에게는 고통스러웠기 때문이다. 노동시장 개혁을 위한 어떤 대안도 존재하지 않았다. 대책이라는 것은 기껏해야 어느 정도 기대 가능한 수준이면 일자리를 받아들이도록 독려하는 정도였다. 어쨌든 법안들은 구동독지역의 현실과 계속 어긋났다. 구동독지역에 일자리가 충분하지 않다면, 도대체 사람들을 강제로 일하도록 하는 정책이 무슨 쓸모가 있단 말인가?(구동독지역 주민의 반발을 산 하르츠 IV가 일자리를 창출하는 방안이 아니라, 일자리가 없음에도 일자리를 갖도록 강제하는 법안의 성격을 갖고 있으므로 실질적 문제해결 방식이 아니라는 비판이 있다 : 역주)

인구학적인 재앙

체키바(Zekiwa)의 운명

　Zekiwa에서 Ze는 차이츠(Zeitz, 구동독지역의 3개주 즉, 작센, 작센-안할트, 튀링엔이 마주하는 지역 : 역주)를, Ki는 어린이(Kinder)를, Wa는 자동차(Wagen)를 의미한다: 체키바는 남국의 이국적인 과일의 이름이 아니라 오랜 역사를 지닌 동독의 유모차 회사의 이름이다. 6개의 자모는 독일 산업역사의 한 장과 깊은 연관을 가지고 있다: 바이센 엘스터 강가에 있는 작센-안할트 주의 작은 도시 차이츠에는 유럽 유모차 생산의 요람이 있다. 이 성공적 역사는 150년 전에 시작되었다. 당시는 어린이가 많은 다출산 사회였으므로 인구가 급증하여, 유모차 산업은 위기 없이 성장할 수 있었다. 그러나 통일 이후 상황이 변했다: 갑자기 수요가 지속적으로 감소하였고, 체키바는 이에 맞추어 생산을 감소시켜야만 했다. 그것은 구동독지역에게는 치명적으로 불길한 징조였다.
　에른스트 알버트 내더(Ernst Albert Naether)가 살아 있다면 자신의 발명품이 쇠락해 가는 과정에 크게 놀랐을 것이다. 차이츠 출신인 내더는 오랜 유랑 끝에 아버지의 직업인 달구지 목수가 되었고 1846년 최초로 어린이용 의자차를 조립했다. 최초의 원형은 앞에 끌채가 달려 있었고 그것은 앞에 사다리 모양을 가진 달구지를 연상케 했다. 아무튼 초기에는 미는 것이 아니라 끄는 형태였다. 이를 통해 어린이는 이제 더 이상 요람에 들려 이동하지 않게 되었다. 발명품의 극적인 성공은 유모차에 바퀴를 달게 됨으로써 실현되었다: 1885년 차이츠는 이미 13개의 유모차 공장을 가지고 있었다. 어린이를 위한 차는 해외에서도 각광을 받았고 브라질에까지도 배로 운반되었다. 세기가 바뀔 즈음 차이츠 유모차 공장에는 약 2,000명의 근로자와 사무원이 근무하게 되었다. 이러한 수치는 수십 년 간 유지되었다.

1945년 이후 소련이 점령하면서 유모차 공장이 국유화되었다. 1950년 초에 9개의 국영기업으로 통합되었고 1970년에는 국영기업 유모차회사인 콤비나트 체키바가 출범했다. 1972년 4월 600만 대의 유모차를 만들어냈다. 당시 체키바는 유럽에서 가장 오래된 큰 규모의 유모차 생산공장이었고 1950년보다 17배나 많은 유모차를 조립하고 있었다. 그것은 일일생산량 4,000대에 상응하는 것이었다. 20개국에 수출되었지만 어쨌든 생산량의 1/5은 국내시장을 위한 것이었다. 국내 수요로서는 상당히 많은 수량이었지만, 당시 동독에서는 서독보다 더 많은 아이가 태어났기 때문에 가능했다.

1980년 모든 동독 여성은 평균 2명의 아이를 출산했다. 서독의 자매들은 당시 단지 1.4명을 출산했다. 이러한 동독지역의 출산은 지난 25년간 독일에서 유래가 없었던 가장 높은 수치였다. 그렇지만 1989년 대변혁 이후 출산 단절은 그 예를 찾을 수 없을 정도였다. 출산 감소는 산파를 실업자로 만들었을 뿐만 아니라 전래의 산업을 중환으로 몰고 갔다. 1998년 2월 체키바는 파산했다. 수호성자로서의 황새(옛날 독일 아이들이 황새가 갓난아이를 물어온다고 믿었다는 데서 유래 : 역주)는 이 지역을 떠나게 되었다.

도심부의 황폐화된 거대한 모습은 과거 한때의 번영을 그려볼 수 있게 하고 있다. 우선 체키바는 난국을 타개하기 위해 인형 유모차 생산의 확대를 시도하고 있다. 그렇지만 유감스럽게도 그것은 미래를 겨냥한 사업모델이라고 할 수 없다. 갓난아이가 있어야 인형을 가지고 놀 아이가 있을 수 있기 때문이다. 얼마 되지 않은 인원을 가진 작은 규모의 기업이 회사의 이름을 구해냈다. 이 회사는 유모차 대신에 동남아시아 근로자들이 생산하는 사업 모델을 계획했다. 차이츠에는 이제 최근 시의회가 흥미로웠던 기존의 '유모차 박물관' 에다가 '독일' 이라는 단어를 추가한 '독일 유모차 박물관' 만 남게 되었다.

비록 아직도 발명품이 경쟁력이 있기는 하지만, 하나의 완전했던 기업이 박물관으로 사라졌다는 것은 몰락을 의미한다. 체키바의 몰락은 전통적 산업이 사라진 것만을 의미하지는 않는다. 그것은 기업과 달리 파산을 신청할 수 없는 한 사회의 침식에 관해서도 이야기하고 있다. 체키바의 운명은 특히 구동독지역에서 극단적으로 일어나고 있는 변화를 상징적으로 나타내고 있다. 1990년 이후 세계의 다른 어느 국가에서도 신연방주에서처럼 출산이 적은 지역이 없고 다른 어떤 곳도 그렇게 인구가 급속히 노령화되지 않았다.

그것은 장기적으로 악영향을 끼친다. 구동독지역에서의 인구학적인 변화는 이 지역 대부분의 공적 재정을 황폐화시키는 것 외에도 과거 공장지역을 황량한 벌판으로 만들어 버릴 것이다. 이러한 요인이 왜 구동독지역의 재건이 향후 예측 가능한 시기에 실패로 판정될 수밖에 없는가에 대한 근거가 되기도 한다. 인구변동의 흔적이 모든 생활영역에 미칠 것이기 때문이다: 이러한 변화가 일상의 업무, 돈 그리고 심지어 사랑에도 영향을 끼칠 것이다.

구서독지역을 위한 회춘의 샘이 된 구동독지역

90년대 중반에 베를린 훔볼트 대학의 두 연구자는 구동독지역이 인구 이동으로 인해 고령화될 수 있다고 경고하였고 이에 대해 작센 주 주지사 쿠르트 비덴코프가 분노하기도 했다. 연구 결과에 따르면

2010년도에는 단지 1,290만 명의 주민만이 독일연방공화국의 동쪽에 살게 된다. 이 예측이 맞는다면 15년 이내에 250만 명 이상의 인구가 감소하는 것이다. 비덴코프는 연구결과가 황당하다고 반박하면서 연구가 날림으로 작성되었다고 비난하고 나섰다. 비덴코프는 당시에 다음과 같이 확신하고 있었다: "기업가적 정신에서 능동적이 되기를 원하는 젊은이들이 동독지역으로 이주할 것이다. (……) 규제로부터 자유로운 공간이 생겨나고, 사람들이 동유럽의 재건에 참여할 수 있게 될 것이다."[52]

과연 구동독지역은 기업가들에게 엘도라도였고, 젊은 엘리트들에게 꿈이었는가?

1995년 11월 할레 경제연구소처럼 경보해제를 주장하는 연구소도 있었다. 잘레 강변(할레를 의미 : 역주)의 연구원은 다음과 같이 설명했다: "2010년에는 거의 1,530만 명의 인구만이 구동독지역에 살게 될 것이다. 또한 이후 인구는 거의 정체상태에 있게 될 것이다. 대변혁 이후 출산 감소는 특수한 경우로 인구유출은 2000년이면 거의 정체상태에 머물게 된다." 그러나 앞에서 언급된 연도에서 실제로 나타난 현실은 그보다 훨씬 나빴다. 2000년에도 60,000명 이상이 신연방주와 베를린을 떠났다.

현재 우리는 비덴코프뿐만 아니라 할레의 전문가들도 구동독지역의 미래를 너무 낙관적으로 보았음을 알고 있다. 현실은 구서독지역만이 인구변동으로부터 이익을 누리고 있기 때문이다: 구연방주는 갑자기 인력의 거대한 공급원을 가지게 되었다. 이전에는 구하기 어려웠던 양질의 교육을 받은 유능한 젊은 전문인력을 단번에 대량으로 얻게 되었다. 많은 젊은이들이 자신의 고향에서 일자리를 잃어버리고 어떤 새로운 가능성도 볼 수 없기에 이주하고 있다. 구서독지역에서

---

52) Die Welt vom 22. 8. 1994, *"Zum Erfolg der PDS hat der Westen beigetragen"*

는 이전에는 적절한 지원자를 찾기 힘들었던 많은 견습 일자리가 채워지게 되었다.

바이에른 주와 슈바벤 등 경기 활성화지역의 노동청은 자격을 갖춘 인력을 모집하기 위한 지역으로 작센 주와 튀링엔 주를 목표로 하고 있다. 훈련된 전문가들이 구동독지역에서 새로 이주하는 주민의 복지를 담당했다. 이사비용에 대한 지원을 통해 구동독지역 주민들이 구서독지역으로 이주하는 것을 도왔다. 노동관청은 5,000서독마르크까지 지원하였고 나중에 2,500유로가 되었다(통일 이전 분단시절에도 동독주민이 서독을 방문하면 약 100마르크 전후의 환영금을 받았다 : 역주). 그렇지만 이러한 지원금은 넉넉하지 않아 이사를 위한 차량을 부르는 비용으로 쉽게 사라진다.

독일 통일과 함께 구연방주는 노동시장의 결함을 메울 수 있었다. 또한 이것은 유례가 드문 행운이기도 했다: 구동독지역은 구서독지역의 회춘의 샘으로 봉사하고 있다. 활력의 온천이 놀랄 만한 효과를 보여주고 있다: 거의 모든 서구의 산업화국가처럼 어려움을 겪고 있던 서독지역의 고령화 속도가 둔화되고 있다. 구동독지역으로부터의 이주가 경제력과 복지를 증대시키고 있을 뿐만 아니라 구서독지역의 인구학적인 문제의 일부를 해결하는 데 도움을 주고 있다.

더욱 좋은 것은 이러한 생세포를 이용한 치료가 공짜라는 것이다. 물론 부담은 구동독지역으로 고스란히 돌아가고 있다.

서쪽으로 가자— 이러한 전투구호는 신연방주를 아주 빠른 속도로 고령화시키고 있다. 90년대 초 구동독지역 주민은 구서독지역 주민보다 평균적으로 훨씬 젊었다. 1990년 동독지역이었던 메클렌부르크-포어폼메른 주 주민의 평균연령은 35.8세였다. 단연코 전체 독일에서 가장 젊은 인구 구성이었다. 80년대 초 이 지역의 출생률은 비교적 높았던 동독지역 평균보다 약 20% 정도 더 높았다. 이런 관계로 동부해안지역에는 다수의 젊은이와 소수의 연금생활자들이 살고 있었다. 이것

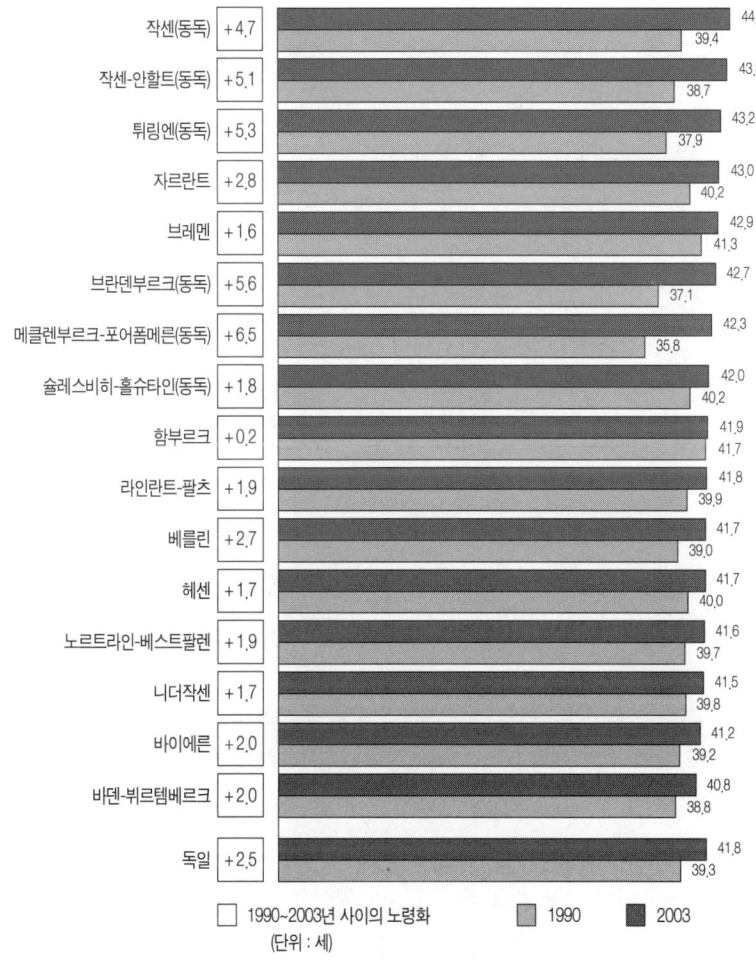

【표 4】평균연령의 변화 추이

출처: 연방통계청/ 자체 산정

은 연금보험의 경우 파라다이스라고 할 수 있다. 많은 사람들이 연금 기여금을 내고 적은 사람이 연금을 수령하기 때문이다.

그러나 통일과 함께 주민들은 매우 빠른 속도로 고령화하고 있다.

2003년 말에는 6.5세가 높아져 평균 42.3세가 되었다. 이러한 이유로 메클렌부르크-포어폼메른은 16개 연방주에서 가장 젊었던 지역으로부터 9단계가 상승해 7번째로 높은 고령화지역이 되었다(표 4 참조).

작센 주 주민의 평균연령은 같은 기간 동안 4.7세가 높아져 44.1세가 되었다. 작센은 1990년 당시 독일 전체에서 6번째로 젊은 지역이었으나 현재는 가장 고령화된 지역이 되었다.

또한 이러한 경향은 범죄통계에서도 나타나고 있다. 수년 전부터 60세 이상의 범죄용의자 숫자가 뚜렷이 증가하고 있다. 범죄 혐의는 대부분 재물손괴, 명예훼손, 절도 같은 것이다. 온화하고 사랑스러운 할아버지, 할머니로 익숙했던 모습이 뒤흔들리고 있다: 1998년 6,600명의 노인이 범죄 혐의자였으나 2003년에는 8,600명이나 되었다. 이렇게 우울한 노인 범죄 현상은 구동독지역인 작센-안할트 주, 튀링엔 주, 브란덴부르크 주에서 모두 나타나고 있다. 구동독지역은 한때 통일된 공화국의 청년 클럽이었으나 몇 년 사이에 늙은 독일을 대표하게 되었다.

이와 달리 구서독지역에서의 경향은 유리한 쪽으로 진행되고 있다. 구서독지역 주민은 평균적으로 단지 0.2세~2.8세 정도 고령화되었다. 그 사이에 구서독지역의 바덴-뷔르템부르크 주, 바이에른 주 그리고 니더작센 주는 고령화가 아닌 청년화 차트에서 1, 2, 3위를 차지하게 되었다. 1990년 이들 서독지역 주정부는 고령화 차트에서 각각 5, 6, 8번째 자리를 차지하고 있었다. 한때 고령화 차트에서 선두 자리를 지키고 있었으나 이제는 이와 반대로 모두 가장 아래 순위로 내려오고 이웃의 주정부인 자르란트와 브레멘을 위로 밀어 올렸다.

지난 15년간 구동독지역은 고령화되었을 뿐만 아니라 곳곳이 점점 더 비어가고 있다. 다른 구서독지역의 주정부(베를린, 함부르크, 브레멘과 같은 시정부 제외)와 달리, 장벽 개방 전 작센 주는 노르트라인-베스트팔렌 주와 자르란트 주에 이어 세 번째로 인구가 밀집된 지역이었다. 2003년 작센 주는 전체 독일의 평균수준으로 떨어졌다. 전체 독일에서 인구밀집도가 가장 낮은 지역이었던 메클렌부르크-포어폼메른 주는 1평방 킬로미터당 인구밀집도가 83명에서 75명으로 감소했다. 이제 주민은 적어지고 따라서 주민 1인당 공간은 넓어지는 현상이 나타나게 되었다.

변혁의 최대 패자는 작센-안할트 주이다. 한때 중부독일의 화학공업 삼각지대로서 산업화가 고도로 진행되었던 작센-안할트는 주민 8명당 1명을 잃어버렸다. 이러한 통계는 구동독지역 내에서조차도 놀랄 만한 현상이다. 튀링엔 주에서는 주민 11명당 1명이 감소했다. 튀링엔에서는 2001년에 거의 12,000명이 다른 지역으로 이주하였는데, 그 중 10,000명은 15세에서 45세였다. 이러한 숫자에서 다시 6,000명은 여성이다.53) 튀링엔의 여성 인구는 1990년 52.3%였으나 2003년말에는 50.9%로 감소되었다.

튀링엔 주의 많은 연령별 그룹에서 남녀 성비는 완전히 비정상적이다. "튀링엔의 18세에서 30세 사이의 연령에서 남자 100명당 여자는 85명이다— 역사적으로 사례를 찾을 수 없는 결손"이라고 '세계 인구 · 발전 베를린 연구소'는 밝히고 있다. 대학도시인 예나(Jena)와 바이마르(Weimar)만이 성비에서 균형을 이루고 있다. 이와 같은 여성 부족 현상은 2001년에는 단지 메클렌부르크-포어폼메른 주에서만 눈에 띄었다. 이러한 남성공화국에서 결혼시장에서의 기회는 불균등하게 배분되고 있다. 구동독지역은 여성이 부족한 반면, 구서독지역은 때때로 남성이 드문 현상이 나타난다. 하이델베르크에서는 젊은 여성 122명당 젊은 남성 100명이라는 결과가 나타났다. 쾰른, 뮌스터, 하노버, 뮌헨 역시 여성의 비율이 높다.54)

---

53) 주정부 통계청의 출판물에 근거.

54) Berlin-Institut für weltbevölkerung und globale Entwickelung 참조.

메클렌부르크-포어폼메른에서는 전체 독일에 흩어져 있는 동부 지역출신 청소년의 귀향을 도와주기 위한 기관으로 '당신을 위한 메클렌부르크-포어폼메른(mv4you; Mecklenburg-Vorpommern für Dich)'이라는 중개제도를 도입했다. 이 기관의 슬로건은 '여행과 귀환'이다. 지금까지는 시작단계로 일부분만 시행되고 있다: 아마도 1985년 출생자의 1/3 정도가 다른 지역으로 떠날 것이기 때문에 메클렌부르크-포어폼메른의 평균 연령은 2040년이 되면 추측컨대 57세로 높아지게 된다.[55]

이러한 미래를 생생하게 묘사하기는 어렵다. 메클렌부르크-포어폼메른의 가장 오래된 마을, 뎀민(Demmin)에 있는 호헨볼렌틴은 현재 평균연령이 50세이다. 전체 지역에서 평균 연령이 7년이나 상승된다는 것이 의미하는 바는 무엇일까? 현재 57세의 메클렌부르크 주민은 일반적으로 더 이상 직업을 가지고 있지 않다. 대부분 조기 퇴직이 이루어졌다. 왜냐하면 노동시장에서 기회가 거의 주어지지 않기 때문이다. 그렇지만 미래에 사람들은 나이가 더 먹을 때까지 더 오래 일해야만 할 것이다.

능력있는 사람들의 다수가 탈출한 후 구동독지역에는 이동성이 뒤떨어지는 사람들이 남겨졌다— 사회보조금 수령자, 실업자 그리고 나이 많은 사람들이다. 이러한 상황은 적절한 냉소주의로 묘사될 수 있다.《슈피겔》은 "구동독지역으로부터 가장 멍청한 신참자들이 몰려온다"라고 보도한 바 있다. 그리고 기사에서 브란덴부르크의 지역발전 및 구조계획 연구소의 울프 마트히젠(Ulf Matthiesen)의 말을 빌렸다. 즉 신연방주의 몇몇 지역은 앞으로 "짝을 찾을 기회도 갖지 못한 채 실업자가 된 도시의 얼간이들"이 주로 몰려 살게 될 위험에 직면할 것이라고 마트히젠 교수는 언급했다.

---

55) Deutsche Bank Research, *Migration in Deutschland*, S. 3.

구동독지역의 우둔화? 역사가 아르눌프 바링(Arnulf Baring)에게는 미래에 대한 모든 고발이 상상조차 할 수 없는 일들이다. 그러나 의식 있고 재능있는 사람들이 부족한 현상은 여하튼 부정할 수 없는 사실이다. 이 문제를 외면한다면, 왜 구서독지역에서 구동독지역으로 이전된 금액이 어떤 결실도 가져올 수 없는지에 대해 이해할 수 없게 된다."[56] 2003년 11,000명의 브란덴부르크 주민들이 고등학교나 대학교를 마치고 고향을 떠났다. 마티아스 플라첵(Matthias Platzeck) 브란덴부르크 주지사의 언급은 곤혹스러운 느낌을 주고 있다: "그들 모두가 배낭에 돈을 가득 넣고 구서독지역으로 떠난다― 1인당 교육비는 거의 50,000유로에서 100,000유로에 이르기 때문이다. 이러한 사실도 모두 이야기되어야만 하는데 사람들은 항상 구서독지역에서 구동독지역으로 들어가는 돈에 대해서만 이야기한다. 그러면 우리는 지금 교육을 중단해야만 하는가?"[57] 결국 새로움을 찾고 진취성에 도전하려는 사람을 막을 수 없다는 것이 구동독지역의 미래에 대한 가능성을 어둡게 하고 있다.

인구감소로 인한 장기적 결과

인구통계학적 변화는 무자비한 결과를 초래한다. 그것은 강자는 더욱 강하게, 약자는 더욱 약하게 만든다. 독일에서 가장 임금이 높은 지역은 가장 낮은 실업률과 가장 높은 인구전입률을 보이고 있다. 당연히 이것과 반대되는 현상도 나타난다.[58] 이리하여 이제 함께 속한 것

---

56) Die Welt vom 3. 9. 2004, *"Es fehlen die bürgerlichen Schichten"*
57) Berliner Zeitung vom 17. 8. 2004, *"Forschung ist unser Lebenselixier"*
58) Deutsche Bank Research, *Migration in Deutschland*, S. 5.

은 함께 성장하게 되는 것이다(독일 통일의 초석을 쌓은 빌리 브란트 전 총리가 통일에 대해 언급한 것으로 동서독이 함께 발전을 이루어야 한다는 의미를 역설적으로 사용했다 : 역주). 독일이 먼저 구서독지역에서 통일될 것이라고는 15년 전만 해도 그 누구도 상상하지 못했다(통일 이후 구동독주민이 구서독지역으로 이주함으로써 통일이 구서독지역에서만 이루어지고 있음을 풍자 : 역주). 또한 구동독지역의 지속적인 출생률 저하도 역시 예견하지 못했다. 독일의 통일은 세계적으로 유례없는 결과를 초래한 정치적 격변이었다. 구동독지역에서는 사회기반을 강력하게 뒤흔드는 인구통계학적 진동이 기세를 떨치고 있다.

전체인구의 비례라는 측면에서 볼 때, 1996년 이후 구동독지역 청소년층의 인구가 점점 감소하고 있는 반면, 1999년부터 노년층의 인구증가는 구서독지역을 앞지르고 있다. 1990년대 초만 해도 사정은 정반대였다. 구동독지역에서 15세 이하 인구의 비율은 전체인구구성에

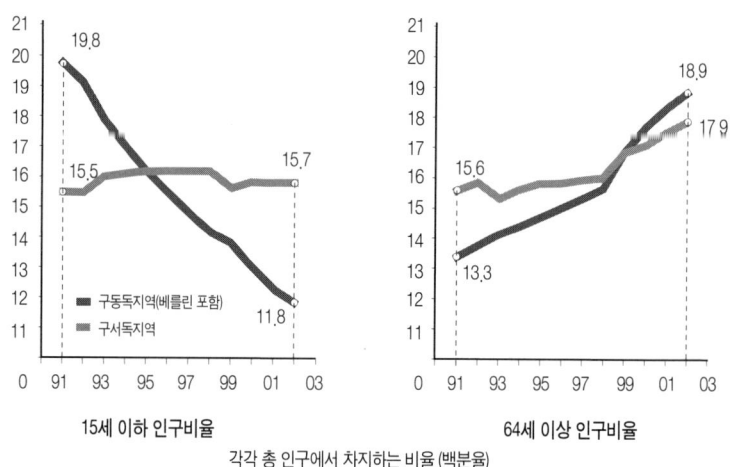

【표 5】 구동독 지역의 노령화

출처: 연방통계청

서 훨씬 많은 부분을 차지했고, 64세 이상의 노년층의 비율은 구서독지역보다 훨씬 낮았던 것이다(표 5 참조). 이로써 독일의 양쪽 지역의 가장 낮은 연령 집단에서뿐만 아니라 가장 높은 연령 집단에서 그 비율은 거꾸로 서 있는 형태를 띠게 되었다. 이렇듯 최근 들어 불안정하게 전개되는 인구분포구조는 연구자들조차 당황스럽게 만들고 있다. 예전에 없던 상황인 것이다.

동시에 구동독지역의 중간연령층은 점점 줄어들고 있다. 현재의 어려운 경제 상황하에서 20-40대 사람들이 구동독지역에 머물며 생활하기가 힘든 까닭이다. 사회에서 특히 필요로 하는 이 연령층에 속한 사람들이 독일 전체에서 해마다 50만 명씩 감소하고 있다. 그래도 구서독지역은 이들에게 일자리를 제공할 수 있다. 여전히 구서독지역은 구동독 주민들로 인력수요를 채우고 있고, 이로써 구동독지역은 가장 소중하고 우수한 인력들을 구서독지역에 빼앗기고 있다.

몇 년 전까지만 해도 괴르리츠와 같은 도시는 평균치 이상으로 기계제조산업에 종사할 많은 우수 전문 인력들을 모집할 수 있었다. 이제 이러한 지리적 장점은 사라졌고, 더 이상 투자자들도 찾아 볼 수 없게 되었다. 결국 줄어드는 일자리와 수입은 지역주민들의 전출을 더욱 부추겼다. 이러한 가운데 이주문제 전문가 제니퍼 훈트(Jennifer Hunt)는 매우 진지하게 "왜 사람들이 아직도 구동독지역에 살고 있는가?"라는 질문을 던지고 있다.

인구통계학적 변화는 극도로 완만하다. 일반인은 인구 피라미드에 나타난 인구구조의 변화를 거의 인식하지 못한다. 그러나 이러한 사정이 구동독지역에서는 전혀 다르게 나타났다. 이곳에서 그 변화는 빠른 속도로 이루어지며 일상적인 현상이 되고 있다. 시내는 쇼핑을 즐길 수 있는 토요일조차 한적한 분위기를 자아내고, 수요가 없어 문을 닫는 유치원과 학교들이 속출하고 있다. 그런가 하면 이용승객이 점점 더 뜸해지면서 열차노선들은 폐지될 위기에 놓이고, 세입자를

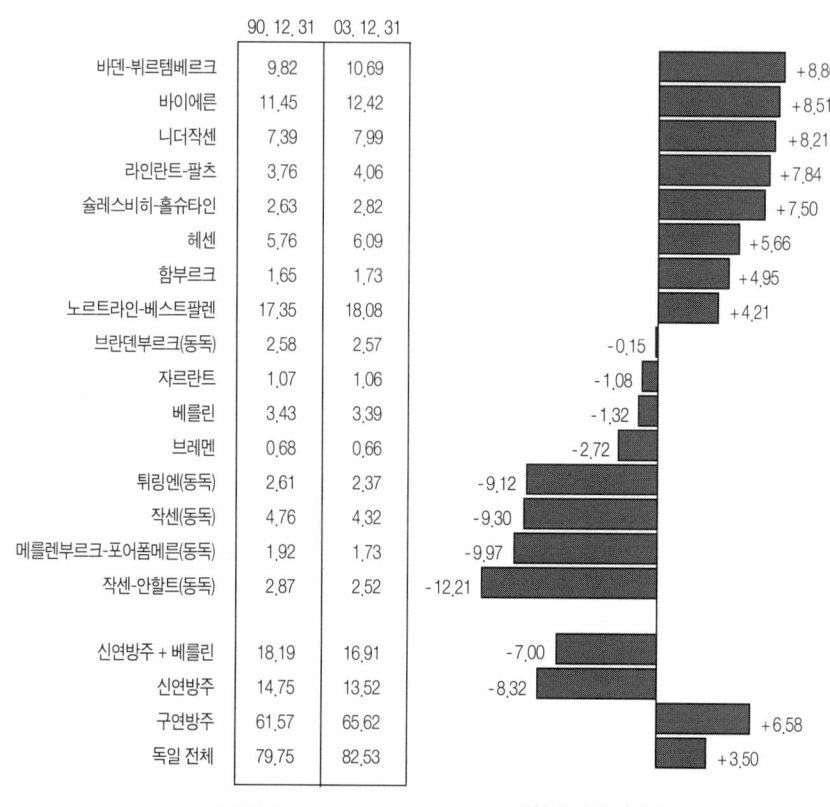

【표 6】 독일 연방주들의 인구 증감

출처: 연방통계청/ 자체 산정

찾지 못한 멀쩡한 거주지역들이 철거되고 있다.

　독일의 큰 지역에서 이런 식의 인구감소가 있었던 적이 최근 언제 있었는가? 30년 전쟁 기간에? 중세시대 페스트가 창궐하던 무렵? 통일에 비한다면 두 차례의 세계대전조차 구동독지역의 인구피라미드에 약간의 생채기만 남겼을 정도이다. 구동독지역의 인구피라미드는 버섯유형으로 바뀐 지 오래다.

독일의 인구분포는 실제로 재편되었다. 1990년에서 2003년 사이 10개의 구서독 연방주는 약 400만 명의 인구가 증가했다. 이는 무엇보다도 외국인의 이주가 늘어난 탓이다. 이들 중 약 3분의 1은 구동독지역에서 이주해 온 사람들이었다. 이로써 구동독지역은 그 사이 약 8%(베를린을 포함시키면 7%)의 인구가 줄어들었다(표 6 참조). 이로 인해 가장 이득을 본 곳은 바덴-뷔르템베르크 주와 바이에른 주였다.

이곳에서 구동독지역 이주자들이 하루아침에 갑자기 빠져 나간다면 어떤 일들이 벌어질까? 이러한 실험의 결과에 대해서는 의심의 여지가 없을 것이다. 공공영역이 극도의 차질을 빚을 것이고, 기업, 식당 그리고 병원들의 운영도 역시 어려움을 겪게 될 것이다.

추측컨대, 작센 주 외에 뮌헨처럼 작센 사람들이 많이 살고 있는 곳은 없을 것이다. 이러한 사실은 인류학자들의 관심을 끌기에도 충분했다. 뮌헨대학 인류학연구소는 "바이에른의 작센 혹은: 왜 작센 사람들이 뮌헨에 살고 있으며, 그들은 어떻게 살고 있는가?"라는 주제의 사례조사를 대학생을 대상으로 실시했다. 여기에서 "지하철, 식당, 제과점, 정육점 또는 치과, 유치원을 가릴 것 없이 뮌헨의 어느 곳에서든지 작센 사람들과 마주친다"는 결과가 나왔다. 또한 작센 사람들의 일상생활에 대한 조사는 "이질감과 동화 그리고 탈고향으로 인한 고충과 새로운 환경에의 적응"이라는 문제에 초점이 맞춰졌다고 한다.

현재 구동독지역이 겪고 있는 인구 문제는 이전 동독 시절보다 더 심각하다. 동독에서는 국가가 창설되어 몰락하기까지의 기간에 약 270만 명의 인구가 줄어들었다. 이는 매년 평균 65,000명의 인구가 감소했다는 것을 의미한다. 이에 비해 구동독지역은 통일 이후 2003년 말까지 상대적으로 짧은 기간 동안에 이미 130만 의 인구가 감소했다.[59] 즉 한 해 평균 98,000명의 인구가 줄어든 셈이다.

---

[59] 1989년 초부터 동년 10월 3일까지 추가로 740,000명이 동독에서 빠져나갔다.

인구통계학은 당파를 상관하지 않는다. 그것은 사회주의에서의 감소건 아니면 민주주의에서의 감소건 구분하지 않는다. 양 체제하에서 구동독지역은 영어권에서 '응집력(agglomeration force)'이라 부르는 것을 점차 상실하고 있다. 무엇이든 많이 있는 곳에서 더 많은 일이 생기는 법이다. 1949년 동독지역에는 독일 전체 인구의 28%가 살고 있었다. 그러나 그 사이 이 수치는 18%로 떨어졌고, 2050년에는 약 13%가 될 것으로 전망하고 있다.

이것은 특히 독일인의 수도와 관계되는 문제다. 마인하르트 미겔(Meinhard Miegel)은 메트로폴리스 베를린이 "머지않아 공화국에서 가장 조용한 지역"이 될 것으로 보고 있다. "음악은 다른 곳에서 연주될 것"이라고 말하는 이 사회학자는 통일 후 베를린이 장기적으로 600만, 아니 1,000만의 인구를 갖는 활기찬 도시가 될 것이라는 환상에 대해 경고의 메시지를 보내고 있다. 아마도 베를린의 인구 규모는 함부르크의 수준으로 축소될 것이라고 경고한다(현재 베를린의 인구는 약 340만 명이고 함부르크의 인구는 170만 명이다 : 역주). 물론 가장 암울한 인구예상조차 그러한 각본을 내놓지는 않고 있다.

그러나 수도 이전효과에 대한 기대는 헛된 꿈이 되고 만 것이 사실이다. 1998년에서 2002년 사이 연방 행정부처들이 이전했음에도 불구하고 베를린은 통일 후 오히려 약 45,000명의 인구가 감소했다. '유럽의 동부역(Ostbahnhof Europas)'으로서 동구개혁국가로부터 이주해 오는 사람들의 덕을 보려 했던 희망은 실현되지 않고 있다. 2001년 동베를린의 외국인 비율은 겨우 6% 정도에 불과하다.[60] 이는 구서독지역의 지방도시보다도 적은 수치이다. 동베를린의 주변지역들도 역시 베를린의 인구 증가에 아무런 기여를 하지 못하고 있다. 이곳의 인구 역시 점차 줄어들고 있기 때문이다.

---

60) Berlin-Institut, S. 44.

1991년 한 해에만 구동독지역의 인구는 238,000명이 줄었다. 그 후 인구의 감소폭은 해마다 줄어들어, 1996년에는 46,800명으로 가장 낮은 인구 감소세를 보였다. 정치인들은 안도의 한숨을 내쉬며, 최악은 모면했다고 생각했다. 하지만 그것은 착각이었다. 다시 인구 감소폭이 크게 늘어났다. 2001년 작센 주의 인구만 매일 94명이 줄었다. 하루 50명의 아이들이 태어나는 반면, 81명이 사망했다. 105건의 전입에, 전출은 168건이었다. 2001년과 2002년은 각각 110,000명의 인구가 구동독지역에서 감소하여, 통일 후 두 번째, 세 번째로 높은 인구감소 수치를 보인 해가 되었다.

이러한 인구변화의 추이는 구동독 사회가 병에 걸려 체온이 상승하는 것과 같은 열곡선이라 할 수 있다.

통독 이후 2003년까지 구동독지역 주민들의 전출이 인구감소에서 차지하는 비율은 60%가 넘었고, 나머지는 저조한 출산율에서 기인했다. 전출의 추세는 일시적으로 호전되는 듯했다. 1990년대가 경과하는 동안 전출은 꾸준한 감소 추세를 보였고, 1997년 전출자와 전입자 간의 차이는 10,000명을 약간 웃돌 정도로 줄어들었다(표 7 참조). 이

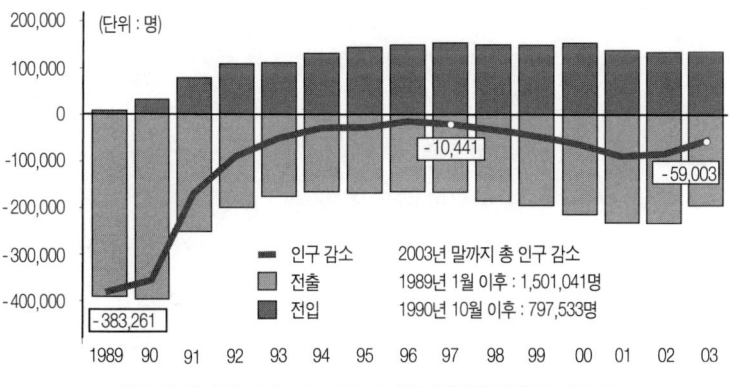

【표 7】 구서독지역으로 이주에 따른 구동독지역의 인구 감소
(2001년부터 전체 베를린 포함)   출처: 연방통계청

정도면 안심할 수 있는 수준이었지만 이것은 일시적인 사회적 분위기와 관계가 있었다. 즉 구동독지역 주민들은 경제상황의 호전을 기대했던 것이다.

하지만 더욱 첨예화된 노동시장의 위기는 또다시 독일 내 인구이동의 움직임을 촉진시켰다. 2001년 구동독 연방주와 베를린에서 92,000명이 빠져나갔다. 이는 거의 예나 시의 인구에 해당하는 규모다. 2002년에는 85,000명의 구동독 주민들이 자신의 고향을 등지고 떠났다. 이는 데사우(Dessau) 시의 인구를 넘는 숫자다. 그리고 2003년은 59,000명의 구동독 주민들이― 괴르리츠 시의 인구에 해당하는 숫자가― 전출 명부에 자신의 이름을 올렸다.

그렇다고 완전한 하나의 전체 도시가 지도에서 아주 사라지는 것은 아니다. 이론적으로 본다면 차라리 하나의 도시가 완전히 사라지는 것이 수축하는 도시에 대한 최선의 해결책일 수 있다. 만약 문제가 전역으로 골고루 확산된다면, 그에 따른 비용은 헤아릴 수 없을 정도로 커지기 때문이다(하나의 도시가 완전히 사라진다면 상수도 등 인프라를 단순히 폐쇄하면 되지만, 모든 도시의 인구가 골고루 감소한다면 현재의 많은 인구에 맞게 구축된 인프라를 유지하는 비용이 커지게 되며, 또한 이를 축소시키는 것도 규모의 경제가 작동하지 않을 수 있으므로 비용은 더 커지게 된다 : 역주). 동시에 인구의 감소는 근대사회의 가장 중요한 문화적 업적 중 하나인 도시의 존립을 위태롭게 하고 있다. 즉 민주주의의 이상을 실현시킨 해방된 시민정신의 구현으로서 도시사회의 본질과 가치가 점차 공동화되고 있는 것이다. 인구가 줄어드는 만큼 도시의 활력은 감소되고 있다.

베를린을 제외하면 1990년 구동독지역에는 100,000명 이상의 인구를 가진 대도시가 13개 있었다. 이 도시들은 통일 후 2003년 말에 이르기까지 주민의 1/10을 잃어버렸다(표 8 참조). 이 경우 물론 녹지대가 많은 도시 근교로 이사를 원했던 요소가 중요한 원인이기도 했던 까닭으로 많은 도시는 지역 개발을 통해 교외 전출자들 중에서 적어도

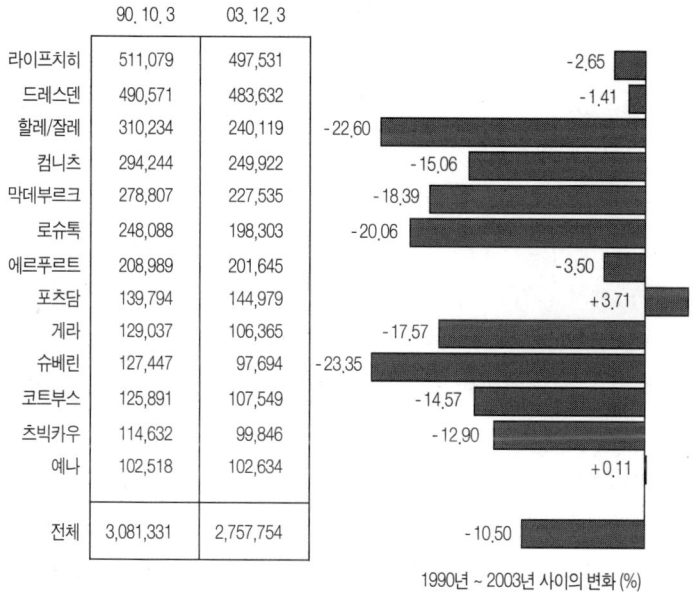

【표 8】구동독지역 대도시의 인구 감소
출처: 연방통계청/ 자체 산정

어느 정도는 도시로 다시 불러들일 수 있었다. 1990년 이후 라이프치히 시는 약 62,000건의 전입신고가 있었다. 이는 현재 인구의 12%에 해당한다. 그렇지만 구동독지역 최고의 인구밀집 지역인 라이프치히의 인구는 1900년의 수준으로 줄어들었다. 그 당시 라이프치히는 456,000명이 살았던 곳으로, 베를린과 함부르크 그리고 뮌헨의 뒤를 잇는 제국의 네 번째 대도시였다. 713,000명의 주민수로 가장 인구가 많았던 1933년과 비교하면, 3분의 1 가까이 인구가 줄어든 셈이다.

인구가 줄게 되면, 빈 집은 점점 늘어만 가고, 새로운 현상, 즉 '공간상태패닉(Leerstandspanik)' 또는 '공간상태쇼크(Leerstandsschock)'라 불리는 현상이 퍼지기 시작한다.[61] 이 개념은 엉터리 염세주의자

---

[61] 이러한 개념은 Wolfgang Kil과 Ulrich Pfeiffer이 자신의 연구에서 사용했다.

들이 만든 것이 아니다. 바이센펠스나 장어하우젠과 같은 유서 깊은 도시들의 경우, 10개의 주택 중 서너 채가 비어 있는 상태이다.[62] 이러한 인구감소 도시들은 기간시설이 완전히 초과된 상황에 있다. 이것은 눈에 띄지 않는 것, 즉 도시의 지하에 여기저기로 뻗어 있는 각종 공급시설물의 경우도 마찬가지다. 하수관들은— 코트부스(Cottbus) 시의 경우처럼— 너무 낮은 압력 탓에 각종 세균의 번식으로 삭아버려, 도시의 공기는 역한 냄새를 풍긴다. 주민들은 관리비 정산의 형식으로 비싼 복구공사 비용을 치르고 있다. 구동독지역의 상하수비용은 대부분 구서독지역의 수준을 넘어서고 있고, 지불가격이 거의 한계치에 직면하는 경우도 종종 있다.

비어 있는 주택은 철거될 운명에 처해진다. 알텐부르크(Altenburg)에 있는 르네상스 시기의 가옥들은 이미 헐려 자취를 감추었다. 하이델베르크, 뮌스터 혹은 슈투트가르트와 같이 팽창하는 구서독지역의 도시에 있었더라면 고스란히 보존되었을 귀중한 가옥들이 굴착기의 위력 앞에 힘없이 무너져 내리고 있는 실정이다. 변화된 상황들에 대한 이러한 적응과정을 라이프치히 시장은 '새로운 건설시기' 라 부르고 있다.

무자비한 철거작업을 미화시키기 위해 온갖 창의적인 수식어늘이 만들어졌다. 즉 포근한 도시, 푸르러진 도시, 화사해지는 도시, 사회적 도시, 수익을 보장하는 도시 등등. 연방정부의 재정 후원으로 진행되고 있는 '구동독 도시 보수사업(Stadtumbau Ost)' 은 이렇듯 일종의 언어 속임수와 허풍만 가득한 사업이 되고 말았다. 2009년까지 약 350,000세대의 주택을 철거하기 위한 비용으로 국가는 27억 유로를 책정해 놓고 있다. 일 년에 45,000건의 주택 철거를 계획하고 있지만, 2003년에는 단지 28,300건만 실행됐을 뿐이다.

---

62) Kil, S. 38.

해결책의 효력이 나타나는 것보다 더 빠르게 문제가 커지고 있다. 구동독지역에 있는 약 120만 세대의 주택, 즉 전체 주택의 16%가 오랫동안 비어 있는 상태이다. 이 중에 절반을 훨씬 넘는 주택이 새로 지어지거나 보수된 것이다. 이러한 절망적인 상황은 많은 주택 소유자들을 어려움에 빠뜨리고 있다. 2003년 메클렌부르크-포어폼메른 주만 해도 2억 9,700만 유로의 월세 손실이 있었다. 이 중 1억 1,500만 유로는 개인 소유자들이 부담해야 하는 손실이었다. 1,300개 구동독지역의 주택조합 중 350곳이 재정파탄의 위기에 처해 있다.[63] 시장이 정리되기까지는 적어도 20년이 소요될 것으로 예측하고 있다.

대폭적인 세금감면의 결과, '비만 상태'가 된 주택단지의 문제와 더불어 통독 후 사회주의식 주택에 대한 전반적 점검 문제가 시정부를 압박하고 있다. 사회주의가 남긴 조립식 아파트(Plattenbau) 한 동에 대한 개보수 비용은 구시가지 5채 내지 10채의 옛 건물 개보수 비용에 해당한다. 라이프치히 시내 중심 지역조차 곳곳의 철거작업으로 마치 불규칙한 치열처럼 아름다운 옛 모습을 잃어가고 있다. 단지 훤히 들여다보이는 건물 내부의 통행로(라이프치히는 과거 상업이 발달했던 도시로 화물을 실은 마차가 드나들 정도의 통로가 건물 안에 만들어져 있다 : 역주)를 통해 예전의 온전했던 건축물의 모습을 추측할 수 있을 뿐이다(개보수할 수 없는 고 건축물은 외양은 보존하면서 철거하고, 이에 따라 신 건축물은 고 건축물의 외양을 간직하면서 새로이 짓고 있다 : 역주). 도시의 특징적 모습을 자아내는 2,500여 채의 옛 가옥들, 즉 건설 당시의 모습을 그대로 간직하고 있는 유서 깊은 가옥들의 일부는 60년 동안 보수공사가 이루어지지 않았다. 그 중 400채는 급박한 붕괴위험에 직면해 있고, 여기에 매년 250채의 주택이 추가로 위험한 상태에 처해진다. 아직은 아니라 하더라도, 곧 대량의 전통가옥들이 자취를 감추게 될 것이다.

---

63) Der Spiegel vom 21. 2. 2004: *"Die Buroblase"*

드레스덴과 같은 작센 지방의 인구수는 별 변동이 없다. 포츠담 시의 경우에는 지난 기간 동안 인구가 오히려 증가하기도 했다. 베를린의 주민들이 이주한 탓이다.

그러나 로슈톡(Rostock), 할레(Halle) 그리고 슈베린(Schwerin)과 같은 도시들은 1990년 이후 주민들의 5분의 1을 잃었다. 이들 지역에서의 인구 감소 추세는 계속될 전망이다.

게라(Gera)와 코트부스 시의 주민수는 마지노선인 100,000명 이하로 떨어지게 될 위기에 처해 있다. 이것은 대도시로서의 위상을 잃는다는 의미다. 츠빅카우는 이미 대도시의 자격을 잃었다. 주변지역으로부터의 편입인원이 없었던 슈베린도 가까스로 98,000명의 주민수를 유지하고 있어 마찬가지 운명에 처해 있다. 메클렌부르크-포어폼메른 주의 수도(로슈톡)는 2017년에는 고작해야 90,000명의 인구를 가질 것으로 내다보고 있다. 그러나 시 계획담당자가 위탁했던 연구의 결과에 따르면 주민수가 단지 81,500명 정도에 그칠 것이라는 더욱 비관적인 예상도 내놓고 있다.

미래의 도시 인구 감소에서 인구 유출이 차지하는 비중은 점차 작아질 것이다. 그 이유는 이주할 젊은층의 인구조차 점점 줄어들고 있다는 점에 있다. 여기에 적은 신생아 수는 이러한 상황을 더욱 악화시키고 있다.

출산율의 저하는 단지 공간에 한정된 것이 아니라 오랜 시간에 걸쳐 진행되는 인구의 대탈주를 의미한다. 쿠르트 비덴코프는 "자녀를 낳지 않는 것도 미래의 이주 형태로서 일종의 인구유출로 볼 수 있다"고 말한다. 그렇다면 이로 인해 구동독지역은 더욱 불리한 결과가 초래될 것으로 예상된다. 1988년 동독 시절 220,000명이었던 구동독지역의 신생아 수는 1990년에 178,000명으로, 그리고 1994년에는 겨우 79,000명으로 줄어들었다. 이와 함께 여성 일인당 평균 자녀수는 1.52명에서 0.77명으로, 즉 절반으로 줄어들었다. 이보다 더 낮은 출산율을 보이는 나라는 오직 단 한 곳, 바티칸밖에 없을 것이다!

예전에 그 어떤 시대에도 이같이 낮은 출산율을 보인 적은 없었다. 전쟁 시기였던 1945년조차도 이보다 더 많은 아이들이 태어났다. 외지로부터 유입 없이 인구가 안정적으로 유지되기 위해서는 원래 여성 일인당 평균 두 명의 아이를— 남아와 여아— 낳아야 한다.

인구통계학자들은 통일 이후 태어난 동갑내기 인구층을 '소집단(kleine Kohorte)' 이라 부른다. 이제 소집단이 구동독지역 인구피라미드에서 자신의 자리를 옮겨 가장 상단부에 위치하고 있다. 이러한 아동, 청소년 인구의 감소는 우선 몇몇 유치원과 학교들이 더 이상 필요 없게 되는 결과를 불러올 것이다. 머지않아 기업들은 수습인력의 확충에 애로를 겪을 것이며, 대학생 수도 줄어들기 때문에 대학의 인력 감축은 불가피할 것이다. 이뿐만 아니라, 이 옅은 연령층으로 인해 잠재적 부모들의 수도 적어지게 된다. 2018년부터 '출산율 저하세대(Generation Geburtenknick)' 는 부모가 되기 시작한다. 그렇지만 사회

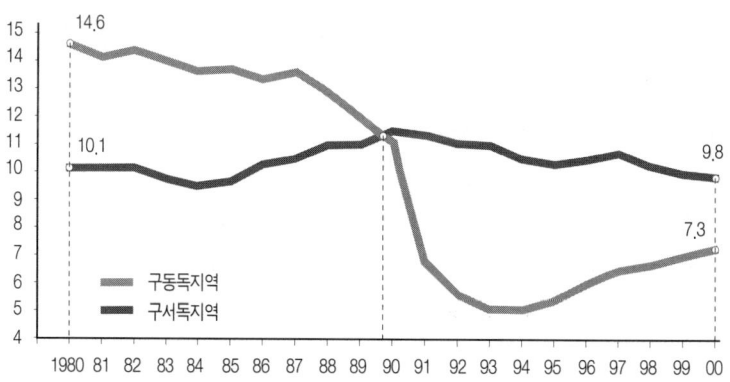

【표 9】 구동독지역과 구서독지역의 출산력 변화
(1000명당 한 해 출산)   출처: 연방통계청

를 유지시키기에는 너무 적은 수일 것이다.

연방통계청의 자료에 따르면 2003년 전체 독일에서 인구 1,000명당 단지 8.7명의 아이가 출생했는데, 이로써 독일은 슬로베니아와 함께 유럽연방에서 가장 낮은 출산율을 보인 국가가 되었다. 미래에 예약된 인구 유출, 즉 출산율의 감소는 이제 독일 전역에 해당되는 문제가 되었다. 특히 구동독지역의 출산율은 그렇지 않아도 낮은 구서독지역의 수준보다 훨씬 낮다(표 9 참조).

작센 주의 출산율은 7.2%로 구동독 지역 중 가장 높은 반면, 브란덴부르크 주는 6.8%로 가장 낮은 출산율을 보였다. 구동독지역의 이 같은 낮은 출산 경향은 아마도 계속 유지될 것이다.

구동독지역의 출산율 저하의 원인들 중 하나로 낮은 외국인 비율을 들 수 있다. 왜냐하면 독일 여성보다 독일에 거주하고 있는 외국인 여성들의 출산율이 높기 때문이다. 이것은 구서독지역의 인구 증가에 긍정적으로 작용하고 있다.

구동독지역에서 극도의 아동 빈곤은 낯설게 느껴진다. 사회주의의 유산 덕분에 아동들의 보육은 거의 문제가 없다. 구동독지역은 아동 100명당 37개의 전일제 탁아를 제공하는 반면, 구서독지역은 겨우 3개에 그치고 있다. 그러나 경제가 제대로 기능하지 않고 일자리가 없다면, 탁아소도 역시 소용없다. 통일은 구동독지역에 유럽에서 가장 낮은 출산율을 선사했다. 이것은 새로운 것이다. 이와 달리 다른 현상들은 1989년 이후로 변한 것이 하나도 없다. 이미 동독 시절에도 그랬듯이(동서독 분단 시기에도 동독주민은 서독지역으로 계속 탈출했다 : 역주) 구동독지역은 전형적인 인구 유출 사회다.

수축되는 도시

도시는 어떻게 죽어 가는가? 마르기타 파슬(Margitta Faßl)은 인터넷에서 바로 이 테마를 다룬 사이트를 찾아내기 전까지만 해도 이 문제에 대해 깊이 생각해본 적이 전혀 없었다. 그녀는 "정말 쇼킹했다"는 얘기와 함께, 코트부스 대학의 한 교수가 인터넷에 올렸던 도시의 몰락에 대해 설명했다. 한 도시의 죽음은 순식간의 일이 아니라, 고통에 가득 찬 수난사다. 품위 있는 종말이 아닌, 남은 모든 사람들을 비참의 수렁으로 몰아넣는 죽음이다.

처음엔 아무도 상황의 심각성을 깨닫지 못한다. 채산이 맞지 않기 때문에, 지역들 간의 버스운행이 중단된다. 이로써 도시는 외부세계와 단절된다. 자가용 없이는 그곳에 들어갈 수도, 그곳에서 빠져나올 수도 없다. 급기야 주민들은 도시를 떠나기 시작하고, 이로써 사태는 더욱 심각해진다. 응급조치를 위해 구급차가 출동하는 것 외에 의료적인 지원은 제한된다. 도시 전역은 황폐해져 가고, 미래의 구상이 없는 상태에서 도시의 질서는 흐트러져 간다. 도시의 흉측한 모습은 도를 더해가고, 쇠약해진 환자가 최종적인 죽음을 맞이할 때까지 이러한 비참은 계속된다. 인터넷 기사를 떠올리며 "그때 나는 우리에게도 역시 이러한 일이 일어날 수 있으리라는 것을 알았다"는 파슬은 "우리도 가능한 한 빨리 꼭 필요한 만큼의 규모로 도시를 줄여야만 한다. 이것이야말로 호이어스베르다(Hoyerswerda) 시가 살아남기 위한 유일한 방법이다"라고 그녀는 힘주어 말한다.

50대 중반의 파슬은 통일 이후 전형적인 구동독지역의 주민처럼 지그재그식 경력을 지녔다. 대학에서 계량학을 전공한 그녀는 아파트 건축용 시멘트 판넬 제조공장에서 품질검사를 맡는 일로 사회에 첫발을 디뎠다. 1989년 이후 세무사와 공인회계사로 일하고자 하였지만,

갑작스럽게 호이어스베르다 시의 회계업무를 담당하게 되었다. 시청에서 그녀에게 공석 중인 자리를 맡아 볼 의향이 있는지 물어왔기 때문이다. 그 후 그녀는 이 직책을 그만두고, 1993년 지역 주택조합의 최고경영자 자리에 부임했다. 그때만 해도 그녀는 어떠한 임무가 자신을 기다리고 있는지 알지 못했다. 이제 그녀는 독일에서 유례가 없을 정도로 대규모로 추진되고 있는 호이어스베르다의 철거사업을 촉진하는 임무를 맡고 있다.

건강하게 줄여라(Schrumpf dich gesund)! 1996년 이러한 모토하에 도시 철거사업에 대한 계획이 마무리되어 가고 있었다. 그러나 이 계획이 밖으로 새어나갔을 때, "대대적인 철거사업이 도시의 미래를 보장한다는 말을 이해할 사람은 아무도 없을 것이다"라는 적대감에 가득 찬 비난들이 빗발쳤다. 호이어스베르다처럼 일찍 철거사업에 착수한 지방자치단체는 없었다. '동독의 두 번째 사회주의식 거주형 도시'였던 호이어스베르다가 통일 독일에서 구동독지역 중 최초로 도시 철거사업에 돌입한 도시가 된 것이다.

아이젠휘텐슈타트(Eisenhuttenstadt)와 더불어 호이어스베르다는 동독시절 도시계획의 모델이었다. 1955년 중앙역 아우구스트 베벨 슈트라쎄 16번지에 380세대의 주택 건설이 시작됐다. 전통적 건축양식으로 지어진 아파트는 슈바르체 엘스터(Schwarze Elster) 강변에 위치한 중세풍의 농촌 소도시와 조화로운 결합을 이루었다. 주택건설을 위한 공간이 모자랐기 때문에, 도시를 가로지르는 하천을 경계로 새로운 도심을 만들어야 했다. 그리하여 강가의 맞은편에 신도시(Neustadt)가 건설되었다. 곧 한 동네의 아파트에 구도시 전체인구와 맞먹는 주민이 입주하게 되었다. 1단지(Wohnkomplex, WK)에서 10단지까지 대규모 아파트촌이 건설되었다. 당시 이러한 대규모의 주택건설사업은 불가피했다. 20km 떨어진 라우지츠(Lausitz)의 모래벌판에 갈탄정련콤비나트 '슈바르체 품페(Schwarze Pumpe)'가 세워졌고, 이곳에서 일하는 노동자들을 위한 숙박시설이 필요했기 때문이다. 이 화력발전소는 지역 내에서 충분한 노동인력을 구할 수 없었을 정도로 규모가 컸다. 호이어스베르다는 곧 동독에서 가장 젊고, 가장 아이가 많은 도시가 되었고, 다른 도시와는 비교할 수 없을 정도로 빠르게 성장했다. 25년 동안 7,775명이었던 인구는 무려 아홉 배가 넘는 71,000명으로 늘어났다.

이로써 신도시의 규모는 구도시를 능가하게 되었다. 그러나 1990년 18,000명의 노동자가 일했던 '슈바르체 품페'가 문을 닫았다. 최근 이곳에서 생산했던 도시가스가 심각한 환경문제를 유발시키자, 이 지역의 연료는 러시아와 노르웨이로부터 공급되는 천연가스로 대체되었다. 발전소 폐쇄와 함께 인구는 급속도로 감소하기 시작했다. 2004년 중반 호이어스베르다에는 아직 44,000명의 주민이 거주하고 있다. 그러나 15년 후 이곳의 인구는 다시 14,000명이 더 줄어들 것으로 예상하고 있다. 즉 2020년 최대 예상인구는 약 35,000명으로 과거 최고치의 절반에 그치는 수준이다.

1950년대 슈바르체 엘스터 강가 건너편에 화력발전소가 건설되었을 무렵, 의사의 아들로 태어난 호르스트-디터 브래미히(Horst-Dieter Brähmig)는 당시 대학입학자격시험(Abitur)을 일 년 앞두고 있었다. 현재 이 도시의 시장인 그는 "메클렌부르크, 튀링엔 그리고 안할트 등 전국 각지에서 사람들이 동부 작센의 우리 지역으로 몰려들었다. 개발 열기는 정말 대단했다. 거의 미국적 분위기에 휩싸여 있었다"며 당시의 상황을 회고했다.

모든 것이 가능하다. 브래미히는 이러한 전후시기에 확산되었던 정서를 다시 불러일으키고자 했다. 민사당(PDS) 소속이면서도 보수 기민당 진영으로부터도 평가받고 있는 이 야심에 찬 정치인은 호이어스베르다를 미래의 하이테크 거점으로 만들겠다는 목표 아래 의기양양하게 기업유치전략을 마련하였다. 풍력발전시설 정비공장, 태양전지

제조공장 등 사업계획목록은 화려하기 이를 데 없다. 총 2억 5,000만 유로가 투자될 6개의 사업들을 통해 440개의 일자리가 창출될 것으로 보고 있다.

이것으로 과연 내리막길로 치닫는 인구 감소의 추세를 막을 수 있을까? "우리는 그러한 인구변동의 미래에 신경 쓸 생각이 없습니다. 그것에 따르면 이곳은 곧 마이너스의 인구를 갖게 되는 기묘한 예상결과가 나오니까요." 2004년 7월 한 달, 세 건의 결혼식 그리고 세 건의 출생신고가 접수되었다. 정말 상상할 수 없을 정도로 낮은 수치다.

호이어스베르다가 두려워했던 것은 도시 공간 정비문제다. 거리 곳곳에 솟아 있는 거대한 주거블럭은 하염없이 입주자들을 기다리고 있다. 마르기타 파슬이 관리하고 있는 주택 중 4분의 1은 비어 있는 상태다. 총수입은 3,500만 유로이지만 한 해의 월세손실이 약 500만 유로에 이른다. 40%의 시장점유율을 확보하고 있는 이 회사는 한때 14,500세대의 임대주택을 소유하고 있었다. 입주자를 못 찾고 있는 5,800세대의 주택은 철거대상이 되었다. 2004년 이 중 2,100세대의 주택이 철거되었고, 이제 3,700세대의 주택이 남아 있다. 연방과 주정부는 평방미터당 80-100유로의 철거비용 중 60유로를 보조하고 있다.

융화된 도시발전구상(Integriertes Stadtentwicklungskonzept)의 약어로 '인젝(Insek)'이라 불리는 도시철거(재개발)사업은 과거 도시팽창과 정반대로— 외곽지역에서 도심지역으로— 진행되고 있다. 신도시에서 가장 늦게 건설된 8, 9, 10단지는 '불안정한 지역'으로 분류되어, 일부 지역은 녹지대로 변모하게 된다. 이와 달리 제일 먼저 건설된 1, 2, 3, 4단지는 가장 낮은 인구감소를 보이고 있다. 철거작업은 건설에 소요된 기간의 반 정도가 걸릴 것으로 보인다. 일 년에 600세대의 철거가 계획되어 있기 때문에, 철거작업은 아마 2010년이 되어야 마무리될 것으로 예상된다. "예전 건설에 참여했던 세대는 이제 자신들이 이루어냈던 것이 하나씩 둘씩 철거되는 모습을 지켜봐야 한다. 이것은 이전 세대의 자신감을 갉아먹는 사업이다."라고 말하는 마르기타 파슬은 철거사업이 진행되는 적어도 15년의 기간은 고통스런 시간일 수밖에 없다는 것을 잘 알고 있다.

도시를 구제하기 위해 도시의 역사가 지워지고 있는 것이다. 신도시의 콘라드 추제 가도 역시 정비사업이 진행되고 있다. 황량해진 이 지역에 이미 오래 전에 문을 닫은 음식점 '글뤽 아우프'(Glück auf, '무사하시길' 이라는 뜻의 이 말은 특히 탄광노동자들이 주고받던 인사로, 예전 탄광지역에 있는 건물들에서 흔히 찾아볼 수 있는 글귀다 : 역주)가 서 있다. 이 음식점은 동독 소설가 브리기테 라이만(Brigitte Reimann)이 자주 찾았던 곳이다. 동독 건설 시기를 시대 배경으로 한 소설『일상에서의 도달』(Ankunft im Alltag, 1961년 발표된 이 소설은 대학입학자격시험을 앞둔 세 명의 남녀 고교생이 탄광지역에서 실습기간을 보내며 경험한 사랑과 희망을 다룬 작품으로 이른바 '도달문학(Ankunftsliteratur)' 의 효시로 간주되는 작품이다 : 역주)에서 그녀는 '이 황량한 지방에 대해 애정' 을 표현하며, 자신이 이 지역에 발을 디뎠을 당시 "모래벌판에 몇 채의 건물이 들어섰던 것이, 이제 거의 60,000명의 인구를 가진 도시가 되었다"고 적고 있다.

'글뤽 아우프' 맞은편의 9, 11, 13번지에는 특별한 건물이 위치하고 있다. 이 건물은 동독 최초의 산업용 조립식 주거지역으로, 뾰족한 지붕의 전통적 양식이 보통의 다가구주택과 거의 흡사하다. 그것은 처음에 라이만에게 혐오감을 주었지만 차차 애정을 느끼게 했던 그런 대형 벌집과 같은 아파트는 아니다. 이 유명한 '조립식 아파트'는 그 이후 호이어스베르다에서 전 동독으로 확산되었다. 또한 이 신도시에는 동독 최초로 완전자동시스템을 갖췄던 대규모 시멘트 판넬 제조공장이 있다. 처마식, 원반식, 소용돌이 무늬식의 변형이건, 아니면 'QP', 'P2', 'WBS 70' 의 스타일이건 할 것 없이 신도시에는 모든 종류의 주택이 다 모여 있었다. 그야말로 사회주의 건축양식의 총집합소였던 것이다.

"호이어스베르다의 개발사업에는 많은 어려움이 따른다"고 마르기테 파슬은 고충을 털어놓으며, "2008년 전후가 가장 어려운 시기일 것"이라 말한다. 그녀의 회사는 마치 시내의 아주 작은 움직임까지도 기록하는 지진계와 흡사하다. 철거사업으로 인한 소음에 대한 나이든 사람들의 불만의 목소리가 점점 커지고 있다. 이 늙어가는 사회에서 관용의 한계점은 어디까지일까? 낙관적인 앞날에 대한 기대를 포기하는 사람들이 점점 늘고 있다. 이 수축하는 사회에서 생활하는 주민들은 앞으로 얼마나 더 불황을 견뎌내야 할까? 과거의 향수에 젖어 있는 사람들은 철거사업을 원하지 않는다. 그러나 과연 누굴 위해서? 라우지츠에 라이만이 표현했던 제2의 '골드러쉬(Goldgräberzeit)'는 다시 없을 것이다. 따라서 마르기테 파슬은 입안되었던 계획을 '거세게' 밀어붙일 생각이다. 그래야만 호이어스베르다가 다시 한번 재기의 기회를 얻을 수 있을 것이라는 확신에서이다.

시한 폭탄

진행 중인 회색혁명은 국가를 변화시키고 있다. 유엔(Vereinte Nationen)의 한 예측에 따르면 2020년 독일인의 평균 연령은 46.7세로 예상된다. 전세계적으로 본다면 스위스(48.6세), 이탈리아(48.5세) 그리고 일본(48.2세)에 이어 네번째다. 독일처럼 빨리 노화가 진행되고 있는 나라는 거의 찾아볼 수 없다. 노령인구가 많은 나라에서 변하는 것은 일상만이 아니다. 활동성이 적기 때문에 거리엔 점점 인적이 뜸해지고, 유람관광이 스키여행을 대신하게 된다. 음식점의 메뉴는 건강식단이 주종을 이루며, 나이트클럽은 자정이면 문을 닫을 것이다. 각종 광고는 정정한 노인들을 대상으로 하고, 책이나 잡지는 큰 활자체로 발행될 것이다.

이러한 사회에서 50세 이상의 사람은 큰 힘을 발휘한다. 그들이 유권자수에서 과반수를 차지하기 때문이다. 사회의 변화가 원로의 손에 쥐어지게 될지는 아직 확실치 않다. 어쨌든 인구의 노화는 일반적인 사회의 모습을 크게 바꿔놓고, 사회시스템을 분열의 위기로 몰아넣을 것이다. 연금보험, 건강보험, 간병보험, 실업보험 등 어떤 경우이든 비슷한 딜레마에 빠지게 된다. 납부자는 점점 줄어드는 반면, 각종 보험에 대한 지출부담은 급속도로 늘어간다.

연방보험청(Bundesversicherungsamt)은 2030년 310만 명의 부양보험 대상자가 있을 것으로— 현재 190만 명— 산정하고 있다. 후세대의 인구수가 전세대의 인구수보다 적어지게 되면, 비스마르크 체제하에서 도입되었던 부과방식에 의한 연금모델은 제대로 기능할 수 없고, 각각의 연령집단 간의 연대에 기초한 세대계약은 기반을 잃게 된다(독일의 연금보험은 기금을 적립하여 운영하는 방식이 아니라 현재 일하는 젊은 세대가 은퇴한 세대를 부양하는 방식으로 이를 세대간 계약이라고 한다 : 역주).

위기를 모면하기 위해서는 세금으로 사회복지기금을 마련하는 방식으로 국가가 다시 나서야만 한다. 그러나 이것은 국가채무와 국민총생산에서 차지하는 국가지출의 비율을 천문학적 액수로 끌어올릴 수 있다. 또한 기술혁신 잠재력이 줄어들 수도 있다. 새로운 기술과 새로운 학문적 지식을 습득해야 할 젊은이들이 모자라기 때문이다.

더 많은 인구의 유입도 이러한 문제들을 해결하는 데 별 도움을 주지 못한다. 한 조사연구에 따르면 노동력과 연금생활자간의 현재의 균형이 유지되기 위해서는 2050년까지 1억 8,800만 명의 외국인들이 독일로 이주해야 한다고 한다.[64] 독일에 그 많은 사람들이 이주해오

---

[64] Herwig Birg in der FAZ vom 12. 4. 2000, *"188 Milionen Einwanderer zum Ausgleich?"*

길 원하는가? 이 문제는 젖혀두더라도, 그러한 외국인의 대량 이주에 따른 융화비용은 과도한 부담이 될 것이다.

인구 감소 추세가 멈추지는 않겠지만, 혹시 완화되는 식으로 진행될 수는 있을 것이다. 그러나 전망은 어두울 것으로 보인다. "독일이 처한 실제적인 위험은 인구통계학적 변화 그 자체가 아니라, 인구통계학에 대한 무지다"라고 로슈톡에 막스 플랑크 인구통계학 연구소를 설립했던 제임스 보펠(James W. Vaupel)은 주장한다. 그와 같은 많은 인구통계학자들은 국가의 경제정책과 사회정책이 '인구통계학적 시한폭탄'을 아예 무시하고 있다고 비판한다.

공교롭게 이로 인해 가장 위험한 상황에 처해 있는 곳, 즉 구동독지역은 문제의 심각성에 대해 의도적으로 주의를 기울이지 않고 있다. 구동독 주정부들이 인구의 노화와 감소 추세를 막지 못한다면, '유예기간'이란 없을 것이다. 구서독지역과 비교한다면 구동독지역은 10년 정도 앞서 그러한 위기에 봉착하게 될 것이며, 다른 어려움과 결합될 것이다. 2015년 구서독지역이 인구통계학적 변화로 인해 마치 가파른 산과 같은 걸림돌을 맞이하게 된다면, 구동독지역을 기다리는 것은 웅장한 산맥과 같은 장벽일 것이다.

한 전문가는 다른 전망을 내놓는다. 2001년 켐니츠대학 사회학과 교수 베른하르트 나욱(Bernhard Nauck)은 이미 "우리에게 다가오는 것은 해안을 초토화시키는 허리케인과 같은 것이다"라고 인식하고 있었다. 더욱 놀라운 것은 연방정부가 앞으로 다가올 사태를 무시하는 듯한 태도를 취하고 있다는 점이다. 170페이지 이상에 걸쳐 임박한 문제점들을 지적하고 있는 「2004년도 독일통일 연례보고서」에서 이러한 문제에 대한 언급은 단지 진부한 몇 줄의 문구에 불과하다.

연방정부뿐만 아니라 구동독지역 주정부들도 이 뜨거운 감자에 대해 관심을 기울이지 않는 것은 마찬가지다. 거의 모든 정치인들은 마치 국민들을 언짢은 사실들로부터 보호하는 것이 그들의 중요한 임무인 양, '인구감소'와 '인구노령화'와 같은 말을 자신들의 언어목록에서 지워버린다. "유권자들에게 먼저 진실을 말하는 사람이 패배한다"고 인구학자 헤르비히 비르크(Herwig Birg)는 비탄해하며, 메클렌부르크-포어폼메른 주정부의 '거만한 무관심'을 비난했다. 아마 투자자들을 놀라게 하지 않기 위해서인지, 2000년 초 주정부는 2015년 인구변동 예측조사의 공개를 거부했다.

때때로 현명한 문건들이 제출되기도 한다. 예컨대 '3/7088'이라는 서류번호의 브란덴부르크 주의회 문건이 그러한 예다. 하지만 이러한 문건들의 대부분은 무시된다. 이 보고서는 인구통계학적 변화가 공적 재정에 어떠한 심각한 결과를 초래할 것인가에 대해 예를 들어 소상하게 기술하고 있다. 또한 이 문건은 "만약 적절한 대책이 강구되지 않는다면, 이러한 변화는 브란덴부르크의 재정상태에 엄청난 영향을 미칠 것이고 결국 재정 파탄을 초래하게 될 것"이라고 경고하며, 채무와 이자부담의 폭발적인 증가와 동시에 지속적인 수입의 감소에 대해 지적하고 있다.

적절한 대책? 실패통보는 브란덴부르크 주에게만 전달되는 것이 아니다. 방향을 선회시키기 위해서라면, 정치인들은 자신의 유권자들에게 긴축프로그램을 제시해야 할 것이다. 그러나 누구도 이를 기꺼이 하려 들지 않는다. 그렇지만 몇 년이 지나 재정 파탄의 상황에 직면하게 된다면, 그들은 그때 과연 무슨 조치를 취할 수 있을 것인가?

연방통계청에서 최근에 발표한 공식적 인구변동 예상에 따르면 2050년 독일의 인구는 700만 명이 줄어든 7,700만 명이 될 것으로 보고 있다.[65] 그 때까지 구동독지역의 인구는 약 30%가 감소될 것이고, 더구나 취업인구는 40%가 줄어들 것으로 예견하고 있다.[66] 제2차 연

---

[65] 이는 10가지의 인구예상 중 중간치에 근거한 것이다. 인구예상의 최저치는 6,705만 명이고, 최고치는 8,125만 명이다.

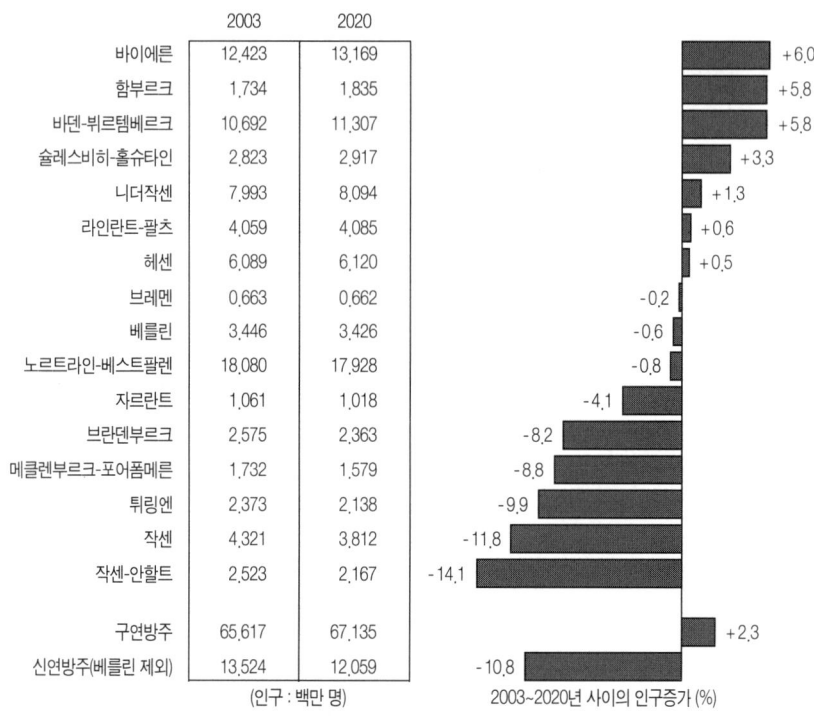

【표 10】 2020년도 인구 예상

출처: 연방통계청

대협약이 만료됨으로써 구동독지역 재건사업에서 운명의 해가 될 것으로 보이는 2020년까지 독일은 얼핏 보아 예전과 다름없을 것으로 보인다. 연방통계청이 그 시점의 예상인구를 약 8,800만 명으로 추산하고 있기 때문이다. 그러나 이 경우에도 구서독지역의 인구는 150만

---

66) DB Research, *Perspektiven Ostdeutschlands*, S. 4.

명이 증가하는 반면, 구동독지역에서는 똑같은 수의 인구가 감소할 것으로 내다보고 있다.

많은 경제학자들은 인구통계학적 변화가 구동독지역에서 일종의 '수동적 구조조정(passive Sanierung)' 의 역할을 할 것으로 믿지만 이것은 착각이다. 인구가 감소하면, 문제가 작아지기는커녕 오히려 커진다. 독일에서 벌어지고 있는 인구의 재편성은 구동독지역에 더욱 과중한 부담으로 나타난다. 2020년까지 작센-안할트 주는 또다시 356,000명의 인구를 잃을 것으로 보이는데, 이것은 전체 인구의 14%에 해당하는 수치다(표 10 참조). 작센에서는 12%의 인구가, 즉 약 50만 명이 감소할 것으로 예상되는데, 이는 라이프치히나 드레스덴의 주민수보다 많은 인원이다. 튀링엔(-9.9%), 메클렌부르크-포어폼메른(-8.8%) 그리고 브란덴부르크(-8.2%) 주도 구서독지역에서 인구감소가 예상되는 세 개의 연방주들보다— 자르란트(-4.1%), 노르트라인-베스트팔렌(-0.8%), 브레멘(-0.2%)— 훨씬 높은 인구감소율을 보일 것으로 전망되고 있다.

제2의 인구감소의 파장은 구동독지역에 예측할 수 없을 정도의 파국을 가져올 것이다. 지금도 이미 거의 절반의 주택이 비어 있는 기초지방자치단체들은 더 이상 유지해 나갈 수 없으므로 해체의 길을 걷게 될 것으로 보인다. 이로써 개발 이전 황량했던 미국서부와 같은 을씨년스런 동네의 분위기가 재현될 것이다.

우커마르크(Uckermark), 아이히스펠트(Eichsfeld), 알트마르크(Altmark), 오스트포어폼메른(Ostvorpommern) 혹은 메클렌부르크의 호수 및 늪지대 부근과 같이 허약한 경제구조를 가진 지역들은 인구통계학적 변화가 초래하는 결과를 곧 현실로 맞이하게 될 것이다. 1,000년 이상의 이주 역사를 지닌 이들 지역으로부터의 인구 이탈은 이미 시작되었다. 이로 인해 자연의 목가적인 풍광이 다시 되살아나지 않을까? 상당수의 관측자들은 그러한 섣부른 기대에 대해 경고하며, "자연의 회귀란 없다. 가로수 길과 촘촘히 박혀 있는 돌길에서 나타나는 공허는 상실감을 드러내줄 뿐"이라며 오히려 지역들이 더욱 황폐해질 것으로 보고 있다.[67]

'독일의 자연이 옛 모습을 찾을 것'으로 베를린 연구소는 확신한다. 이 연구소는 '2020년 독일'이라는 연구에서 2020년의 독일의 모든 군과 소도시 지역에 대한 인구통계학적 전망을 제시했는데, 특히 구동독지역에는 얼마 안 있어 몇 개의 야생 동·식물원과 같은 지역들이 생겨날 것으로 예측하고 있다. "산업이 와해되어 사람들이 떠나가는 지역에서 농업이 다시 활성화되고 농경지가 확대될 것이다. 이 지역에서 자연은 자신의 잃어버린 영토를 재정복할 것이고, 아마도 그러한 자유로운 공간들 안에서 큰 야생동물들이 다시 지속적으로 자신들의 둥지를 틀지 않을까" 하는 전망을 내놓고 있다. 이와 함께 벌써 "오버라우지츠(Oberlausitz)의 중부유럽에서는 200년 전에 멸종된 것으로 알려진, 유난히 경계심이 많은 동물들의 무리가 되돌아왔다"고 보고한다. 즉 "인간이 떠난 곳에 늑대가 되돌아왔다"는 것이다.

인구의 노령화 측면에서도 독일은 분단된 국가로 남아 있다. "시인이 묘사한 나무처럼 오래 살고 싶어"라는 전설적인 동독의 록밴드 푸뒤스(Puhdys)의 가사에 담긴 소망이 구동독지역에서 실현되고 있다. 로슈톡의 막스 플랑크 연구소는 이 지역의 기대수명이 1990년에서 2002년 사이 현저하게 증가했다고 밝혔다. 즉 여성의 경우 76.3세에서 81.2세로, 남자의 경우는 69.2세에서 74.7세로 각각 기대수명이 높아진 것이다. 이로써 12년 후면 양성의 기대수명이 구동독지역과 구서독지역에서 거의 비슷해질 것으로 내다보았다.

그러나 비슷한 수명에도 불구하고 구동독지역은 구서독지역보다 훨씬 빠르게 노령화 사회가 된다. 2020년 구동독지역에는 20세 이하

---

[67] Die Welt vom 23. 8. 2004, *"Wiederentdeckung der Leere"*

인구는 단지 전체인구의 15.8%(구서독: 17.9%)에 불과한 데 비해, 60세 이상의 인구는 35.4%(구서독: 28.2%)에 이를 것으로 보인다(표 11 참조). 한 사회의 성취능력을 좌우하는 20세에서 60세까지의 연령집단이 전체 인구의 50%조차 안 되는 것이다. 결국 구동독지역은 연금생활자 국가의 이미지에서 벗어나기 힘들 것으로 보인다.

베를린 연구소의 연구에 따르면 노령화의 선두주자는 튀링엔 주다. 튀링엔 주는 '급속도'로 '가장 노령화된 연방주'로 등극하려는 중인

인구비율 연령 집단별 (백분율)	2001		2010		2020	
	구서독	구동독	구서독	구동독	구서독	구동독
20세 이하	21.4	19.4	19.7	14.3	17.9	15.8
20~60세	54.7	55.0	55.3	56.8	53.9	48.8
60세 이상	23.9	25.6	25.0	28.9	28.2	35.4
합계	100	100	100	100	100	100

구동독지역과 구서독지역의 노령화 속도

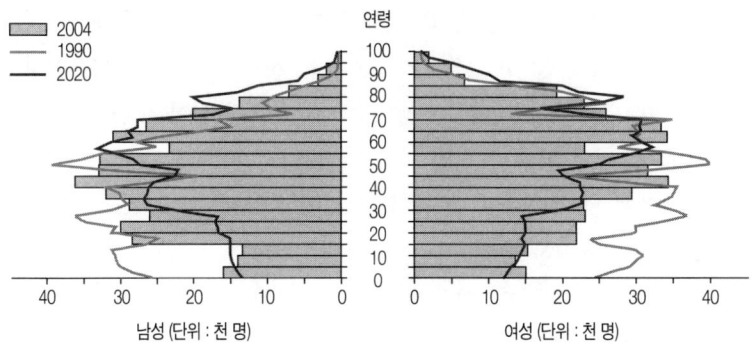

작센 주를 예로 본 인구통계학적 변동

【표 11】구동독 연방주의 인구변동
출처: 연방통계청 / 작센 주 통계청

데, 2020년에는 현재 노인들의 메카로 알려진 작센 주를 추월할 것으로 예측된다. 특히 동부 튀링엔은 독일에서 가장 노인들이 많이 사는 지역이 될 것으로 예상된다. 그 이유는 튀링엔 주에 대도시가 없다는 것에 있다. 따라서 젊은이들은 (구서독지역으로 못갈 경우에도) 베를린, 드레스덴, 프랑크푸르트 안 데어 오더, 라이프치히와 같은 구동독 지역의 대도시로 빠져나가는 것이다. 이와 함께 인구통계학적 변화는 놀라운 결과를 보여준다. 튀링엔 주에는 단지 4개의 노인전문병원이 있는 반면, 그 절반의 인구를 가진 자르란트 주는 7개의 동일 시설을 운영하고 있다는 점이다. 정치가 제대로 기능하고 있는 것인지 의심스러울 뿐이다.

튀링엔 주지사 디터 알트하우스(Dieter Althaus)는 "인구의 이동이 동쪽에서 서쪽으로 이루어지는 것만은 아니다. 모든 것을 똑같이 취급해서는 안 된다. 튀링엔 주에도 역시 이주민의 수를 다시 증대시킬 만한 매력적인 도시들이 있다"며 구동독 주정부들이 처해 있는 특별한 상황에 대해 이의를 제기한다. 이와 함께 그는 '출산율을 다시 정상화시키는 가족정책의 추진' 이 문제의 핵심이라고 주장한다.[68] 그러나 극도로 여성의 비율이 낮은 시대에 어떻게 예전의 가족정책과 출산장려가 효과를 볼 수 있을까? 작센 주는 운명의 시간을 맞고 있다. 주지사 게오르그 밀브라트는 앞으로 5-6년 안에 상황을 반전시키려 한다며, "그렇게 된다면 우리는 인구통계학적 변화에 종지부를 찍을 기회를 갖게 될 것이다"라고 말한다. 그러나 작센 주정부는 아직까지도 그에 대한 확실한 구상을 내놓지 못하고 있다.

무관심이 지속된다면, 구동독지역의 인구감소를 초래하는 인구통계학적 변화는 인구재앙을 초래할 것이다. 적절한 시기에 대응하지

---

[68] Die Welt vom 16. 4. 2004, *"Ostdeutsche wollen keine neue Zone mit Sonderrechten haben"*

못한다면, 도태되고 만다. 현재 미루고 있는 일은 5년 또는 10년도 안 되어 더 큰 부담으로 돌아오게 될 것이다. 교육 혹은 대학정책, 주택정책 또는 지방정책이든, 인구통계학적 변화는 영역을 가리지 않는다. 구동독지역 책임자들은 무엇보다도 재정적 위기를 막기 위해서라도 그에 대한 예방책을 강구해야만 한다. 조절과 균형에 혼신의 노력을 기울이지 않는다면, 인구 감소는 많은 비용지출을 요구하게 될 것이다. 주민이 감소하면 세수가 줄어드는 문제만 발생되는 것이 아니다. 연방주정부간 재정보전 보조금을 적게 받을 것이며(재정이전은 인구수에 비례하여 책정된다 : 역주) 각종 수수료나 기부금의 액수도 줄어들게 된다. 한 지방자치단체가 단지 한 명의 주민을 잃는다고 해도, 한 해에 줄어드는 수입은 자그마치 3,000유로에 이른다. 인구 감소는 구동독지역에 재정지출의 지속적인 삭감을 요구하게 될 것이다.

　그렇지만 행동보다 말이 쉬운 법. 공공행정의 규모가 인구 감소에 맞춰 축소되는 경우는 거의 없다. 이는 기간산업시설과 공공서비스 분야에서도 마찬가지다. 50,000가구를 예상하고 만들어진 정수장 시설에 35,000가구의 상수도가 연결되어 있다면 초과비용이 발생하게 된다. 150명의 아동을 수용할 수 있게끔 건설된 유치원이 단지 60명의 아동만을 돌보고 있다면 문제가 생기는 것은 당연하다. 건물관리, 전기, 난방을 위한 비용은 임의로 낮출 수 없는 고정비용이기 때문이다. 운송사업의 경우 매년 6,000만 명의 승객을 운송할 것인지, 아니면 4,500만 명의 승객을 운송할 것인지에 따라 비용의 차이는 막대하다. 여기에서 비용급등(Kostenlawine)의 기제가 작동하는 것이다. 유출되거나 감소된 인구에 따라 공적 채무의 부담은 눈덩이처럼 불어난다. 국가채무가 적은 인구수에 부과되기 때문이다. 이렇게 본다면 2003년 말 구서독지역으로 이주했던 작센-안할트 주민은 각각 7,900유로의 빚을 자신들의 고향에 남겨 놓고 떠난 셈이다. 이것은 다른 주정부에게는 행운이다. 만약 그가 바이에른 주로 이주했다면, 그곳의 일인당 채무부담은 낮아질 테니까 말이다.

경제력도 역시 낮아지기는 마찬가지다. 독일 은행(Deutsche Bank)의 조사는 이미 진행중인 급격한 인구감소로 인해 구동독지역의 경제력은 어쩔 수 없이 구서독지역에 비해 또다시 후퇴할 것으로 전망하고 있다. 이 조사에 따르면 2020년 5개 구동독지역 주정부의 일인당 국민총생산은 구서독지역의 단지 60%에 그칠 것으로 예상된다. 그리고 이러한 격차는 장기간에 걸쳐 거의 변하지 않을 것이라고 한다. 즉 2050년에도 겨우 59.5%에 그칠 것으로 보는데, 이로써 45년 후 구동독지역은 1990년대 중반에 이미 한 번 도달했던 수준에서 뒷걸음질쳤다가 다시 도달하게 되는 것이다. 이와 함께 독일 최대 은행은 "인구의 감소가 경제의 균등을 저해하고 있다"는 쓰라린 결론을 내리고 있다.[69]

구동독지역은 인구통계학적 변화의 선두주자다. 바로 이러한 이유에서 구동독지역은 역사적인 위기를 극복할 수 있는 해결책을 마련하는 선두주자일 수 있다. 즉 새롭게 편입된 연방주는 새로운 길을 모색해야 한다. 전화위복이라는 말이 있듯이, 구동독지역은 구서독지역에게 아이디어의 제공처가 될지도 모른다.

모든 사람들이 기회를 잃었다고 말한다. 지속적인 인구통계학적 변화에 엄밀하게 기초하여 수립된 확실한 개혁구상이 없다. 자신의 주민들에게 엄청난 변혁에 대비할 것을 명확하게 주문하는 정치인들은 과연 어디에 있단 말인가? 미래의 세대를 고려하고 앞날에 활력을 불어넣는 재정정책은 전혀 없다. 이로 인한 귀결은 불보듯 뻔하다. 구동독 연방주들의 연방정부의 보조금에 대한 의존도는 점점 높아지고, 이와 동시에 구동독지역과 구서독지역의 경제적 격차가 줄어들 가능성은 더욱 낮아질 것이다. 결국 모든 것을 보조금에 의지할 수밖에 없

---

[69] Deutsche Bank Research, *Perspektiven Ostdeutschlands*, S. 36 f.

게 될 것이다. '동부전선 이상 없다'(Im Osten nichts Neues, 저자는 제1차 세계대전을 배경으로 한 에리히 마리아 레마르크(Erich Maria Remarque)의 유명한 반전소설 제목『서부전선 이상 없다(Im Westen nichts Neues)』를 차용하여 구동독지역의 현 상황을 풍자하고 있다 : 역주).

채무의 덫

섹시한 안할트

패자가 되고 싶어하는 사람이 어디 있겠는가. 작센-안할트 주의 주민들은 그런 것에 별로 개의치 않는다. 주민 전출이든, 실업이든 아니면 창업기업 숫자이든지 간에 다른 연방주에 비해 꼴찌를 면치 못하고 있다. "우리가 꼴찌라는 사실은 삼척동자도 다 아는 사실이다. 꼴찌는 우리 주의 상표처럼 굳어져 버렸다. 꼴찌라는 이미지라도 우리는 포기하지 않겠다. 아무 상표도 없는 것보다는 나쁜 상표라도 있는 것이 낫지 않은가!"라고 《미텔도이췌 신문(Mitteldeutsche Zeitung)》은 자괴감이 배어나는 주장을 하고 있다.

1994년부터 2002년까지 작센-안할트 주지사를 역임했던 라인하르트 회프너(Reinhard Höppner)는 항간에 떠도는 '작센-안할트 주는 꼴찌'라는 말에 흥분을 감추지 못했다. 그는 2003년 발간한 『편하지 않았던 8년』이라는 저서에서 작센-안할트 주에 대해 험담을 한 모든 사람들에 대해 분노한다고 적고 있다. 그는 사람들이 민사당의 암묵적 동의하에 사민당이 이끌었던 소수연정이었던 막데부르크 모델(작센-안할트 주의 수도를 딴 이름)을 폄훼하려는 악의를 가지고 그런 험담을 했다고 주장하면서, 당시 상황은 그렇게 나쁘지는 않았다고 쓰고 있다.

회프너의 명예회복을 위해 한 가지 덧붙이자면, 그가 주지사직을 수행하는 동안 작센-안할트 주가 독일에서 가장 앞섰던 것이 하나 있었다. 작센-안할트는 주정부의 부채경영과 자본시장전략을 개혁하여, 그로 인해 국제적인 찬사를 이끌어냈었다. 1998년 '작센-안할트 주는 신용평가를 받은 첫 연방주'로서 자본시장에 등장했다. 작센-안할트 주정부는 유리한 조건의 크레디트를 찾는 과정에서 저명한 신용평가사인 '스탠다드 앤 푸어(Standard & Poor)'에 신용평가를 의뢰하는 용감한 조처를 취한 것이다. 당시 작센-안할트 주가 받은 평가는 'AA-'로, 이는 국제금융시장의 채권자들에게 작센-안할트가 믿을 만한 채무자라는 인상을 주기에 충분했다.

작센-안할트 주는 자신의 신용평가 점수를 갖고 적극적인 투자유치에 들어갔고, 국제자본시장에서 상당한 재원을 마련할 수 있었다. 투자자를 위한 홈페이지가 만들어졌고, 주정부의 영어 명칭인 '색소니 안할트(Saxony Anhalt)'를 '섹시한 안할트(Sexy Anhalt)'로 번역해 놓았다. 대기업이 주식시장 상장 전에 주식투자자들을 유치하기 위해 국제적인 프레젠테이션을 하듯이 작센-안할트 주도 이른바 로드쇼를 감행했다.

작센-안할트 주는 미국, 일본, 아랍 에미리트 등에서 채무자로서의 인지도를 높여 나갔고, 2004년 3월까지 총 160여 회에 걸쳐 로드쇼를 개최했다. 다른 연방주들은 여전히 구태의연한 '구걸'의 방식으로 재정문제를 해결했지만, 작센-안할트는 수십억에 달하는 대규모의 외채를 끌어들였고, 자신의 재무기술을 발휘하여 외채펀드를 만들었을 뿐만 아니라, 코란이 이자놀이를 금지하는 것을 감안하여 '이슬람 펀드'를 만들기도 했다.

이러한 창의적인 노력은 1999년 《인터내셔널 파이낸셜 리뷰》에 의해 '올해 최고의 채무 자치정부'로 선정되기에 이르렀고, 《캐피탈》지는 '완벽한 경영'이라며 경의를 표하면서 "빨간 양말(독일에서 사민당과 민사당을 상징하는 색깔이 각각 빨강이라는 의미에서 두 당의 연정을 빨간 양말이라 부른다 : 역주)의 가난뱅이란 평판을 가진 작센-안할트 주가 금융시장에서 출세했다"고 보도했다. 그러자 바덴-뷔르템베르크, 바이에른, 헤센 주가 신용평가를 신청하였고, 이들 주는 당연히 트리플 A를 받았다. 'AAA'는 최고의 신용점수로서 부채에 대한 이자율이 매우 낮게 책정된다.

물론 작센-안할트 주는 이러한 최고의 신용도는 얻지 못했다. 이유는 회프너가 주도한 부채경영이 부실했을 뿐만 아니라, 부채규모도 최대로 늘려 놓았기 때문이다. 당시 집권당인 사민당 소속 주의회 의원이었던 미하엘 호프만(Michael Hoffmann)조차도 "작센-안할트 주가 기업이었다면, 이미 파산선고를 당한 셈"이었다고 고백하고 있다. 이러한 부채의 유산을 후임 볼프강 뵈머 주지사가 달가워할 리가 없었다. 새 주정부는 정권인수가 끝나자마자 「벤치마킹 보고서」를 외부에 발주했는데, 이 보고서에 따르면 당시의 부채는 주정부 중 최악의 상태였으며, 작센-안할트 주는 모든 분야에서 분수에 넘치는 생활을 하였으며, 막대한 재정낭비를 저질렀다는 결론을 내렸다.[70]

첫번째 주정부 예산설명회에서 새로운 주정부의 재무장관 칼-하인츠 파케(Karl-Heinz Paque, FDP)는 "독일에서 가장 빈곤한 주가 가장 사치스러운 사회보장제도를 유지할 수 없다"고 하면서 "우리는 내년에 9억 1,000만 유로를 이자로 지불해야 하는데, 이는 하루에 250만 유로, 매시간당 10만 유로를 지불해야 된다는 의미"라고 강조했다. 자르란트 주 출신으로 막데부르크대학 교수를 지냈던 파케 재무장관은 "우리 흑/황(기민당/자민당)연정은 2006년까지 신규 부채액을 0으로 줄이겠다"고 강조했다. 이를 위해 주정부는 강력한 긴축재정을 펼쳤지만, 세입에 비해 지출은 여전히 높은 편이었다. 재정시장에서 주정부와 기초지방자치단체가 끌어모은 부채액은 2003년말에 치명적 한

---

70) Seitz, *Benchmarking-Report Sachsen-anhalt. Öffentliche Aufgabenerfüllung im Ländervergleich*

계선인 200억 유로를 훌쩍 뛰어넘어 계속해서 증가했다. 새로운 부채를 얻지 않겠다는 주정부의 목표는 2007년으로 미뤄졌다가 곧 2011년으로 또다시 미뤄졌다.

많은 관측자들은 막대한 재정적자가 주정부의 존재 자체를 위협하게 될 것이라며, 젊은 새 연방주는 오래 존재하지 못할 것이라고 추정하고 있다. 문제의 해결을 위해서는 다른 강력한 주와의 합병이 유일한 길이 될 것이라고 주장한다. 하지만 더욱 심각한 문제는 이러한 '막데부르크 모델'이 작센-안할트 주만의 특징이 아니라, 브란덴부르크와 튀링엔 주도 역시 이와 비슷한 처지에 놓여 있다는 점이다. 이 모든 사례들은 독일의 희망찬 미래에 대한 전망이 결코 좋지 않다는 것을 여실히 보여준다.

채무의 달콤한 독

독일의 통일 후 결코 모자라지 않은 것이 있었다. 그것은 돈이었다. 연방정부는 구동독지역을 위해 막대한 자금을 동원하여 재정을 계속 지원했다. 그러나 재원을 마련하는 일은 결코 쉽지 않았다. 1990년 당시 재원 마련의 길은 세 가지가 있었는데, 두 가지의 가능성은 여론의 반응이 좋지 않아 콜 총리에 의해 배제되었다. 즉 정부의 지출을 줄이는 방법과 세금 인상을 통해 재원을 마련하는 방법은 일찌감치 제외되었고, 제3의 길이 채택되었는데, 그것이 바로 부채를 끌어들여 통일 사업의 재원을 충당한다는 계획이었다. 이러한 '부채에 의한 통일'은 극도로 편안하고 안락한 방법이었다. 파산상태인 구동독지역의 경제 재건과 밀접히 연결된 이러한 부채에 대해 서독은 처음에는 전혀 부담을 느끼지 않았다.

그러나 상황은 서서히 변해갔다. 통일은 결코 공짜가 아니라는 것은 월급명세서에서부터 명확해지기 시작했다. 1991년 4월 실업보험 납입액이 상승하더니, 1994년 1월에는 연금보험금이 상승했다. 1991년 3월에는 걸프전을 핑계로 전후 사상 최대의 세금인상이 취해졌고, 1994년에는 유류세가 도입되었다. 1992년 시한이 만료되어 폐기되었던 특별세인 '연대세(Solidaritätszuschlag)'가 1995년 다시 부활되어 무기한으로 연장되었고, 현재 소득세의 5.5%를 차지하고 있다.

그러나 이러한 사회보장 납입액 인상과 세금인상만으로는 재원을 충분히 마련할 수 없었고, 따라서 정부는 부채를 늘려가기 시작했으며, 이렇게 시작된 부채의 달콤한 독은 서서히 퍼지기 시작했다. 1991년 초 모든 공공예산의 부채가 6,600억 유로에 달하였으나[71] 2005년에는 1조 4,000억 유로로 불어났으며, 지금도 매초마다 1,700유로가 계속해서 늘어나고 있다.[72] 1991년 1인당 8,000유로였던 부채가 14년이 지난 지금은 17,000유로로 늘어난 것이다. 이렇게 두 배로 늘어난 부채로 인해 총리실이 되었든, 주정부가 되었든, 시청이든 정치의 모든 영역에서 행동반경은 제한을 받게 되었고, 예산은 빈약해질 수밖에 없었다.

정부의 부채와 국가의 경제생산력 사이의 격차는 최고에 달해 모든 것을 절약하는 길밖에는 달리 해결책이 없다. 정부의 부채비율은 1991년 39%이던 것이 2005년에는 68%로 늘어나고 말았다. 같은 기간 동안 다른 유로권 국가들의 부채비율 증가율은 절반밖에 되지 않았다.[73] 또한 마스트리히 조약은 이러한 부채비율이 60%를 넘어서는 안 되며, GDP 대비 정부의 재정적자는 3%를 넘어서지 못하도록 제한하고 있는데, 독일은 이러한 규정을 3년 연속(2002, 2003, 2004년) 어기

---

71) 당시의 화폐단위로 환산한다면, 1조 950억 마르크다.
72) 세금부담자 연합의 언급.
73) OECD, *Economic Outlook* vom Dezember 2003, siehe ifo *Schnelldienst* 6/2004.

고 말았다. 이러다 보니 독일과 유럽연합의 관계가 좋을 리가 없고, 베를린 정부는 유럽연합으로부터 수차례의 경고를 받은 상태이다.

사민당과 녹색당의 2002년도 연정협약에는 실업과 재정적자를 '가장 심각한 과거의 유산'으로 규정짓고, 정부는 2006년부터 새로운 부채를 얻지 않고 재정을 이끌어 나가겠다고 약속하면서 이를 '세대 정의(Generationengerechtigkeit)를 위한 중요한 기여'라고 선전했으나 이는 다 흘러간 유행가가 되고 말았다.

'구두쇠 장관'이라는 이미지를 갖고 있는 한스 아이헬 재무장관도 사태 전반에 대한 시각을 잃은 듯하다. 그는 2004년 계획된 230억 유로의 신규 부채액을 넘어 400억 유로의 부채를 끌어들였다. 그는 단지 숫자 속임수를 통해 테오 바이겔 전임 재무장관이 1996년에 세운 부채기록을 간신히 넘지 않을 수 있었다. 이미 쌓인 정부의 빚더미는 더 이상 감당하기 어려운 지경이 되었는데, 만약 한 달에 10억 유로씩 부채를 갚는다고 해도 117년이 지나서야 부채를 모두 상환할 수 있는 정도의 규모다.

2005년의 예산총액 2,540억 유로에서 부채 이자로 나가는 액수는 거의 400억 유로가 다 되어 840억 유로의 사회복지비용 다음으로 높은 항목을 차지하고 있다. 그래서 사람들은 '맷돌 베이비'라는 유행어를 만들어냈고, 이 '맷돌 베이비'들은 모든 독일 국민들처럼 1인당 17,000유로의 빚을 감당해야 한다. 독일은 2005년에도 마스트리히 조약이 정한 재정적자 3%를 어길 것으로 예상되지만(2005년에도 이를 어겼으며, 2006년에도 제한선을 지키지 못했다 : 역주), 한스 아이헬 재무장관은 유럽연합의 처벌을 받지 않겠다는 태도를 보이고 있다. 여기에서 무엇보다도 아이러니한 것은 다른 나라들의 반대에도 불구하고 이러한 처벌조항을 앞장서 만든 나라가 다름 아닌 바로 독일이라는 점이다.

당시 사람들은 시간이 지나면 통일비용이 급격하게 줄어들 것으로 믿고 있었다. 1990년대 말까지 비용의 20%는 사회복지 기부금으로 충당하였고, 나머지 80%는 정부의 예산으로 충당했는데, 이 중 약 75%는 연방정부가 재원을 마련해야 했다.[74]

경제파산의 위기에 직면했던 구동독지역 주정부들은 통일 비용을 지불할 수 없었다. 동시에 구동독지역 주정부들은 동독의 채무 부담으로부터 벗어났다. 3,400억 마르크라는 막대한 금액이 동독 국가부채의 인수와 통화 단일화를 위한 비용 그리고 회생불능의 상태에 빠진 동독 기업들의 경영정상화를 위해 지불되었다.[75] 이리하여 새로이 독일에 편입된 구동독지역 주정부들은 국가채무가 거의 제로인 상태에서— 이것은 모든 재무장관들의 꿈이 아니던가— 통일을 맞이하게 되었다.

이뿐만 아니다. 구동독지역에게는 '독일 통일기금'(1990년부터 1994년까지 1,600억 마르크), 제1차 연대협약(Solidarpakt I, 1995년부터 2004년까지 2,100억 마르크)과 제2차 연대협약(Solidarpakt II, 2005년부터 2019년까지 1,560억 유로)으로 이루어진 그야말로 더할 나위 없는 선물 꾸러미가 기다리고 있었다. 30년 간에 걸쳐 위의 세 가지 프로그램들이 실행되기 위해서 소요되는 비용은 3,450억 유로로, 명목상으로 볼 때 이는 2005년 전체 연방예산의 1.5배에 달하는 금액이다.

연방정부와 구서독지역 주정부들 그리고 가존 기초지방자치단체들이 지불하는 '독일 통일 기금'으로 가까스로 재정을 꾸려나가긴 했지만, 이미 그 당시 구동독지역 주정부들과 기초지방자치단체들은 재정능력의 강화와 재정적자의 제한을 위해 많은 자금을 받고 있었다. 그 후 1995년부터 특별재산(Sondervermogen) 대신에 풍부한 내용을 담은 제1차 연대협약이 발효됨으로써 구동독지역 주정부들은 전 독일 연방차원의 주정부간 재정균형보전(Länderfinanzausgleich) 체계에 편

---

74) Alle Angaben stammen von Jacobson.
75) Monatsbericht März 1997 der Deutschen Bundesbank, *"Die Entwicklung der Staatsverschuldung seit der deutschen Vereinigung"*, S. 18 f.

입되었다. 이러한 보전 메카니즘(Ausgleichsmechanismus)은 빈곤한 구동독지역 주정부들에게 유리하게 작용하였는데, 적자재정을 안고 있는 주정부들에 대한 지불은 많은 정치인들에게조차 황당하리만큼 복잡한 단계를 밟는 식으로 수행되었다. 이른바 수평적 주정부간 재정보전을 위해서는 판매세의 25%까지 ― 연방정부와 주정부들이 나눠 갖는 판매세는 국고의 가장 중요한 세원이다 ― 끌어다 재정적자에 허덕이는 주정부에게 건네야 한다. 이러한 재분배를 통해 구동독 주정부들의 수입은 적어도 10%가 늘게 된다. 이외에도 좀더 부유한 주정부들은 좀더 빈곤한 주정부들을 대신하여 지불하는데, 이것은 좁은 의미의 재정균형보전이다. 2003년 바덴-뷔르템베르크, 헤센, 바이에른 그리고 노르트라인-베스트팔렌 주정부는 빈곤한 주정부들의 재정균형을 위해 66억 유로를 지불했는데, 이 금액의 80% 이상은 구동독지역 주정부의 재정을 위해 사용되었다.

여기에 또 수직적 재정보전이라는 것이 있다. 즉 연방정부는 경제적으로 열악한 주정부들을 위해 이른바 연방보충분담금이라는 명목으로 예산을 처리할 수 있다. 2003년에는 총 150억 유로가 집행되었는데, 이 액수의 80%를 넘는 거의 130억 유로는 구동독지역 주정부들과 베를린 주정부를 위해 사용되었다. 돈이 오로지 한 방향으로 흐르기 때문에, 많은 사람들은 제국주의적 관계의 기억을 떠올리는 듯하다.

가보르 슈타인가르트(Gabor Steingart)는 『독일 ― 수퍼스타의 몰락(Deutschland ― Der Abstieg eines Superstars)』이라는 애도적인 저술에서 "서독은 재통일 과정에서 동독의 식민지가 되었다"며 탄식한 바 있다. 하지만 구동독지역 주민들이 회초리를 휘두르는 것도, 구서독 주민들이 사슬에 매여 있는 것도 아니다. 여기에서 1990년대 초 독일의 내부 관계를 설명하는 데 있어 '보증협정(Versicherungskontrakt)'은 적절한 해명의 실마리를 제공한다. 즉 그 당시 동독과 서독 사이에는 일종의 거래가 이루어지고 있었다. 그 결과 서독 연방공화국은 체제전환에 따른 모든 위험들에 대한 거의 무제한적 보조의무를 수락함으로써 동독 주민들을 '보증'하였고, 그 대신 서독 연방정부는 그에 대한 '프리미엄'으로서 동독 주민들이 서로 합의된 보호책으로 요구하려고 했던 동독의 국가재산과 토지(동독의 국유재산을 사유화하였던 신탁관리청은 이미 통일 이전 동독의 원탁회의에서 설립되었다 : 역주)를 손에 넣을 수 있었다.[76]

어쨌든 구동독지역 주정부들은 확고한 재정을 확보하게 되었다. 구동독지역은 서독의 수준으로 상승되었는데, 이 자체만으로도 이미 연대의 성과라 할 수 있다. 또한 많은 교량이 건설되어야 했고, 도로가 정비되어야 했으며 또 낡은 건물들이 보수되어야만 했기 때문에, 구동독지역 주민 한 사람에게 투입되는 금액은 구서독지역 주민에 비해 훨씬 많을 수밖에 없었다. 그리하여 2003년 구동독지역(베를린과 같은 시 차원의 주정부 제외)에 투입된 일인당 지출은 3,913유로라는 엄청난 액수에 이르렀는데, 이것은 구서독지역(함부르크와 같은 시 차원의 주정부 제외)에서는 단지 꿈에서나 그릴 수 있는 금액이다. 구서독지역 주민들은 단지 2,783유로로 만족해야만 했고, 이는 구동독지역의 71%에 그치는 수준이었다.[77]

역사상 그 어떤 곤궁에 처한 지역도 이처럼 전폭적인 원조를 받은 경우는 없었다. 더욱이 구동독지역 주민들은 그 자금을 제공한 구서독지역의 주민들보다 훨씬 많은 돈을 지출할 수 있었다. 이러한 사정을 대다수의 구동독지역 주민들은 인식하지 못하고 있는데, 그들은 자신들의 주정부와 도시 그리고 각종 단체들이 구서독지역의 도움이 없었다면 즉각 파산했을 것이라는 사실 역시도 인식하지 못하고 있다. 사무실에서 근무하는 인력의 임금이나 보수조차 구서독지역으로

---

76) Jacobsen, S. 55.

77) Monatsbericht 5/2004 des Bundesfinanzministeriums

부터 송금 없이는 지불될 수 없을 것이며, 문화 시설, 학교와 대학 그리고 병원들 역시 현재의 규모와 시설로 존재할 수 없었을 것이다.

구동독지역 주정부들은 그들 스스로 벌지 않은 돈을 꾸준히 소비하고 있다. 그러는 사이 이러한 행위는 당연하게 받아들여지고 있는데, 이는 복잡한 배분의 메커니즘이 자금의 출처를 은폐하고 있기 때문이다. 이러한 상황에서 무엇을 요구하는 정서와 복지에 대한 환상이 만들어지는 것은 불가피하지 않겠는가? 그렇지만 만약 보조금과 각종 지원이 줄어들게 된다면 어찌될 것인가? 이것은 머지않아 현실로 다가올 것이다. 2005년 브란덴부르크 주정부의 재정규모는 거의 100억 유로에 육박한다. 그러나 제2차 연대협약의 시효가 완료되는 2020년에는 아마도 75억 유로에 그칠 것으로 보인다.[78] 이것은 해마다 재정규모가 감소된다는 것을 의미하는 것이다. 이러한 예상이 과연 적중할까?

1990년대 초만 해도 이러한 걱정을 염두에 둔 사람은 아무도 없었다. 함께 공산주의 노선을 걸었던 다른 나라들과는 달리 구동독지역은 든든한 지불능력을 지닌 후원자가 있었다. 그럼에도 불구하고 구동독지역은 이해할 수 없을 정도로 염치없는 추가적 지원을 요구했다. 급속한 속도로 새로운 빚은 계속 쌓여만 가고, 맡겨진 돈에 빌린 돈이 덧붙여졌다. 곧바로 구동독지역에서의 채무의 나선구조는 구동독지역 재건비용 조달의 부담을 지고 있었던 구서독지역의 채무보다 더 빠르게 회전하기 시작했다.

빚, 빚 그리고 또 빚. 적어도 이 분야에서만큼은 구동독지역은 타의 추종을 불허할 정도의 성공을 이루어냈다. 통독 이후 13년간 부채는 제로에서 830억 유로로 늘었는데, 이것은 아마도 세계 신기록이 아닐

---

[78] Die Welt vom 29.10.2004, *"Finanzminister Rainer Speer, Wir sparen derzeit gar nicht"*

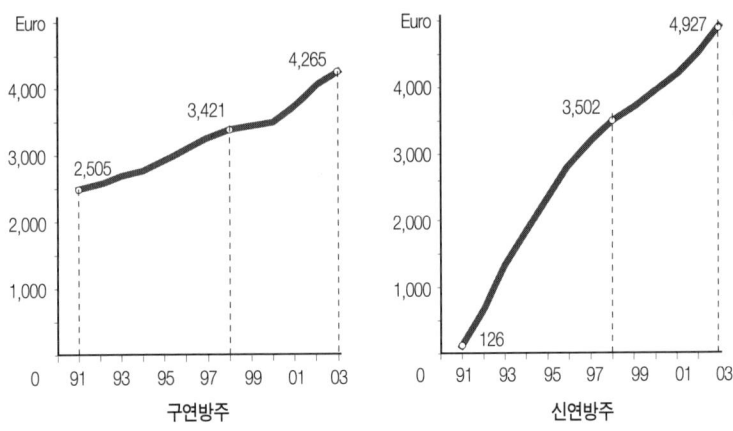

【표 12】 독일의 일인당 채무(시 형태의 주정부 제외)
출처: 연방재무부

까 하는 의심마저 든다. 기초지방자치단체들을 계산에 넣지 않고서도 이미 1998년 구동독지역 주정부의 주민 일인당 부채는 3,502유로로 구서독지역 주정부보다 81유로나 높아졌다. 구동독지역은 겨우 8년 만에 구서독지역 주정부들이 반세기에 걸쳐 완만하게 그려왔던 채무수준에 도달했다(표 12 참조).

동독은 서독을 쫓지 말고 추월해야 한다는 발터 울브리히트의 유명한 요구가 통일된 독일에서 기묘한 방식으로 실현되었다. 구동독지역은 채무의 액수에서 구서독지역을 능가하였지만, 그러한 과정에서 구서독지역의 경제력에 근접할 정도의 모습은 하나도 보여주지 못했다.

구동독지역의 부채상황은 얼핏 비춰지는 것보다 훨씬 심각하다. 절대적인 숫자들은 그렇게 유용한 비교수단이 되지 못한다. 모든 신용기관에서 기준으로 삼고 있듯이, 여기서는 오히려 채무자의 지불능력이 중요하다. 자영수공업 부문에서 종사하는 장인에게 10,000유로의 채무는 그리 대수롭지 않아 보인다. 하지만 사회보조금으로 연명하는 사람에게 그 정도 액수의 부채상환은 전혀 능력 밖의 일일 수 있다. 공적 채무의 경우도 이와 유사한 관계에 있다. 구동독지역에서 국가채무는 구서독지역에서보다 더 큰 비중을 차지한다. 채무비율 즉 GDP에서 채무액이 차지하는 비율은 동서독지역간의 차이를 여실히 나타내는데, 이것은 일단 구동독지역 주정부들의 공적 재정 상황이 얼마나 심각한 위기에 직면하고 있는지를 보여준다. 작센 주는 예외로 치더라도 구동독지역 주정부의 채무비율은 구서독지역 주정부와 비교해 볼 때 거의 두 배가 된다는 것을 알 수 있다(표 13 참조).

비례적으로 나눌 수 있는 연방정부의 채무는 별도로 하더라도 브란덴부르크와 메클렌부르크-포어폼메른 그리고 튀링엔 주의 2003년도 채무비율(부채비율)은 각각 거의 40%에 이른다. 이것은 31%에 약간

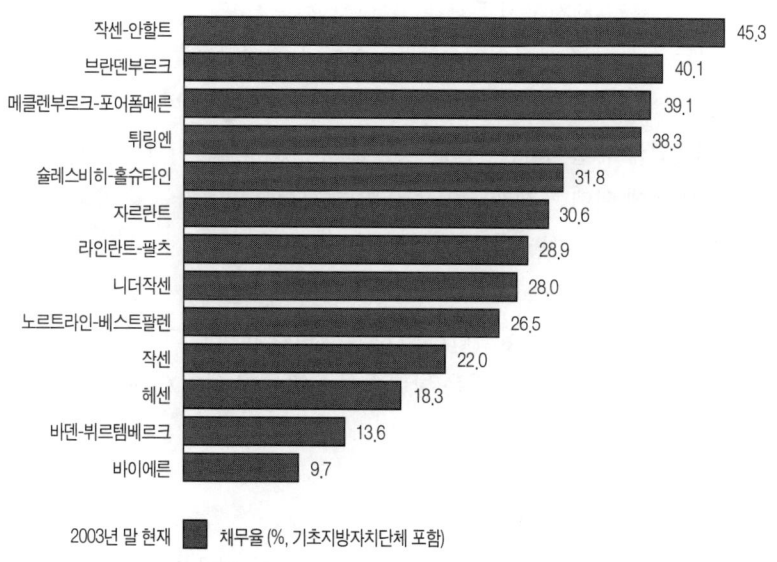

【표 13】 주정부의 채무가 경제력에서 차지하는 비율
출처: 메클렌부르크-포어폼메른 주 통계청

못 미치는 아일랜드 국가 전체의 채무비율을 훌쩍 뛰어넘는 수치이다. 특히 가장 열악한 작센-안할트 주의 채무비율은 45%로 덴마크의 수준에 근접했다. 이러한 채무비율은 확실히 비정상인 것으로 재정정책적으로 긴급조치가 적절하게 취해져야만 한다.

여타 동유럽 국가들의 경우였다면 이렇듯 거침없이 빚을 끌어다 쓰는 행위는 엄중한 벌칙이자를 물게 됨으로써 1990년 직후 이미 저지되었을 것이다. 체제개혁의 노선을 걷고 있는 개혁 동유럽 국가들은 이전 공산주의 정권으로부터 채무를 넘겨받으며 홀로서기를 했음에도 불구하고, 구동독지역보다 훨씬 견고한 국가재정을 유지하고 있다. 체코는 26%, 루마니아는 29% 그리고 슬로바키아는 34%의 채무비율을 보이고 있다.

구동독지역의 주정부는 여타 동유럽 국가와 비교하여 어떠한 더 나은 경제지표도 제시하지 못했다. 그럼에도 불구하고 그들은 상환능력이 있는 채무자로 분류되었고, 가장 열악한 재정구조를 갖고 있는 작센-안할트 주조차 신용평가기관들로부터 좋은 평가를 받았다. 그들의 뒤에는 결국 독일이라는 나라가 버티고 서 있기 때문이다. 이러한 보증관계 덕에 어떠한 제재도 따르지 않는 재정적 할복자살이 방조되었고 무절제는 극을 치닫게 되었다.

역사를 통해 우리는 채무가 폭발적으로 증가하게 되는 세 가지 원인을 알고 있다. 전쟁과 경제위기 그리고 낭비벽이 바로 그것이다. 1990년 이후 구동독지역 주민들은 낭비벽에— 그들이 이미 이전에 경험했던 인민행복의 형식으로— 도취되었다.

소규모 형태의 독일민주공화국(동독의 공식명칭, : DDR 역주)이 사회주의에서 익숙해진 아주 고상한 형식으로 도처에 배양되었다. 낡은 국가체제는 몰락했을지 모르지만, 그 체제하에서 향유했던 후생복지정책은 그대로 유지되었다. 주민들이 새로운 사회체계를 소화해내야 했기 때문에, 위정자들은 아동복지든 교육지원이든 아니면 여가생활 또는 문화행사이든지 간에 온정주의 방식으로 주민들을 보살폈다. 구동독지역에서 국가는 구서독지역에서 일상적으로 행해지는 것 이상의 것들을 주민들에게 제공했다. 모자라 채워져야 할 곳은 급속도로 구서독지역의 수준에 맞춰 끌어 올려졌다. 예를 들어 작센-안할트 주는 김나지움에 13학년 과정을 도입하였는데, 이것은 교육 분야에서 급격한 지출을 초래했다.

노동시장의 열악한 사정을 고려하여 이전 동독시절에 초과 고용되었던 행정인력들의 해고는 회피되었다. 그뿐만 아니라, 구동독지역에서는 사기업 분야에 고용된 인력들로부터 거둬들인 세금으로 그들의 관료제가 유지되고 있음에도 불구하고 국가는 공무원들에게 더 많은 보수를 지급했다. 구서독지역에서는 단지 중간 정도의 급여수준에 머무는 공공부문의 종사자들이 구동독지역에서는 가장 많은 보수를 받는 집단에 속했다.

구동독지역의 위정자들은 주민들에게 자기책임의식을 불어 넣어주기는커녕, 끊임없이 집단에 의지하고 요구하는 자세를 주입시켰는데, 이것은 몰락한 관료체제하에서 습득한 악습이다. 이와 함께 새로운 통화는 완전히 새로운 가능성을 열어주었고, 독일마르크 사회주의(D-Mark-Sozialismus)는 승승장구하게 되었다.

구동독지역에는 하나의 특정한 인간 유형이 보존되어 왔다고 정치학자 예르치 마르코프(Jerzy Maćków)는 말하고 있다. "소비에트형 인간에게는 주도적인 능력이 결여되어 있다. 그러한 사람은 국가에 의해 만들어진 부대적인 조건들의 틀에 순응하는 인간으로, 국가에게 무엇보다도 자신들의 경제적 안정을 요구한다. 이러한 식의 삶의 태도는 1989년 베를린 장벽의 해체 이후에도 별반 달라지지 않았다."[79] 즉 서구의 복지수준과 임금수준에는 재빨리 적응하면서도 반면에 이에 필요한 자립적인 태도의 재무장을 포기했다고 이 폴란드 학자는 생각한다.

성공적으로 체제개혁을 단행하고 있는 다른 동유럽 국가와는 달리 구동독지역에는 생동감 있는 서구식 문명이 없다고 한다. 동유럽 국가는 아무런 준비 없이 시장경제라는 찬물 속으로 내동댕이쳐져 어쩔 수 없이 '미개한 전능국가' 의 속박에서 벗어나야만 했었다.

종교 법률가 만프레드 슈톨페보다 더 철저하게 구체제 유지전략을 지속시켜 나간 인물은 아마 없을 것이다. 사민/녹색 연정(1998-2005)에서 연방교통건설부장관을 지낸 그는 이전 자신이 브란덴부르크 주지사로 재임하던 시절에 주민들의 복지를 지속시키기 위해 특히 많은 빚을 끌어다 썼다. 1990년대 중반부터 브란덴부르크 주는 작센-안할트 주보다 더 많은 채무를 짊어지게 되었다. 2004년 슈톨페는 '서방의 자금으로 고통스런 동독시스템' 을 유지했다고 실토하며, "정치가들은 그러한 시스템이 새천년에 접어들어서는 더 이상 지속될 수 없을 것이라는 말을 했어야만 한다"는 뒤늦은 깨달음에 도달했다.[80]

구서독지역에서 파견된 정치가들 역시 절약을 염두에 두지 않았다. 베른하르트 포겔(Bernhard Vogel, CDU) 전 튀링엔 주지사는 낮은 실업률을 유지하기 위해서는 더 많은 채무를 감수해야만 했다고 토로했다. 그리하여 그는 막대한 보조금을 부여하기만 할 뿐 파산에 직면한 기업을 정리하기를 주저하였는데, 이러한 경향은 특히 오토바이 제조업체 '심슨(Simson)' 과 같이 주정부를 대표하는 기업의 경우에 더욱 여실히 드러났다.

쓸데없이 돈을 탕진하는 것을 빗대어 앵글로색슨 사람들은 하수구로 물이 빠져나간다(flush rate)라는 표현을 사용하는가 하면, 결국 돈을 모두 탕진한 것을 가리켜 연기처럼 사라졌다(fume day)고 한다. 구

---

79) Die Welt vom 20. 4. 2001, *"Dem Sowjetmenschen geht es zu gut"*

80) Tagesspiegel vom 5. 9. 2004, *"Wir haben der Lebenslüge von 1990 nicht widersprochen"*

동독지역 주정부들은 이와 비견될 정도로 참담한 지경에 이르렀다. 1990년대 중반쯤 구동독지역은 재정적 파국의 상황에 몰렸다. 통일 후 구동독지역 주정부들에게 건네졌던 모든 재원들이 고갈되었던 것이다. 이로써 상황은 빠르게 악화되었고, 주정부들은 출구를 찾을 수 없는 채무의 구렁텅이로 깊숙이 빨려 들어갔다. 엄격한 재정정책을 견지하고 다른 구동독지역 주정부의 허황된 정책을 답습하지 않았던 작센 주만 단지 예외였을 뿐이다.

그렇다면 독일 연방은행이 '채무역학의 악순환(Teufelskreis der Schuldendynamik)'이라 불렀던 상황을 적용해보자. 계속 누적되어가는 채무는 끊임없이 새로운 채무조달을 요구했다. 하지만 구동독지역의 주지사들은 여전히 어려운 재정상황을 애써 외면했다. 그들은 더 높은 성장과 더 많은 일자리의 창출 그리고 보다 풍부한 세수의 확보를 기대했다. 그렇지만 변한 것은 없었고 문제는 더욱 심각한 상황으로 치달았다.

그 사이 구동독지역의 파국적인 재정상태는 1980대 말 허약했던 동독의 국가재정보다 더 큰 위기국면을 맞이하게 되었다. 그 때와 마찬가지로 지금 역시 자력으로 정상을 회복할 가능성은 전혀 없다. 위기를 타개하기 위해 연대적 공동체가 또 어떤 희생양을 요구할 것인지 궁금하다.

구동독지역의 재건사업 역시 극도로 탄력을 잃어 갔다. 이제 구동독지역 주정부들은 구서독지역과 벌어진 격차를 좁히기 위해 정력적으로 사업을 추진하는 대신에 수입과 지출간의 균형을 유지하기 위해 혼신의 노력을 기울여야 한다. 하지만 이것 역시 그리 쉬운 일이 아니다. 왜냐하면 구서독지역의 자금이 사회의 거의 모든 부분으로 유입된 구동독 개발지역에서 적자를 관리, 조정하는 일은 익숙한 업무가 아니기 때문이다. 그곳에는 오로지 보조금에 의존하려는 성향이 뿌리 깊게 박혀 있을 뿐이다.

모든 구동독지역 주정부에 각각 200여 개에 달하는 개발지원단체가 있다는 것은 전혀 놀랄 만한 일이 아니다. 이들 단체에게 책정되는 금액이 어림잡아도 90억 유로가 되지만, 이들 단체는 끊임없이 추가로 돈을 요구하고 있다.[81] 개발지원단체를 위한 프로그램은 심각한 문제점을 안고 있다. 이들 단체는 일반적으로 사업자금의 3분의 1은 스스로 조달해야만 한다. 그렇지만 이것 역시 대부분 빚을 얻는 방식으로 확보한다. 1/3을 조달하지 못해서 나머지 3분의 2에 해당하는 지원금을 포기할 수 있겠는가?

구동독지역은 다양한 방법으로 국가의 돈을 타내는 노하우를 터득했다. 모든 개발자금의 흐름을 속속들이 꿰고 있는 전문가 집단들이 늘어났다. 라이프치히 시는 자신들이 타낼 수 있는 사업자금에 관한 한 단 1센트도 놓치는 일이 없다고 자랑했다. 개발자금으로 어떤 유용한 사업을 추진할 것인지는 그들에게 중요한 일이 아니다. 얼마나 많은 돈을 자신들의 지역으로 끌어오는가가 정치적 성공의 유일한 잣대로 간주된다. 지난 주정부 선거에서 브란덴부르크 사민당은 당원들에게 표심을 얻기 위한 방법으로 포괄적인 개발계획목록을 활용했다. 선거 전에 한결같이 증가된 보조금 결정통지들이 건네진다.

개발프로그램의 거의 반은 경제력 상화가 아닌 소비에 초전이 맞춰진다.[82] 구동독지역은 자신들의 가용자금을 화려한 여가생활 인프라 구축에 쏟아 붓는다. 승마도로를 만들든지 아니면 스포츠궁전을 짓든지 또는 구름다리를 건설하든지 간에 항상 개발자금이 투입된다. 광산지역에 복합 물놀이시설들이 우후죽순처럼 생겨나고 있는데, 구동독지역에서만 그러한 시설들이 벌써 14개나 만들어졌다(동독지역에 노천탄광이 많았는데 채광 후 형성된 거대한 웅덩이에 물을 채워 물놀이시설을 만들었다 :

---

81) Seitz, *Thesenpapier zur Lage in Ostdeutschland*, S. 7.
82) 위의 책 참조.

역주). 구동독지역을 방문했던 구서독지역의 정치인들은 이러한 현대식 놀이시설들을 보고 구동독지역 동료 정치인들의 수완에 대해 놀라지 않을 수 없었다. 정작 디터 알트하우스 튀링엔 주지사는 "우리들 역시 주민들에게 매력적인 고장이라는 것을 보여주길 원한다"며 그러한 선망의 눈초리를 이해할 수 없다는 투다. 바로 이러한 정신상태가 독일의 재정을 혼란한 궁지로 몰아넣고 있는 것이다.

연방경제부장관을 역임했던 칼 쉴러는 "우리는 경제적 엄격성에 입각한 실제적 정치를 필요로 한다"는 말로 이미 1994년에 통일이 가져다준 결과에 대해 따져볼 것을 요구했다. 사회적 분배에 치중하기보다는 생산력을 활성화시키고 공적 재정에 메스를 가해야 한다는 뜻이었다. 그러나 상황은 정반대로 돌아갔다. 구동독지역 은행연합의 자료에 따르면 1990년부터 2003년까지 전국의 투자율은 3분의 1 이상 감소되었다. 이것은 국제간의 비교로 보아도 창피한 수치일 뿐만 아니라, 구동독지역 재건을 위해 쏟아 부었던 채무비용이 어떠한 가치도 창출하지 못했다는 것을 잘 보여준다. 오로지 소비를 위해서 사용되었다는 얘기다.

구서독지역 역시 절제된 경제를 실현시키지 못했지만 구동독지역의 경우는 더욱 심각하다. 그럼에도 불구하고 구동독지역 주정부 재무장관들은 태연스럽게 재정구조의 정상화에 대해 얘기하고 있지만, 실제로 동서독 지역간 채무부담의 격차는 더욱 벌어지고 있다. 2003년 말 구서독지역과 비교할 때 구동독지역들의 주민들은 1인당 절대적 액수에서— 즉 구동독지역의 허약한 경제력에 대해 고려하지 않더라도— 이미 16% 더 많은 채무를 짊어져야 했다. 따라서 주민 1인당으로 따져보았을 때 구동독지역 주정부들의 재정은 225유로의 이자를 지불해야 하는데, 이는 곧 구서독지역보다 22유로로 더 많은 액수이다. 만일 건실한 재정상태를 유지하고 있는 작센 주를 구동독지역의 평균에서 제외한다면, 나머지 구동독지역 주정부들의 채무 이자금액의 수치는 더욱 높아질 것이다.

　재정회계를 담당하는 부서에는 정기적으로 경계경보가 발동된다. 재정회계업무의 책임자들은 "공적 채무 증가의 심각성을 아직도 제대로 파악하지 못하고 있다"고 경고하며 채무 감축을 요구한다. 채무 청산? 하지만 이는 단지 순수한 바람일 뿐이다. 가능한 것이라고는 기껏해야 세 단계로 나눠 지불되는 새로운 채무액수를 조정하는 일뿐이다. 2004년 작센-안할트 주는 합헌적인 재정계획을 수립할 수 없었다. 13억 1,700만 유로의 채무가 9억 1,600만 유로로 계획된 투자사업들을 짓누르고 있었기 때문에, 주정부는 급기야 추가재정을 편성할 수밖에 없었고 결국 '경제 전반적으로 균형의 장애에 직면' 했다는 것을 공식적으로 밝혀야만 했다. 마스트리히트 재정공고화협약의 3% 재정적자 기준을 충족시키는 몫은 전체 국가재정에 할당된다 하더라도 모두가 힘써야 할 일이다. 2004년 유일하게 작센-안할트 주는 자신의 산하 지방자치단체들과 함께 목표치를 넘어섰다. 작센-안할트 주보다 재정에 더 큰 구멍이 뚫린 주는 어디에도 없거니와, 이보다 더 많은 채무를 안고 있거나 더 허약한 경제구조를 보이는 주도 없다(표 14 참조).

　600억 유로의 채무를 지고 있는 베를린의 사정은 더욱 답답하다. 유로로 환산하니 통일 직후 단지 80억이었던 채무가 2000년에는 330억 유로로 늘었다. 베를린 주의 경우, 세수 1유로당 29센트를 다시 곧바로 채무이자로 지출해야만 한다. 작센-안할트 주는 21센트를, 나머지 구동독지역 주정부 역시 17센트를 채무이자로 지불해야 한다. 연방전체 평균은 12센트로, 구동독지역 중에서는 유일하게 작센 주만 10센트 이하에 머물고 있다.[83]

　2004년에도 마찬가지로 추가재정을 의결해야 했던 튀링엔 주의 사정 역시 극도로 악화되어 있다. 문제의 해결: 새로운 기채. 이에 대해

---

83) 독일경제연구소(Instituts des deutschen Wirtschaft)의 자료에 따름.

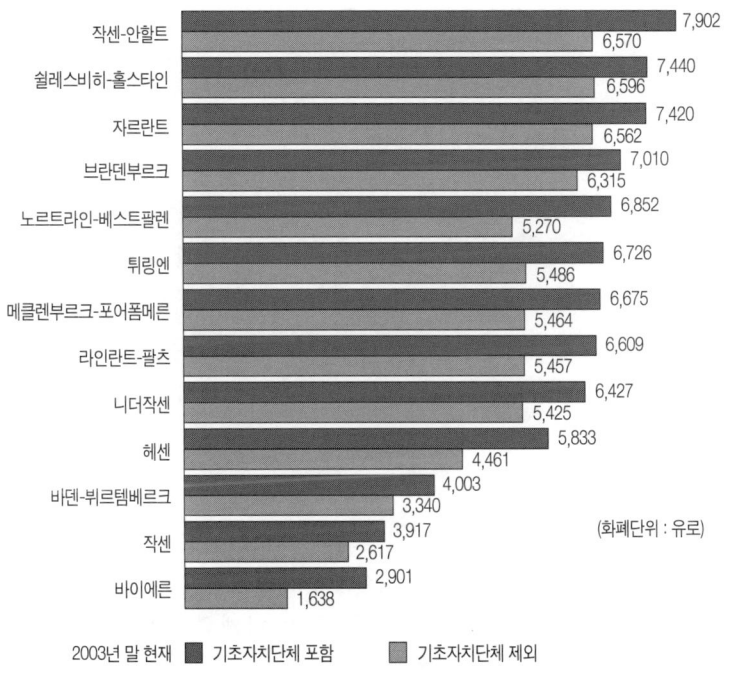

【표 14】 독일 연방주의 일인당 채무
출처: 해당 연방주 재무부

지난 6월 알트하우스 주지사는 "우리는 더 이상 채무를 변제할 능력이 없다"는 말로 이러한 방식을 단호하게 거부했다. 2004년 한 해에 2억 200만 유로의 새로운 기채가 필요할 것이라 예상했지만, 1월이 지나기 무섭게 6억 9,500만 유로의 채무로 상향 조정되었다. 6월 주정부 선거 직후 새로운 빚의 규모는 거의 10억 유로에 이르는 9억 8,800만 유로로 예상되기도 했다. 2005년의 이른바 개혁재정에서 벌써 대략 20억 유로의 틈새가 벌어지고 있다. 더욱이 새로운 채무를 위해 9억 8,500만 유로가 지불되어야 한다. 이번에도 이 정도의 액수에서 머무를 수 있을지 의문이다. 2년 후에는 20억 유로 규모의 채무가 예상되

제2장 179

는데, 이는 모든 튀링엔 주민 1인당 약 850유로의 빚을 추가로 떠안게 되는 것을 의미한다. 물론 이를 위해 주정부는 지속적으로 이자를 지불해야 한다.

이러한 상황에서 2004년 9월 재집권에 성공한 알트하우스는 "튀링엔을 위한 책임: 자유의 기회를 이용하자"라는 모토를 내걸고 첫 정부 설명회를 가졌다. 그는 이제 "절약은 '극단의 절약(Kaputtsparen)'을 의미하는 것이 아니다"라는 말을 함으로써 '구조조정문제'를 시험대에 올려놓으려 한다. 사람들에게 적용되는 것은 결국 국가에게도 적용될 수 있다. 즉, "비만한 몸을 정상으로 돌려놓는다는 것은 결코 쉬운 일이 아니다."

이 말이 몇 달 전 "허리띠를 졸라 매는 일은 더 이상 소용없다. 옷을 새로 맞춰 입어야 한다"고 말했던 알트하우스의 재무부장관인 비어기트 디첼(Birgit Diezel, CDU)에게는 전혀 다른 의미로 전달된 듯하다. 곧 그녀는 한술 더 떠 "생활의 조건들을 균등하게 하기 위해서라면 더 많은 빚을 질 수도 있다"고 주장하기에 이르렀다. 튀링엔 주의 예산 중 거의 절반에 해당하는 액수는 유럽연합과 독일연방으로부터의 자금들 그리고 주정부간 재정보전으로 채워지고 있다.[84]

브란덴부르크와 메클렌부르크-포어폼메른 주 또한 적극적인 긴축 정책을 펴나가지 못하고 있다. 이들 주 역시 채무에 관한 한 최상위 그룹을 형성하고 있고, 경제력이 허약하긴 마찬가지다. 라이너 슈페어(Reiner Speer, SPD) 브란덴부르크 주 재무부장관은 "우리는 단지 새로이 들여오는 채무액 조절에 대해서만 관심을 기울일 뿐, 현재로서는 전혀 긴축정책을 펼 수 없다"고 말한다. 하긴 새로 들여오는 채무의 액수가 약간 줄긴 하였지만, 그것은 '용인될 수 없는 파국'을 면하

---

[84] DB Research, *Perspektiven Ostdeutschlands*, S. 48. 총수입의 약 40%가 보조금으로 지불된다. 여기에 판매세 사전보전자금(Umsatzsteuervorwegausgleich)이 추가된다.

는 정도에 그쳤을 뿐이다. 2005년에는 대략 9억 유로의 채무를 조달해야 한다고 한다. 이 금액은 브란덴부르크 주의 부담능력을 뛰어넘는 액수다. "만약 행정인력에 대한 지출이 2009년까지 대폭 감축되지 않는다면, 전 구동독지역의 채무상황은 베를린 주와 같은 심각한 위기에 내몰릴 것이다"라고 지크리트 켈러(Sigrid Keler, SPD) 메클렌부르크-포어폼메른 주 재무부장관은 《타게스슈피겔(Tagesspiegel)》지와 인터뷰에서 밝혔다. 그렇지만 이러한 인식은 전혀 새로운 것이 아니다. 그럼에도 아직까지 성과는 없다.

구동독지역에서는 아직도 옛 독일민주공화국 신드롬이 만연해 있다. 한점 거리낌 없이 외상으로 생활해 나간다. 뵈머, 플라첵, 알트하우스 혹은 링슈트로프, 그 어떤 구동독지역 주지사이든지 간에 그들은 이미 올해 15세인 청소년들에게 절망적이고 참담한 국가를 물려주고 있다. 그들도 가끔 이러한 생각을 하는지 궁금할 뿐이다. 끊임없이 쌓여가는 채무에도 불구하고 그들은 단 한 가지의 구조적 문제도 해결하지 못하고 있다. 정반대로 그들은 구동독지역의 병들어 가는 경제를 더욱 악화시키고 있다. 2003년 구동독지역의 경제성장은 침체국면에 빠졌던 반면, 채무는 거의 9%가 증가했다. 이는 곧, 빚으로 조달된 지출이 없었다면, 또한 그러한 지출이 경제에 자극을 주지 않았다면, 구동독지역은 제로성장마저 달성할 수 없었을 것이라는 사실을 암시한다.

오직 작센 주만이 우리에게 만족스런 모습을 보여준다. 2003년 이 지역은 8억 5,500만 유로의 실질적 성장을 이룬 반면, 새로운 채무의 도입은 적정한 수준인 3억 9,000만 유로에 머물렀다. 작센 주의 경제성장은 통일 후 더 나은 재정정책이 가능할 수 있었다는 점을 명확히 보여준다. 연방 전체와의 비교에서도 작센 주는 월등한데, 단지 바이에른 주만이 작센 주에 비해 더 적은 채무를 지고 있을 뿐이다. 채무율 산정에 좀더 엄격한 잣대를 들이댄다 하더라도, 작센 주는 헤센과 바덴-뷔르템베르크 그리고 바이에른 주과 함께 가장 건실한 재정을 유지하는 4개의 주에 포함된다. 구동독지역의 기준으로 본다면 작센 주는 구동독지역 주들과는 전혀 별도의 세계에 속한 지역인 것이다.

작센 주의 2003년의 채무는 작센-안할트, 브란덴부르크, 튀링엔 그리고 메클렌부르크-포어폼메른 주의 절반조차 안됐다. 그렇다면 막 새로운 출발을 할 1990년 당시의 경제조건들을 다른 주들과 비교해보자. 경제력으로 볼 때 작센 주는 단지 중간 정도 위치에 머물렀고, 세수 또한 구동독지역의 평균 수준이었다. 그러나 여타 구동독지역 주정부와는 달리 작센 주 내각은 수년간 비난받을 대책을 세우는 데에 주저하지 않았다. 즉, 인건비에 지출되는 비용을 최대한으로 줄이고 고용을 과감하게 감축하는 정책을 폈던 것이다. 이미 1999년에 작센 주는 주민 1인당 공무원에게 단지 1,680마르크의 봉급을 지불했는데, 이는 연방 전체와 비교해 가장 낮은 액수였다. 그들에게 베풀었던 각종 혜택들 역시 과감히 없애버렸다. 이러한 식으로 작센 주정부는 적극적인 노동시장정책을 포기하였고, 비정규직 견습노동에 대한 보조를 거의 중단시켰다. 작센 주는 여타 구동독지역 주정부와 비교하여 주민 1인당 가장 작은 재정규모를 유지하고 있다. 즉, 작센 주정부는 다른 주정부에서 당연시 여기는 임무 중 일부분을 없앴다. 그럼으로써 이것들이 사실 없어도 무방하다는 것을 보여주고 있는 것이다.

예기치 못한 세수의 감소에 대해 작센 주정부는 즉각 엄격한 재정봉쇄(Haushaltssperre)로 대응했다. 따라서 어려운 상황에도 불구하고 새로운 채무의 도입은 여러 번에 걸쳐 억제될 수 있었다. 2007년의 새로운 기채는 1,000만 유로가 될 것이라고 내다봤다. 이제 2009년까지의 야심에 찬 목표가 세워졌다. 물론 이것은 작센 주의 새로운 정치 상황과 밀접한 관련을 맺고 있다. 연속 3차례 주의회를 장악했던 기민당은 2004년 가을에 있었던 주정부 선거 이후에는 사민당을 연정파트너로 받아들여야만 했다. 대연정은 여타의 연정들보다 지출이 많은 통치형태이다.

지난날 작센 주의 거듭된 정리 수술 작업을 총지휘한 인물은 1990년 11월부터 2001년 1월까지 11년간 주 재무부장관을 지낸 게오르그 밀브라트였다. 비덴코프의 평에 따르면 '매우 재능있는 전문가이긴 하지만 형편없는 정치인' 인 그는 작센 주 최고의 재무담당자로서 2004년 11월 쓰라린 패배를 감내해야만 했다. 주지사 선출을 위한 재선거에서 자신의 진영으로부터 다섯 표가 빠져나간 반면, 그와 대결한 극우계열의 민족민주당(NDP) 대표는 민주진영으로부터 두 표를 추가한 것이다. 아마 밀브라트가 없었다면, 오늘의 자유국가(Freistaat) 작센은 다른 모습이었을 것이다.

구서독지역의 뮌스터 시에서 회계업무를 담당하였던 기민당원 밀브라트는 1987년 당시 납세자연합으로부터 '긴축 재정상(Eiserner Steuergroschen)' 이라는 표창을 받았다. 유능한 재정통으로서 구동독지역에서 활동했던 정치인이 그뿐만은 아니었다. 그렇지만 다른 동료 재정전문가들과 달리 그는 긴축기조를 정치적으로 관철시킬 수 있었다. 작센 주정부의 재정관리에 대한 꾸준한 노력은 단지 구서독지역 연대공동체에 대한 의무였을 뿐만 아니라, 결국 자신에게도 유익한 일이었다.

이제 노력의 열매들을 수확하게 되었다. 지난 몇 년간 작센 주는 가장 역동적인 경제성장을 이루어냈다. 자금을 긴축적으로 관리하면서도 엄정하게 선별된 부문에 우선권을 부여하는 정책을 폈는데, 그것은 바로 문화부문이다. 2003년 작센 주는 산하 지방단체들을 포함하여 주민 1인당 167유로를 문화부문에 지출했다. 연방 주정부들 중에서는 작센 주보다 더 많은 지출을 했던 곳은 베를린이 185유로로 유일하다. 그럼에도 불구하고 작센 주는 모든 주정부 중 최고의 투자율을 기록하고 있다. 이것은 역시 재정수입에도 긍정적인 효과를 가져왔는데, 주정부는 일반적인 추세와는 반대로 납세력을 증가시킬 수 있었다. 이러한 작센 주의 정책에 대해 베르텔스만 재단은 '견고한 재정, 금융정책의 전형'이라 평하고 있다.

더 적은 빚을 지고 있기 때문에, 더 적은 액수의 이자를 지불한다. 만약 이자부담이 작센-안할트 주처럼 높았더라면, 작센 주는 산업구축에 10억 유로 정도 더 적은 돈을 투입할 수밖에 없었을 것이다. 그러한 이자부담액은 브란덴부르크, 튀링엔 그리고 메클렌부르크-포어폼메른 주와 비교해 보아도 아마 수억 유로는 되지 않을까 생각한다. 위의 세 연방주들은 이제 경제를 활성화시킬 힘도, 일자리를 창출할 힘도 갖고 있지 않다.

과거의 사회적 복지정책들은 지금 그 결과들을 보여주고 있다. 튀링엔 주의 투자율은 급강하하고 있다. 1990년대 초 30%였던 투자율은 2002년에 이미 20% 밑으로 떨어졌다. 브란덴부르크 주의 경우는 2003년 겨우 18.6%에 머물렀는데, 이는 통일 이후 최저의 수치다. 그런가 하면 작센-안할트 주는 17%를 목표로 하고 있다. 하지만 그러한 수치에 도달하기는 쉽지 않을 것이다. 이 상태로는 구서독지역에서 지불하는 보조금의 당초 목적, 즉 구동독지역의 재건에 더욱더 도움이 안 될 것이다.

수십억 유로의 개발지원금이 새나가는 지원체계

연방 정부기구의 내부 문건들은 때때로 비밀에 부쳐진다. 이것은 재무부 서류의 경우에서도 마찬가지다. 엄청난 파장을 불러 일으킬 만한 숫자들이 기재되어 있는 서류들은 대외비 문서로 보관되어야 했다. 그러나 그것은 헛수고였다. 2004년 4월 국영 ARD방송의 시사프로그램 〈콘트라스테(Kontraste)〉는 "이제 예산낭비의 전모가 공개된다!"라는 보도와 함께 구동독지역 재건사업에서 엄청난 규모의 예산이 낭비되고 있다는 사실들을 공개했다. 도대체 무슨 일이 있었는가?

통일 후 12년이 지난 시점에서야 비로소 연방정부는 구동독지역에서 그 많은 개발자금이 어떻게 사용되었는지 정확히 파악하려 했다. 그리하여 연방 재무부장관은 베를린을 포함한 구동독지역 주정부에게 매년 의무적으로 「구동독 재건에 관한 진척보고서」를 작성하여 제출할 것을 요구했다. 2003년 6개의 구동독지역 주정부들은 처음으로 2002년의 사업보고서를 제출하였고, 연방 재무부는 이를 꼼꼼하게 검토했다. 결과는 가히 충격적이었다. 〈콘트라스테〉의 보도에 따르면 수십억 유로의 개발자금이 엉뚱한 곳에 쏟아 부어졌다고 한다. 결국 아무도 그러한 사실들을 눈치채지 못했던 것이다.

이른바 진척보고서를 통해 얻은 가장 중요한 수확은 그간 구동독지역에서 벌어졌던 일에 대해 알게 되었다는 것이다. 즉 구동독지역은 개발자금이 체계적으로 또한 대규모적으로 낭비되고 있다는 사실을 알고 있었다는 것이다. 이러한 사실은 이후 연방 재무부와는 별도로 구동독지역 주정부들의 회계장부를 면밀히 분석했던 여러 재정전문가들에 의해서도 확인되었다.

2002년 연방정부는 이른바 특별수요-연방보충분담금(SoBEZ)에 의거하여 6개 구동독 주정부(베를린 포함)들에게 약 105억 유로에 달하는 자금의 사용을 허락했다. 법은 자금의 사용처에 대해 규정하고 있었다. 이에 따르면 보조금은 "현재 추진중인 사업을 지원하거나 재정적인 어려움을 벗어나기 위해 사용되어서는 안 된다"고 규정하고, 오로지 "비례배분에 미치지 못하고 있는 기초지방자치단체들의 재정능력을 보전할", 또는 "현재 시행되고 있는 기간시설구축사업의 추가수요에서 파생된 특별부담을 해소할" 목적으로 사용되어야 한다고 명시하고 있다. 즉 간단히 말해, 개발보조금의 일부는 구동독지역 도시들과 기초자치단체로 가야 하고, 나머지 부분은 투자를 위해 지출되어야 한다는 뜻이다. 이와 함께 '분단으로 인한 특별부담'은 2004년 말까지 그 효력이 인정될 수 있다고 적시했다.

이론상으로는 이렇다. 실제로 연방재무부는 정상적으로 경제를 이끌어나갔던 작센 주의 진척보고서에 대해서만 만족해했을 뿐, "나머지 모든 주정부들의 진척보고서로는 개발자금들에 대한 그 어떠한 합목적적인 사용도 증명할 수 없다"는 판단을 내렸다.

이것은 기가 막힐 정도의 과소표현이다. 극도로 높은 채무로 허덕이는 베를린 시는 인프라 강화를 위해 단 1센트도 지출할 수 없다. 브란덴부르크, 튀링엔, 메클렌부르크-포어폼메른 그리고 작센-안할트 주 역시 수십억 유로의 개발자금을 자신들의 구멍난 재정을 메우기 위해 사용했다. 2002년 한 해만 총 50억 유로, 즉 보조금의 절반이 목적에 어긋난 용도로 사용되었다.

이것을 밝혀내는 것은 간단한 일이 아니었다. 구동독지역 주정부들은 자신들의 진척보고서를 서로 비교할 수도 없을 정도로 엉망으로 작성했다. 모두 자신들에게 가장 유리하고 적합한 방식으로 지출내역을 산출했다. 단지 무절제함에서 기인한 것일까? 이러한 경우 결연하게 피해나가는 방식도 강구할 수 있었다: "내 전임자가 범한 죄에 대해 내가 벌을 받을 이유가 없다"고 거리낌 없이 말했던 볼프강 뵈머 작센-안할트 주지사의 태도에서 우리는 사태에 대한 일말의 책임의식을 찾아볼 수 있을까? 알트하우스 튀링엔 주지사는 "원인은 구동독지역 주정부에 부과되었던 특별한 부담들에 있다. 따라서 비용이 엄청났던 이전 동독의 특별생활보장체계에 자금을 투입해야만 했다"[85]며 손쉽게 책임을 연방정부의 탓으로 돌렸다. 하지만 이것은 변명에 불과하다. 구동독지역은 연금비용이 구서독지역 수준의 겨우 75%에 머

---

85) Die Welt vom 16. 4.2004, *"Das Ende des Ost-Blocks"*

물고 있으므로 구동독지역 주정부들은 구서독지역 주정부들과는 달리 공무원연금의 과도한 부담에 시달릴 이유가 없었다.

이제 연대공동체(구서독지역)에 대한 기만은 습관이 된 듯하다. 2004년에 제출된 2003년도 진척보고서의 내용 역시 대단히 충격적이다. 또다시 보조금의 절반 가량이 인건비와 일상적인 지출에 사용되었다. 이번 역시 작센 주만 요구조건을 충족시켰을 뿐이다. 하지만 작센-안할트 주 재무부장관 파케는 개발자금의 낭비에 대해서는 아무것도 알려고 하지 않았고, 그 대신 개발자금 남용을 막기 위해 연방정부와 주정부들이 합의해 확정지었던 계산방법에 대해 '엉터리'라고 일축해 버렸다.

구동독지역 곳곳에서 행해진 보조금 낭비의 향연은 정치윤리에 심각한 해악을 끼쳤다. 작센-안할트 주정부가 자기 지역 73,500명의 공무원들에게 구서독지역 공무원들보다 더 많은 봉급을 줄 수 있도록, 매달 꼬박꼬박 구서독지역의 주민들이 세금을 내야 한다. 작센-안할트 주정부는 2005년 23억 5,000만 유로를 인건비로 책정하고 있다. 재정에서 투자비용은 단지 18억 1,000만 유로밖에 되지 않는다. 이것은 지난해에 비해 거의 2억 5,000만 유로가 줄어든 액수다. 2006년에는 여기에서 1억 유로 정도가 더 삭감되는 반면, 인건비는 이와 반대로 약간 더 추가될 것이라고 한다. 작센-안할트 주는 주민들에게 이외에도 몇 가지 혜택을 더 제공한다. 예를 들어 학생들에게 들어가는 모든 경비를 무상으로 지원하고 있다. 물론 거의 100억 유로에 육박하는 재정규모에서 그러한 액수는 무시해도 상관없을 듯하다. 그러나 구서독지역의 경우 주정부들은 대부분의 학부모들에게 그러한 정도의 경비는 스스로 부담해주길 바란다. 이것이 전부가 아니다. 작센-안할트 주는 아동보호에 관한 한 독일연방 내에서 월등하게 최고의 혜택을 제공한다. 유독 이 주정부만 직업을 가진 부모들에게 자녀들이 14살이 될 때까지 육아보호를 하루 10시간 보장해주는 혜택을 부여하고 있다. 이러한 복지수준은 바이에른이나 니더작센 주에서도 꿈조차 못 꿀 일이다.

구서독지역 납세자의 허리를 휘게 하는 사치. 이것이 통일 후 15년의 세월이었던가? 작센 주지사 밀브라트 역시 그렇게 생각하듯, 중재는 쉽게 이루어질 것으로 보이지 않는다. 그는 동료 주지사들을 향해 "개발자금에 접근하는 태도에 변화가 없다면, 구서독지역의 분위기가 달라질 수 있다"고 경고했다. 연대협약에 의한 자금들을 남용하는 행위는 참을 수 없는 일이다. 확실히 그것은 당연지사가 아니라, 모든 법률적 규정들을 거스르는 행위다. 연방정부는 제1차 연대협약(연대협약 I)의 경우와는 달리 현재 발효 중인 제2차 연대협약(연대협약 II)에서는 상담권(Mitspracherechte)을 포기했다. 이로써 주어진 보조금을 '재건사업에 적합하게' 사용해야 할 책임은 오로지 구동독지역 주정부들에게만 있게 되었다. 조건에 위반한다 할지라도 연방정부는 어떠한 효과적인 제재를 가할 수 없게 된 것이다. 이것이 아마도 실수였던 것 같다.

백일하에 드러난 속임수는 단지 개발보조금이 지니는 근본적인 문제점만 들춰낼 뿐이다. 왜냐하면 진척보고서들은 100억 유로에 대한 설명을 담고 있지만, 구동독지역 개발을 위해 연방정부와 유럽연합으로부터 지원되는 자금은 160억 유로가 넘기 때문이다. 총액으로 보자면 막대한 금액의 사회보장기금을 포함하여 매년 약 1,100억 유로가 다양한 통로를 통해 구동독지역으로 유입되고 있는 것이다. 이러한 엄청난 자금의 물줄기를 모든 지역에 골고루 대기 위해서는 소방호수라면 모를까 물뿌리개로는 적합하지 않다. 이런 까닭에 회계감사원과 같은 감독관청들은 지나치게 혹사당하기 일쑤고, 결국 정치는 실종되고 만다. 수백억 유로를 퍼붓는 개발프로그램에 대한 정기적이고 체계적인 엄밀한 검토와 확인작업이 아직도 이뤄지지 않고 있다.

이런 관계로 구동독지역의 재건작업은 어마어마한 자금탕진 프로그램이 되고 말았다. 지역 개발을 위해 수십억 유로가 통제되지 않은 채 그토록 비효율적이고 무의미하게 투입된 유례가 없었다. 정치인들은 전문가들을 동원하여 현재 진행중인 자금의 낭비와 개발프로그램의 효율을 검토하려는 시도에는 전혀 주의를 기울이지 않았다. 이제 낭비의 원리는 체제의 완전한 구성요소로 자리잡고 있다. 처음 수백억 유로에 달하는 세금으로 세워진 주택들이 얼마 가지 않아 엄청난 세금을 들여 다시 철거되었다. 라이프치히 시에서는 국가의 지원이 없었다면 신축되지 않았을 사무용도의 건물들이 25%의 공실률을 보이고 있다. 이들 건물의 대부분은 앞으로도 입주자를 찾을 가능성이 거의 희박하다. 완전한 세금낭비가 아닌가? 그런데도 연방정부는 수요를 찾지 못해 텅텅 비게 될 산업단지 건설을 대규모로 추진하고 있다. 연방노동청이 강제적으로 수백만의 노동자들로부터 매달 거두어들이는 엄청난 액수를 아무런 쓸데없는 대책 마련에 탕진하고 있는 것이다.

독일 납세자연합은 《공적 낭비(Die offentliche Verschwendung)》라는 책자를 매년 발간한다. 이 책은 정치적인 측면에서 구동독지역과 구서독지역 주정부들을 동등하게 취급하여 비교 가능한 사례들을 기록하고 있다. 구동독지역 주정부들이 발간한 흑서들은 자신들의 개발자금의 낭비를 정당화시키고 있지만, 이는 실제적인 상황과는 거리가 멀다.

이미 1995년 함부르크에서 발간되는 시사 주간지 《슈피겔》은 "생각은 나중에 하고 일단 파고 보자(Baggern statt Denken)"라는 제하로 구동독지역 재정지출의 문제점을 지적했다. 이 잡지는 "구동독지역에서는 동독인이든 서독인이든 가릴 것 없이 엄청난 규모의 공적 자금을 낭비, 유용하고 있다. 통독이라는 세기의 위업은 동시에 세기의 공금횡령사건으로 역사책에 기록될 상황에 처해 있다"며, '총 650억 마르크 - 손실'이라는 숫자에 주목했다. 그러나 정확한 총액은 밝혀질 수 없었다.

예를 들어 라이프치히 시는 7,000만 유로가 넘는 보조금으로 45,000명을 수용할 수 있는 훌륭한 축구경기장을 건설하였는데, 이러한 보조금액은 공사비용의 60%에 해당하는 액수였다. 2006년 독일 월드컵 유치를 위한 홍보의 관건이 구동독지역에서도 경기가 열릴 수 있는가에 달려 있었을 때, 독일축구협회(DFB)는 경기장 건설계획에 착수했다. 그러나 네 번의 월드컵 본선 예선 경기와 한 번의 16강전이 열리게 될 경기장에 문제가 생겼다. 이 경기장을 홈구장으로 하는 작센 라이프치히 구단은 계속해서 파산위기에 내몰리고 있는 4부 리그의 팀이기 때문이다. 따라서 텅 빈 썰렁한 관중석 앞에서 경기를 하는 경우가 다반사이다. 인근 도시 할레 시의 경우도 4부 리그 수준의 축구팀 'HFC'를 위해 2,000만 유로를 들여 30,000명을 수용하는 경기장을 지었다. 순수한 투자의 관점에서 보았을 때, 이 두 가지 사업으로 낭비된 돈이 과연 얼마일까?

구동독지역에서 자행되는 재정낭비에 대해 지적하면 일종의 파블로프의 조건반사가 뒤따른다. 묵과할 수 없는 상태에 대한 비판은 독일의 내적 유대를 파괴하는 음모로 간주된다. 이미 10년 전 볼프강 티어제는 이러한 언론보도를 통해 "게으르고 감사할 줄 모르는 구동독 주민들(Ossis)에 대한 분노"가 부추겨질 것이라며 격분했고, 그의 동료 회프너는 "구동독인들은 돈을 다룰 줄 모른다"고 하는 낡은 편견이 다시 고개를 들고 있다고 성토했다. 이러한 식의 논증은 오늘날에 이르기까지 효력을 잃지 않는다. 마피아 없이도 돌아가는 동부 공화국의 시실리언적 상황에 대한 언급은 오늘날까지도 여전히 신성불가침한 최고의 금기 테마다. 물론 말썽 많은 보조금의 지원이 구동독지역에게만 지워진 짐일 수만은 없다. 왜냐하면 구서독지역 역시 큰 구멍이 뚫린 재정으로 인해 신음중이기 때문이다.

구동독지역 정치인들은 자기방어 전략에 익숙해 있다. 예기치 않은 일들이 터지면 그에 대해 적극적인 해명을 하기보다는 그저 별것 아닌 일로 치부해버리기가 일쑤다. 2004년 브란덴부르크 주지사 플라첵은《베를리너 차이퉁(Berliner Zeitung)》지와의 대담에서 "2년 전 우리는 보도재앙(Medien-Gau)을 경험했다. 한 주 동안에 두 개의 기업이 — '카고리프터(Cargolifter)'와 '라우지츠링(Lausitzring)' — 파산했다. 그리고 나서 프랑크푸르트 안 데어 오더(Frankfurt an der Oder)에 컴퓨터칩 공장을 세우려는 계획마저 좌절되었을 때, 우리에겐 거대 프로젝트가 좌절된 주라는 낙인이 찍혔다. 그러나 그것은 옳지 않다"고 말한 바 있다. 세 가지 굵직한 사업의 실패. 이것이 단지 보도매체들이 만든 재앙인가? 오히려 정책의 실종 탓이 아닐까?

브란덴부르크 주정부의 판단착오와 관리경영의 실수는 항공물류회사와 자동차경주장의 파산 그리고 계획되었던 첨단기술 이전의 실패와 함께 1억 7,000만 유로의 세금손실을 초래했다. 그런데 그들은 어찌했던가? 플라첵이 이끄는 사민당은 5,000만 유로 이상의 보조금을 받고 있는 50개의 사업 중 "47개는 매우 잘 진행되고 있다"며 태연스레 말할 뿐이었다. 그러나 'BASF 콘체른'이 보조금으로 자신의 슈바르츠하이데의 화학공장을 정상화시켰던 것이 주정부의 업적인가?

쉽게 얻은 돈은 분별력을 잃게 한다. 결과에 대한 책임의식이라고는 거의 찾아볼 수 없다. 연방정부는 관리경영자들에 대한 개인적 책임을 강화시키려는 계획을 수립하고 있는데, 이에 따르면 근무태만이 드러나는 경우 '무능력한 경영책임자'에게 그들의 4년 동안의 봉급을 물리게 할 방침이다. 그렇다면 지금이야말로 주지사 비서실이나 주정부 부서들의 근무소홀 역시 징계해야 할 적기가 아니겠는가?

이러한 일들을 담당하는 사람들은 대개 유럽연합의 보조금 감사관들이거나 검찰들이다. 이들은 때로는 정계의 강력한 반발에 맞서면서 부정부패를 들춰낸다. 예컨대 검찰은 구동독지역에서 벌어진 가장 큰 보조금 스캔들 중 하나를 밝혀냈다. 만스펠더 란트(Mansfelder Land)

지역의 '알루헷(Aluhett)'이라는 알루미늄 제조업체에는 2003년 약 40명의 노동자가 일하고 있었다. 국가가 1990년대 말까지 5억 4,400만 마르크 이상을 과거의 이 대기업에 쏟아 부었던 것을 생각한다면, 보잘 것 없는 규모이다. 일단 신탁회사가 거액을 지원한 다음 주정부는 후원자로 나섰다.

데트몰트 출신의 사업가를 통한 첫번째 사유화 시도가 무산되었다. 이 과정에서 1억 5,000만 마르크의 손실이 생겨났다. 그 당시 주지사였던 회프너는 기업의 회생은 자신이 해결해야 할 일이라며, "우리에겐 아직 한 발의 총알이 남아 있다. 이 한 발은 반드시 명중되어야 한다."고 말했다. 정말로 총알은 명중했다. 누구에게? 납세자들에게.

결국 회사는 의사 아들인 발렌틴 피셔(Valentin Fischer)의 손에 넘어갔다. 그가 소유한 회사 '트리아컴-홀딩(Triacom-Holding)'은 극도로 베일에 감춰져 있었다. 2004년 5월 할레 시 검찰은 피셔를 증거인멸의 우려를 이유로 구속했다. 기소 내용에 따르면 그는 작센-안할트 주정부로부터 거의 1억 마르크에 달하는 돈을 횡령했다고 한다. 공금횡령의 내용을 낱낱이 파헤치기 위해서는 5년 이상의 시간이 걸릴 것으로 내다보고 있다. 주정부 형사청은 이 사건을 전담할 '알루베르크(Aluwerk)'라는 이름의 특별수사반을 구성하였으나 수사에 어려움을 겪고 있다. 피셔 소유의 '트리아컴'의 경우 공동소유자, 경영 그리고 자본금이 항상 바뀌었다. 특히 몇몇의 사업들은 단지 장부에만 존재할 뿐이었다. 이 사건을 맡고 있는 폴커 비트만(Folker Bittmann) 검사장은 "우리는 스웨덴과 러시아에 업무협조를 요청했을 뿐만 아니라, 화물차 한 대 분량은 족히 될 각종 서류들을 샅샅이 검토했다"며 수사의 고충을 토로했다.

피의자 피셔는 작센-안할트 주정부의 환심을 샀다. 주정부는 그에게 1996년 첫 번째 파산을 맞이했던 '알루헷'의 경영을 위탁했다. 이 때 그가 이미 엄청난 규모의 파산에 관여했다는 것을 알기 위해서는 데이터뱅크의 추적만으로도 충분했을 것이다. 그는 베를린 소재의 5,000명의 직원을 거느린 경비전문업체와 1,000명 규모의 할레 소재 요식출장업체의 파산에 관여했었다. 연방 중앙 수사기관과 연방에서 파견된 구동독지역 전권대리인과 주 회계감사원이 주정부에 피셔를 조심하라고 누누이 당부했건만 소용없었다.

불법거래의 단서들이 계속 포착되었을 때조차, 수억 유로의 보조금이 개발자금으로 어떠한 제지 없이 유입되었고, 결국 '알루헷'은 1999년에 파산했다.

피셔에 대한 재판이 진행되고 있는 지금, 이 사건에 관여했던 정치인들에 대한 조사는 여전히 이루어지지 않고 있는 듯하다. 2004년 중반까지 '알루헷'에 남아 있었던 노동자들을 위해 회계상 1,400만 유로의 보조금이 지출되었다. 이와 비교될 수 있는 예로, 라이프치히 시에 건립된 BMW 자동차공장의 경우 한 일자리당 약 180,000유로가 투자되었는데, 이 중 보조금은 대략 일자리당 60,000유로 선에 이르고 있다.

물론 보조금 낭비의 전체 규모로 보자면 다른 모든 구동독지역 주들에서도 이러한 예는 얼마든지 찾아볼 수 있으며, '알루헷'과 같은 경우는 오히려 경미한 사항이다. 보조금의 대부분은 현행법이 규정하고 있는 합법의 틀 내에서 무의미한 프로그램들의 지원을 통해 빠져나간다. 문제의 발단은 보조기제가 일단 구축되면 그것이 좀처럼 철폐되지 않는다는 데에 있다. 국가는 회사 이전시 투자보조금을 지불해야 하고, '지방 경제구조 개선'을 위한 이른바 GA-보조금 역시 지불해야 한다. 널리 시행되고 있는 이 두 가지 보조금에 대한 학문적 연구에 따르면, 이 제도가 별 긍정적 효과를 거두지 못하고 있다고 한다. 이러한 보조기제는 '뜻밖의 초과 이득(Mitnahmeeffekt)'을 가져다준다. 국가가 국민들의 세금을 기업에게 선물로 제공하는 셈이다.

자본은 일종의 한정재(ein knappes Gut), 즉 경제재다. 개인 투자자들은 가장 높은 이익을 가져다주는 사업에 자기 자본을 투자한다. 이러한 경제 메커니즘이 구동독지역에서는 통하지 않는다. 그곳에 결여된 것은 공적 자본이 아니라 오히려 수익을 보장해주는 사업들이다. 지금 구동독지역에서는 주지사와 시장들이 얼토당토않은 경쟁을 벌이고 있다. 2002년 7월에 발행된 《슈피겔》지의 '동쪽의 잘못된 출발(Start-Wahn Ost)' 이라는 제하의 기사는 그러한 우스꽝스런 예를 보도하고 있다.

메클렌부르크-포어폼메른 주에는 5개의 공항이 있었지만, 한결같이 적자를 면치 못했다. 튀링엔 주는 일시적으로나마 6개 이상의 공항에 보조금을 지원했다. 에어푸르트 시는 1995년부터 관제탑을, 그리고 1996부터는 공항터미널이 운영하였지만, 이용하는 사람이 거의 없는 탓에 을씨년스런 구조물이 되고 말았다. 오래 전부터 튀링엔 주정부는 엄청난 보조금의 지원을 미끼로 동튀링엔 지역의 알텐부르크 공항에 저가항공노선을 확보하려 애쓰지만, 50km가 채 안되는 거리에 이용객이 뜸한 작센 주의 라이프치히/할레 공항이 있다. 이 공항은 매년 450만 명의 승객들이 이용할 수 있는 큰 규모로, 현재 매년 약 200만 명의 사람들이 이 '중부동독의 거대공항' 을 이용하고 있다 2008년부터 라이프치히의 상공에는 더 잦은 항공운행이 있게 될 것으로 기대하고 있다. '도이췌 포스트(Deutsche Post)' 의 자회사로 물류항공업체인 'DHL' 은 3,500명의 근무인력과 함께 국제적 항공거점을 브뤼셀에서 라이프치히로의 이전을 추진하고 있다. 왜냐하면 현재 브뤼셀 지역에서는 야간운항이 금지되는 관계로 경영에 차질이 생기고 있기 때문이다.

막데부르크 시의 상황 역시 눈에 띈다. 1997년 34km 떨어진 곳에 위치한 코흐슈테트(Cochstedt)에 '활주로가 있는 상업단지' 라는 구호와 함께 공항 건설이 시작되었다. 4,000만 유로의 보조금을 지원받은 이 시설은 24시간 운영이 허가되었고, 엄청나게 긴 활주로는 국제노

선운항에도 전혀 손색이 없다. 미국에서 빚을 내어 공항 소방대까지 마련했건만, 지금까지 이 공항에서는 단 한 대의 비행기조차 뜨고 내린 적이 없다. 주정부는 완전히 과대 포장된 기초지방자치단체 경영회사에게 부여한 모든 허가를 박탈했다. 몇 년 전부터 적절한 인수자를 찾기 위해 국제 입찰을 추진하고 있는데, 입찰기간은 2004년 3월에 만료되었다. 여기에서 더욱 믿기 어려운 사실은 한때나마 막데부르크 시 인근지역에 또 다른 제3의 공항 건설계획이 있었다는 점이다.

구동독지역은 자기지역 중심정책(Kirchturmpolitik)을 완벽한 수준으로 추진하고 있다. 거의 모든 주들은 각기 자신들의 생명공학 창업 지원센터(Biotechnologie-Gründerzentren)와 자동차산업 진흥단체(Automobilinitiative)를 설치하여 운영하고, 자신들만이 참가하는 박람회 개최를 추진하는가 하면, 각기 자신들의 경제 진흥단체들을 통해 자기 지역의 홍보에 열중하고 있다. 허약한 경제력들이 서로 묶이기는커녕 더욱 갈기갈기 찢겨지는 판국이다. 소규모일수록 손해부담이 적을 거라는 생각에서일까?

납세자들에 의해 지원되는 구동독지역 주정부들간의 위신경쟁에서 비용지출이 더 심한 것은 구동독지역 전역에서 벌어지는 광적인 고용창출대책(ABM, 'Arbeitsbeschaffungsmaßnahme'의 약어이다. 이 대책을 통해 연방 노동청으로부터 일자리 알선을 위탁받은 대행사들은 주로 단기적이고 단순한 일자리를 주선했다 : 역주) 열풍이다. 이 대책은 1990년대 초 '비정규직 노동에서 정규직 노동시장으로의 가교' 라는 기치 아래 마련되었다. ABM 인력들은 일명 '오전 근무직' 이라 불릴 정도로 할 일이 없는 경우가 많았다. 오로지 이 대책을 통해 마련되는 일자리를 따내기 위한 단체들이 생겨나고, 이 단체들의 창업자는 자신의 친구들과 지인들에게 일자리를 제공했다. 어떤 단체들은 한꺼번에 정기적으로 계약이 연장되는 30개의 일자리를 갖기도 했으며, 급기야 합법적인 ABM-콤비나트까지 생기기에 이르렀다. 라이프치히에서는 한때 8,000명 이상의 인력을 거느린 고용촉진기업(bfb)이 창립되어 구동독지역 최대의 기업으로 발돋움했다.

　공원 청소, 주택 정비, 인쇄소 경영 그리고 농산물 관리에 이르기까지 이 기업의 '고무장화-여단(Gummistiefel-Brigaden)'이 펼치는 경쟁 불허의 저가 공세 앞에 개인기업들은 거의 속수무책이었다. 경영적 제어장치를 상실한 괴물기업(Moloch)이 통제 불가의 상태에 빠져드는 것은 불가피했고, 급기야 2002년 이 말썽 많던 시유(市有) 기업은 해체되었다. 한때 새로운 노동정책의 모범으로 제시되었던 '라이프치히 모델'은 결국 새로운 노동정책이 초래한 경영의 난맥상과 보조금 횡령의 전형이라는 오명을 얻게 된 것이다. 이 사건으로 인한 손실은 자그마치 5억 유로에 이를 것으로 추산되고 있다. 2002년 말 라이프치히 지방법원은 bfb 회장 마티아스 폰 헤르마니(Matthias von Hermanni)에게 업무상 배임죄를 인정하여 집행유예 18개월을 선고했다. 그러나 볼프강 티펜제(Wolfgang Tiefensee, SPD, 현재 대연정 정부에서 교통건설부 장관으로 자리를 옮겼다) 라이프치히 시장은 사건의 공소시효 소멸로 단지 비난만 받았을 뿐 법적 처벌은 모면할 수 있었다.

　다른 경우에서도 사정은 나아 보이지 않았다. 때로는 정원관리 인력의 여덟 명 중 일곱 명이 ABM 인력으로 채워졌고, 이로 인해 자영 정원관리사업체는 파산할 수밖에 없었다. AMB 인력들은 높은 임금을 받고 있었기 때문에 애써 정규직 일자리를 찾을 필요가 없었다. 수입이 줄어들게 될 것이 뻔했기 때문이다. 그들을 비난할 수는 없는 노릇이다. 그것이야말로 경제학적 측면에서 본다면 이성적인 행위가 아니겠는가?

　막대한 자금을 쏟아부은 고용대책들로 구동독지역은 사실상 높은 수준의 최저임금체계가 확립되었다. 국가에서 지불하는 임금보조금의 액수가 사적 경제에서 벌어들이는 임금의 액수를 넘어서는 경우도 흔했다. 이러한 사정으로 인해 정말로 일자리를 창출해낼 수 있었던 기업체의 이전계획들은 심각한 타격을 입었음은 물론, 국가는 애초에 의도했던 바의 정반대 상황에 직면하게 되었다. 국가의 간섭(지원)이 참담한 노동시장에 따사한 햇살을 비추기는커녕 짙은 먹구름만 잔뜩 드리웠을 뿐이다.

고용창출대책들은 이성적 사고에 반하여 확대되었다. 2004년 7월 구동독지역 연방노동청에 90,550명의 ABM 인력들이 등재되어 있었는데, 이는 두 달 전보다 10,000명이 늘어난 수치다. 이를 위한 부담은 고스란히 구서독지역의 주민들에게 넘겨진다. 1990년부터 2002년까지 연방노동청은 그들이 거두어들인 액수보다 세 배가 넘는 금액, 즉 2,420억 유로를 구동독지역에 지불했다.

경제정책과 사회정책의 볼썽사나운 통합을 견지했던 독일민주주의공화국(DDR)조차도 그러한 식의 분에 넘치는 생활을 하지는 않았다.

가동 중단

번영의 땅, 제2부

2004년 늦여름 독일연방재건은행(KfW)은 이미 알고 있던 사실들을 뒤엎는 연구문건을 내놓아 세상을 놀라게 만들었다. 참담한 실정의 구동독지역? 이에 대해 말도 안 되는 소리라고 반박한 것이었다! 독일연방재건은행은 헬무트 콜에 의해 만들어진 구동독지역에서 막 피어나는 화려한 꽃봉오리를 광고했다. 연구문건에 따르면 1993년 이후 구동독지역의 연간 경제성장률은 구서독지역의 그것을 훨씬 능가하고 있다면서, "거듭된 성공으로 세계시장을 겨냥하는 제조업이야말로 이러한 발전의 원동력"이라고 보고했다. 그리고 구동독지역 주들의 상황은 인식하고 있는 것보다 훨씬 나아졌다고 덧붙였다. 그야말로 '성공사례'라는 것이었다. 신문들은 이 반가운 독일연방재건은행의 소식을 대서특필했다. '구동독지역의 회생― 우려 불식'

사물에 대한 놀랄 만한 창의적 시각이 돋보이는 재건은행의 문건은 언젠가 "통계는 비키니와 같다"고 말했던 어느 브라질 수학자의 말을 떠올리게끔 한다. 희망적인 것을 드러내 주기는 하지만, 결정적인 것은 감추고 있기 때문이다. 재건은행에서 제시한 수치에 대해서는 주의가 요망된다. 재건은행은 구동독지역의 건설업 부문은 아예 고려에서 제외시켜 버렸던 것이다. 건설업의 구조적 위기는 독일의 두 지역 간 비교를 심히 왜곡시킬 소지가 있다는 이유에서였다. 이 문제만 논외로 한다면 구동독지역의 모든 일이 순조롭게 잘 진행되고 있다고 한다. 이러한 판단에 대해 빌헬름 한켈(Wilhelm Hankel) 프랑크푸르트대 교수는 의사가 중병으로 누워 있는 환자에게 "당신은 매우 건강합니다. 당신의 심장 상태만 제외한다면 말이죠."라고 하는 것과 다를 바 없다고 비웃었다. 실제로 일자리 창출에 큰 몫을 차지하고 각종 산업의 활성화에 기여하였던 건설부문의 침체는 구동독지역의 만성적인 경제성장의 둔화에 결정적인 책임이 있다. 독일재건은행의 감언이설과는 달리 구동독지역의 경제성장은 오래 전부터 구서독지역에 비해서 뿐만 아니라, 유럽의 기준에도 훨씬 못 미쳤다.[86]

독일재건은행은 건설업을 제외한다면 구동독지역은 3.9%의 실질적 성장률을 기록하고 있다고 밝혔다. 참고로 독일재건은행의 자본금 중 80%는 연방정부가, 20%는 주정부가 소유하고 있다. 그러나 구동독지역 경제의 '달콤한' 측면만 반영된 이 눈부신 성장률조차 유리하게 설정된 기간 덕택일 뿐이다. 1992년부터 계산에 넣었던 것이다. 여기에는 높은 경제성장률과 함께 1990년대 초반 잠시나마 지속되었던 경기붐의 기간이 포함되어 있는 반면, 결정적인 결과, 즉 통독에 따른 유례가 없을 정도의 만성적인 기업파산은 제외되어 있다. 만약 1990년과 1991년을 기간에 포함시켰다면, 그 결과는 그리 만족스럽지 못했을 것이다.

구서독지역에 견주어 볼 때, 구동독지역의 산업이 수년 이래 수출의 견인으로 놀라운 성장을 했다는 사실은 논쟁할 여지가 없는 사실이다. 그러나 왜 재건은행은 연구에서 절대적 수치들에 대해서는 언급하지 않았을까? 절대적 수치들을 놓고 보았을 때, 두 지역간의 비교 결과는 다음과 같다. 2002년 5개 구동독지역 주들의 산업이 전 독일 산업 매출의 규모에서 차지하는 비중은 단지 7.8%에 지나지 않았고,

---

86) 제3부 "구동독지역을 앞지르는 동유럽 개혁국가들" 참조.

수출을 놓고 보자면 그 비중은 더욱 떨어져 4.9%에 불과했다.[87] 인구 비례로 따지자면 족히 17%는 되어야 했을 것이다. 이것으로 보아도 구동독지역의 산업은 구서독지역의 절반 수준에조차 못 미쳤던 것이다. 이것을 '1990년 이래의 거듭된 성공'이라 말할 수 있겠는가?

극도로 낮은 출발점에서는 높은 성장이 쉽게 이룩될 수 있다. 높이뛰기 시합에서 횡목이 20센티미터 더 높이 올려졌다면, 그것이 이전에 1미터 높이에 걸려 있었는지 아니면 2미터 높이에 걸려 있었는지에 따라 선수에게 미치는 차이는 엄청나다. 구동독지역의 산업이 구서독지역 수준의 근처에 도달하기 위해서는 상당히 오랜 동안 그리고 구서독지역보다 훨씬 높은 성장률을 보여주어야 할 것이다. 두 가지 간단한 모델을 상정하여 그것을 위한 소요기간을 계산해보자. 만약 구서독지역의 경제가 침체상황에 있는 반면, 구동독지역의 산업이 매년 계속해서 3%의 성장률을 보인다고 가정한다면, 두 지역의 동등한 수준은 2030년에 이르러서야 비로소 가능할 것이고, 매년 경제성장률을 2%로 산정한다면, 그것의 달성은 2042년으로 연기될 것이다.

그럼에도 불구하고 재건은행은 구동독지역이 중장기적으로 '뚜렷한 정도의 성장 우위'를 이룰 수 있을 것으로 확신하며, 지금까지 구동독지역에 세워진 50만 개의 중소기업들이 이를 위한 좋은 토대를 제공할 것이라 말하고 있다. 자칫하면 정반대의 상황이 전개되지 않을까 우려된다. 혹시 바로 이러한 기업들의 상황이 구동독지역 재건과 경제성장에 결정적인 걸림돌로 작용하여 더 악화된 수렁으로 빠져들게 할지도 모를 일이다. 어쨌든 개발은행도 그러한 기업들의 경영규모 구조가 '불리하다'는 점은 지적하고 있다. 적어도 이 점은 과장이 아니다.

---

87) Berteit, S. 11, sowie Bofinger, S. 56.

'로트캡헨'과 백 명의 난쟁이: 대기업 부재

"인민의 재산을 인민의 손에, 기업의 우두머리와 관료들을 살찌우는 것은 이제 그만" 이것은 전환기 동독 시민운동의 외침이었고, 마침내 1조 4,000억 동독마르크의 분배가 있었다. 최초의 계산에 따르면 '인민의 소유'라지만 실제로는 사회주의통일당(SED)이 소유했던 동독 콤비나트 경제의 가치는 그 정도였다. 국가재산은 신탁은행으로 넘겨져야 했다. 신탁은행의 임무는 무엇보다도 자본수익을 월부로 국민들에게 지불하는 데에 있었다. 당시 내각 수반이었던 한스 모드로우(Hans Modrow, SED-PDS)는 '인민재산(Volkseigentum)' 개념에 대한 이러한 광범위한 해석에 익숙하지 않았던지, 1990년 3월 그의 주창으로 창립된 '인민재산신탁관리청(Anstalt zur treuhänderischen Verwahltung des Volkseigentums)'의 규정에는 국민에 대한 재산분배 조항이 들어 있지 않았다.

이 당시 다른 동유럽 국가들은 국가재산의 분배에 더욱 진보적이었다. 폴란드는 사유화를 위해 투자기금을 설치해 국민들을 위한 몫을 거치시켰는가 하면, 슬로베니아는 국민들에게 확인서를 교부했다. 체코는 소액의 수수료를 받고 기업배당에 응모할 수 있는 어음을 지급했다.

1990년 초 동독 주민들은 다시 희망을 품게 되었다. 자유선거에 의해 발족된 동독인민회의(DDR-Volkskammer)가 모드로우의 구상을 개선하여, 신탁법규의 전문에 "인민소유 재산의 지분에 대한 기득권이 인정될 수 있다"라는 문구를 삽입시켰던 것이다. 이로써 세계 최대 규모의 국가홀딩인 신탁관리청은 12,500개의 기업과 약 45,000개의 작업장 그리고 막대한 면적의 땅과 거대한 규모의 부동산을 관리하게 되었다.

1990년 여름 테트레프 카르스텐 로베더(Detlev Karsten Rohwedder) 신탁관리청 청장은 "동독의 총재산은 약 6,000억 서독마르크로 평가 된다"고 말했다. 그는 이듬해 적군파(RAF) 테러리스트들에 의해 암살되었는데, 그의 자리는 비어기트 브로이엘(Birgit Breuel)이 물려받았다. 이러한 금액은 당초의 예상에 훨씬 못 미치는 액수였지만, 그 중 20%만 분배되었다 하더라도 모든 구동독지역 주민들은 각기 7,500서독마르크를 받았을 것이고, 이것은 동독 구체제로 인해 야기된 문제점들의 완화에 도움이 되었을 것이다. 현재 구서독지역과 달리 구동독지역에서 재산을 증식한 사람은 거의 없다. 독일의 백만장자나 억만장자들의 거의 대부분이 구서독지역에 거주하고 있다. 재산분배와 같이 독일의 두 지역을 확연하게 가르는 것은 없다.

로베더가 얘기했던 수치는 곧바로 수정되어야만 했다. 신탁관리청 경영자는 동독 기업의 자산가치가 1,800억에서 2,500억 서독마르크 사이로 평가된다고 발표했고, 1994년 말 신탁회사가 평가 작업을 종결했을 때 동독기업의 가치는 670억 서독마르크로 더욱 줄어 있었다.[88] 그러나 계산은 그것으로 끝나지 않았다. 곧 연방특별재산관리청(BvS, Bundesanstalt für vereinigungbedingtes Sondervermögen)이라는 신탁관리청의 후속기관이 발족되었고, 후속기관은 남아 있던 몇 개의 대기업 인수자를 물색하며 45,000건의 사유화계약을 감독, 처리했다.

2002년 1월 1일 연방특별재산관리청이 자신의 임무를 완수하고 해체되었을 때에야 비로소 최종결산이 이루어졌다: 공산주의 계획경제의 사유화는 한 푼의 이익도 가져다주지 못하였으며, 오히려 2,300억 서독마르크의 적자를 기록했다는 사실이 최종적으로 확인되었다.

구동독지역 주민들은 동독의 인민재산에서 한 푼도 분배받지 못했

---

[88] Jacobsen, S. 39.

다. 그러나 이것만이 대다수의 구동독지역 주민들이 신탁기관을 비판적으로 평가하는 유일한 이유는 아니다. 사유화가 종결된 후에 구동독지역에서 한때나마 인민경제의 부를 상징했던 유력기업들은 거의 찾아볼 수 없게 되었다는 데에도 그 이유가 있었다.

한 기업이 경제의 영역에서 얼마만큼 중요한 역할을 하는지는 고용인력의 수와 매출의 규모가 말해준다. 게다가 주식시장에서는 주식가치가 고려되는데, 이것의 시세에 따라 각 기업들의 가격이 정해지게 된다. 이러한 모든 규모의 비교에서도 구동독지역 기업들의 성적은 영 신통치 않다.

이전 동독에는 50,000명 이상의 고용 인력을 거느린 9개의 콤비나트가 있었다. 하지만 오늘날 구동독지역에 그 정도의 고용 규모를 갖고 있는 업체는 더 이상 존재하지 않는다. 이전 동독에는 10,000명 이상 50,000명 이하 규모의 콤비나트가 90개에 이르렀으나, 2003년말에는 단지 두 개의 사업장만이 가까스로 그 정도의 규모를 유지하고 있었을 뿐이다. 이 두 개 업체 중 하나가 베를린 소재 전력공급업체이자 갈탄채굴업체인 '파텐팔 유럽(Vattenfall Europe)'이다. 함부르크의 전력공급업체 HEW를 소유하고 있는 이 업체는 현재 20,437명의 인원을 고용하고 있다. 또 하나의 업체는 신탁청에 저항하여 재건된 '옌옵틱 그룹(Jenoptik Gruppe)'이다. 옌옵틱이 올리는 매출의 3분의 2는 구서독지역의 자회사들에 의한 것으로, 현재 10,500명의 노동자들이 일하고 있다.

5,000명 이상 10,000명 이하 규모의 46개 동독의 대기업들 중 2003년까지 존속하고 있는 기업은 단지 세 개에 불과하다. 캐나다의 한 가족회사의 소유로 넘어간 9,500명 고용규모의 베를린의 중장비생산업체인 '봄바르디어(Bombardier)'는 작센과 브란덴부르크 주에 각각 공장을 두고 있다. 볼프스부르크에 본부를 두고 있는 자동차콘체른의 지사인 '폴크스바겐-작센-그룹(VW-Sachsen-Gruppe)'은 6,977명의

노동인력을 고용하고 있는데, 츠빅카우 작업장에서는 자동차모델 '골프(Golf)'와 '파사트(Passat)'가 조립, 생산되고, 켐니츠 공장에서는 엔진이 생산된다. 마지막으로, 드레스덴의 컴퓨터칩 제조회사 '인피니온(Infineon)'은 5,500명의 노동자를 고용하고 있는데, 일체의 경영은 뮌헨에 있는 콘체른 본부에 의해 관리, 통제된다.

그렇다면 이전의 145개에 달했던 거대 콤비나트 대신 고작 5개의 중간 규모 기업들만 남아 있는 셈이다. 이것을 두고 제대로 된 경영혁신이라 할 수 있겠는가? 전 엔옵틱 회장 로타 슈패트(Lothar Spath)는 "구동독지역은 단지 구서독지역의 연장된 작업대일 뿐이라는 말이 괜히 나온 게 아니다. 실제로 구동독지역에는 중간 정도나 대기업들을 찾아볼 수가 없다"고 말한 바 있다. 대기업의 소멸이 쇠락했던 동독경제의 필연적 결과일까? 그렇지 않다면, 동독의 대기업들이 과연 회생할 수 있었을까?

구동독지역에서와 같이 체코에서도 사유화 과정은 국가주도로 진행되었다. 하지만 1,000만의 인구를 가진 이웃나라는 그러한 사업을 위해 2,300억 마르크를 쏟아 부을 수가 없었다. 그럼에도 불구하고 오늘날 체코에는 든든한 성장잠재력을 확보한 콘체른들이 건재하고 있다. 철도(85,000명), 체신(39,600명), 통신(12,000명) 부문을 제외하더라도 체코의 대기업 수는 구동독지역의 두 배가 된다(표 15 참조). 구동독지역에는 21,000명의 노동자를 고용하고 있는 체코 최고의 유력기업인 스코다(Škoda) 자동차회사에 비견될 만한 기업이 없다. 체코의 현 상황은 안정적으로 보인다. 사유화 추진과정에서 체코인들은 더욱 노련한 처리능력을 발휘했다. 전략적으로 중요한 기업과 대기업들의 경우에 국가는 사유화작업에 신중을 기했지만, 중소규모의 기업들의 경우에는 신속하고 간단하게 새로운 인수자에게 넘겨 버렸다. 이렇게 해서 체코는 그 사이에 약 480만 명의 취업인구를 지닌 나라가 된 것이다. 이러한 취업인구의 수는 다섯 개의 구동독지역 주들과 비

고용 인원	동독 1988	구동독 2003	체코 2002
5,000 - 10,000	46	3	4
10,000 - 30,000	72	2	5
30,000 - 50,000	18	–	1
50,000 이상	9	–	1
전체	145	5	11

【표 15】동독, 구동독지역, 체코의 대기업
출처: 동독 기업 회계장부/《벨트》지 '상위 100대 기업' 순위/체코공화국의 상위 100대 기업

교하여 90만 명이 적지만, 구동독지역의 인구가 330만 명이 더 많은 것을 감안하면 실로 대단한 취업률이다.

물론 구동독지역의 척도는 체코가 아니라 구서독지역이다. 하지만 구동독지역과 구서독지역 간의 격차는 가히 엄청나다. 일간지《디 벨트(Die Welt)》는 해마다 구동독지역과 베를린에 있는 기업들의 순위를 매겨 발표한다. '구동독지역 Top 100'에는 유한회사(GmbH)와 주식회사(AG)를 가릴 것 없이 모든 기업이 포함된다. 2004년 12월에 공표된 순위목록(표 16 참조)에 따르면 구동독지역에는 10억 이상의 매출 규모를 가진 14개의 기업이 있다. 순위목록에는 앞서 언급되었던 '파텐팔 유럽'이 85억 유로에 약간 못 미치는 매출고로 1위에 올라 있고, '폴크스바겐-작센-그룹'(43억 유로)과 라이프치히 시 소재 가스공급업체인 '페어분트네츠 가스'(33억 유로)가 그 뒤를 잇고 있다. 하지만 독일 전체를 놓고 보자면 이 세 기업들이 차지하는 비중은 매우 낮다. 왜냐하면 구서독지역에는 10억 유로 이상의 매출을 올리는 기업의 수만도 500여 개에 달하기 때문이다. 이 중 50개 기업들은 적게는 100억부터 많게는 1,400억 유로에 이르는 매출고를 기록하고 있다.

이러한 차원에서 볼 때 구동독지역의 기업들은 구서독지역 기업과 이루 말로 표현할 수 없는 격차가 벌어져 있다. 위의 비교기간에 포함

【표 16】 구동독 지역 100대 기업

2003년 내지 2003/2004년 매출기준 출처: 《디 벨트》지

	기업명	소재지	분야	매출 단위 : 백만 유로	고용 인원
1	Vattenfall Europe AG, Berlin	베를린	에너지	8,456	20,437
2	Volkswagen Sachsen Gruppe GmbH, Zwickau	작센	자동차	4,300	6,977
3	Verbundnetz Gas AG(VNG), Leipzig	작센	에너지	3,329	644
4	Dow BSL Olefinverbund GmbH, Schkopau	작센-안할트	화학	2,883	2,250
5	Total Raffinerie Mittel-deutschland GmbH, Spergau	작센-안할트	정유	2,655	611
6	Envia Mitteldeutsche Energie Ag, Chemnitz	작센	에너지	2,030	3,037
7	Jenoptik AG, Jena	튀링엔	테크놀로지	2,000	10,500
8	Bombardier Transportation Deutschland, Berlin	베를린	중장비 제작	1,900	9,500
9	Edis AG, Fürstenwalde	브란덴부르크	에너지	1,536	2,127
10	Opel Eisenach GmbH	튀링엔	자동차	1,472	1,886
11	Edeka Handelsgesellschaft Nordbayern-Sachen-Thüringen mbH	작센	무역	1,280	3,077
12	Sachsenmilch AG, Leppersdorf	작센	식품	1,158	887
13	P. Dussmann-Gruppe, Berlin	베를린	서비스	1,059	(49,300)*
14	Fujitsu Siemens Computers GmbH, Sömmerda	튀링엔	컴퓨터	1,000	550
15	Eko Stahl GmbH, Eisenhüttenstadt	브란덴부르크	철강	980	2,993

기업명	소재지	분야	매출	고용 인원
16 Infineon-Gruppe Dresden	작센	전자	906	5,500
17 f6 Cigarettenfabrik Dresden GmbH	작센	담배	877	382
18 OHG Netto Supermarkt GmbH&Co., Stavenhagen	메클렌부르크-포어폼메른	무역	831	2,672
19 Teag Thüringer Energie AG, Erfurt	튀링엔	에너지	830	1,329
20 BASF Schwarzheide GmbH	브란덴부르크	화학	761	1,984
21 AMD Saxony Manufacturing GmbH, Dresden	작센	전자	681	1,978
22 Riva Stahl GmbH, Henningsdorf	브란덴부르크	철강	655	1,579
23 Mitteldeutscher Rundfunk (MDR), Leipzig	작센	미디어	630	2,062
24 Koenig&Bauer AG, Werk Radebeul	작센	기계 제작	618	1,986
25 SWL Stadtwerke Leipzig GmbH	작센	에너지	583	1,082
26 Rols-Royce Deutschland, Dahlewitz	브란덴부르크	항공산업	579	1,000
27 Bayer Bitterfeld GmbH	작센-안할트	화학	560	656
28 EVG Erdgasversorgung Thüringen-Sachsen GmbH, Erfurt	튀링엔	에너지	530	26
29 Mitgas Mitteldeutsche Gasversorgung GmbH, Gröbers	작센-안할트	에너지	519	340
30 Grewag Stadtwerke Dresden GmbH	작센	에너지	514	1,259
31 Berlin-Chemie AG	베를린	화학	503	3,155

	기업명	소재지	분야	매출	고용 인원
32	Esag Energieversorgung Sachsen Ost AG, Dresden	작센	에너지	502	1,302
33	Robert Bosch Fahrzeugelektrik Eisenach GmbH	튀링엔	자동차 부품	484	1,680
34	Scandlines Deutschland GmbH, Rostock	메클렌부르크-포어폼메른	선박 운송	447	2,468
35	Aker MTW Werft GmbH, Wismar	메클렌부르크-포어폼메른	조선	424	1,351
36	Rundfunk Berlin-Brandenburg (RBB), Potsdam	브란덴부르크	미디어	423	1,746
37	Salutas Pharma GmbH, Barleben	작센-안할트	제약	420	940
38	PC-Ware Information Technologies AG, Leipzig	작센	소프트웨어	405	607
39	Euro Cheese Vertriebs-GmbH, Altentreptow	메클렌부르크-포어폼메른	도매업	398	380
40	Leipa Georg Leinfelder GmbH/Werk Schwedt	브란덴부르크	제지	380	1,400
41	MKM Mansfelder Kupfer und Messing GmbH, Hettstedt	작센-안할트	야금	380	1,091
42	Volkswerft Stralsund GmbH-The A.P. Moller Group	메클렌부르크-포어폼메른	조선	370	1,220
43	Domo-Caproleuna GmbH, Leuna	작센-안할트	화학	360	464
44	Rotkäppchen-Mumm Sektkellerei GmbH, Freyburg	작센-안할트	식품	341	383
45	Stadtwerke Halle GmbH	작센-안할트	에너지	337	1,635
46	Ilsenburger Grobblech GmbH, Ilsenburg	작센-안할트	금속 가공	330	800
47	Tabacon Tabakwaren Gmbh & Co. KG, Ronneburg	튀링엔	도매업	330	172

	기업명	소재지	분야	매출	고용 인원
48	SWE Stadtwerke Erfurt GmbH	튀링엔	에너지	327	1,917
49	ESG Erdgas Südsachsen GmbH, Chemnitz	작센	에너지	311	350
50	Webasto Thermosysteme GmbH, Neubrandenburg	메클렌부르크-포어폼메른	건설	306	598
51	Peene-Werft Wolgast	메클렌.-포어폼.	조선	305	760
52	Mibrag Mitteldeutsche Braunkohlen GmbH, Theißen	작센-안할트	광산	304	2,016
53	Mitteldeutsche Erfrischungs-getränke GmbH, Leißling	작센-안할트	영양	300	1,000
54	GP Günter Papenburg AG Ost-Gruppe, Halle	작센-안할트	운송/건설	298	1,449
55	SKW Stickstoffwerke Piesteritz GmbH, Wittenberg	작센-안할트	화학	292	600
56	Gasversorgung Sachsen Ost GmbH, Dresden	작센	에너지	290	350
57	Energiewerke Nord GmbH, Rubenow	메클렌부르크-포어폼메른	폐기물	284	1,075
58	SAP System Integration AG, Dresden	작센	소프트웨어	280	1,900
59	Reederei F. Laeisz GmbH, Rostock	메클렌부르크-포어폼메른	선박 운송	277	990
60	Stahlwerke Thüringen GmbH, Unterwellenborn	튀링엔	철강	270	653
61	Komsa Kommunikation Sachsen AG, Hartmannsdorf	작센	커뮤니케이션	269	368
62	Samsung SDIG GmbH, Berlin	베를린	전자	260	950
63	PCK Raffinerie GmbH, Schwedt	브란덴부르크	정유	258	1,387
64	Lurgi Life Science GmbH, Chemnitz	작센	플랜트	253	203

기업명	소재지	분야	매출	고용 인원
65 EMB Erdgas Mark Brandenburg GmbH, Postsdam	브란덴부르크	에너지	251	176
66 Dresdner Druck und Verlagshaus GmbH & Co	작센	미디어	250	1,120
67 BGH Edelstahlwerke GmbH, Freital	작센	철강	244	1,478
68 Städtische Werke Magdeburg GmbH	작센-안할트	에너지	242	755
69 Hansa-Milch Mecklenburg-Holstein eG, Upahl	메클렌부르크-포어폼메른	식품	239	265
70 GKN Driveline Deutschland GmbH, Zwickau	작센	자동차	236	861
71 Carl Zeiss Meditec AG, Jena	튀링엔	의약	235	752
72 Gasversorgung Thüringen GmbH, Erfurt	튀링엔	에너지	234	211
73 Rege Motorenteile GmbH Co. KG, Hörselberg	튀링엔	자동차	230	1,600
74 Automobilmanufaktur Dresden GmbH, Dresden	작센	자동차	230	400
75 Wemag AG, Schwerin	메클렌.-포어폼.	에너지	227	460
76 Stadtwerke Chemnitz AG	작센	에너지	226	967
77 Infraleuna Infrastruktur und Service GmbH, Leuna	작센-안할트	서비스	208	490
78 Hasseröder Brauerei GmbH, Wernigerode	작센-안할트	식품	206	349
79 Eurovia Verkehrsbau Union GmbH, Berlin	베를린	건설	200	1,242
80 Milchwerke Thüringen GmbH, Erfurt	튀링엔	식품	196	249
81 Kvaerner Warnow Werft GmbH, Rostock-Warne-münde	메클렌부르크-포어폼메른	조선	194	1,131

	기업명	소재지	분야	매출	고용 인원
82	Carl Zeiss Jena GmbH	튀링엔	정밀기계	189	1,369
83	Stadtwerke Rostock AG	메클렌.-포어폼.	에너지	181	600
84	Funkwerk AG, Kölleda	튀링엔	전자	179	908
85	VEM-Gruppe Dresden	작센	원동기	178	1,404
86	Küstenland Milchunion GmbH, Altentreptow	메클렌부르크-포어폼메른	식품	178	259
87	LWB Leipziger Wohnungs- und Baugesellschaft mbH	작센	부동산	161	568
88	Kommunale Wasserwerke Leipzig GmbH	작센	에너지	160	566
89	Radeberger Exportbierbrauerei GmbH, Dresden	작센	식품	159	250
90	Zeitungsgruppe Thüringen, Erfurt	튀링엔	미디어	156	1,907
91	Stora Enso Sachsen GmbH, Eilenburg	작센	제지	150	369
92	Jenapharm, Jena	튀링엔	의약	143	556
93	Hydraulik Nord GmbH, Parchim	메클렌부르크-포어폼메른	기계제작	141	1,800
94	PSI AG, Berlin	베를린	소프트웨어	138	1,193
95	Zellstoff-und Papierfabrik Rosenthal GmbH, Blankenstein	튀링엔	제지	138	476
96	Goldbeck Bau GmbH, Treuen	작센	건설	138	418
97	Sachsenring Automobiltechnik AG (SAZ), Zwickau	작센	자동차 부품	133	670
98	Chemnitzer Verlag und Druck GmbH	작센	미디어	132	800
99	Deutsche Seereederei GmbH, Rostock	메클렌부르크-포어폼메른	선박 운송	129	1,328

	기업명	소재지	분야	매출	고용 인원
100	Francotyp-Postalia AG & Co. KG, Birkenwerder	브란덴부르크	전자	126	857
			합계	64,587	204,775

된 구동독지역 100대 기업의 노동자 수와 매출고를 모두 합산해보면, 대략 20만의 노동자와 650억 유로의 매출고라는 결과를 얻는다. 그러나 다임러크라이슬러와 폴크스바겐에 이어 독일 3위의 업체인 뮌헨 소재 전자제품 콘체른 지멘스 한 기업만 하더라도 한 해 740억 유로의 매출을 올리고 417,000명의 인력을 고용하고 있으니 '구동독 Top 100 기업'을 다 합친 것보다 훨씬 큰 규모인 셈이다. 축구로 따지자면, 구서독지역 팀과 구동독지역 팀은 같은 리그에 속해 경기하고 있는 것이 아니다. 국가대표팀과 지역리그의 팀 간에 게임이 될 수 있을까?

구동독지역 경제의 최상위 그룹부문은 규모면에서도 매우 작을 뿐 아니라, 구조적으로도 심히 왜곡되어 있다. 주로 전력, 가스, 수자원관리 회사들이 목록의 상위를 점하고 있다. 'Top 100' 목록에 올라 있는 기업 중에서 그러한 부문의 기업이 자그마치 21개나 되고, 총매출의 3분의 1을 차지하고 있다. 이에 대한 이유는 간단하다. 이러한 부문의 사업은 지리적 위치와 밀접한 관련을 맺고 있어 현장에서 해결되어야 했기 때문이다. 따라서 이러한 기업들은 지리적 연계성으로 폐쇄할 수 없었으므로 통일 이후에도 다른 선택의 여지가 있을 수 없었다. 물론 소비자들을 충분하게 확보하고 있기도 했었지만.

---

* 베를린의 프리드리히 가에 사업본부를 두고 있는 서독의 두스만-그룹(Dussmann-Gruppe)은 극히 제한적 조건하에서 구동독지역 기업으로 간주될 수 있다. 절반이 넘는 인력이 해외에서 근무하고 있으며, 나머지 인력의 대부분도 구서독지역에서 일하고 있다. 또한 독일 내에서도 기업의 사업 중심은 구서독지역에 놓여 있다.

자신의 상품을 세계시장에 진출시킨 산업부문의 기업은 쉽게 눈에 띄지 않는다. 이러한 상품은 주로 구서독지역 또는 국제적 콘체른의 자회사들에서— 예를 들어 '후지쯔 지멘스'(컴퓨터), '아우토마누팍투어 드레스덴'(폴크스바겐 자동차모델 '파에톤') 또는 롤스로이스 (비행기 엔진)— 생산된다. 순수한 구동독지역 기업들과는 달리, 이러한 기업들은 기존의 유통사슬에 통합되어 있으므로 시장점유율에 신경 쓸 필요가 없다. 또한 구동독지역의 소위 '대기업' 중 50%가 정도의 차이는 있을지라도 제한된 결정권을 갖는 이른바 구서독지역의 '연장된 작업대' 그룹에 속한다는 문제점도 갖는다.

순위목록에 올라 있는 전형적인 구동독지역 회사로서 국제적 경쟁무대에 뛰어든 업체는 매우 드물다. 그러한 업체는 외국에서 영업하기에는 너무 작은 규모이며, 해당지역을 벗어난 곳에 생산라인을 갖고 있는 경우도 극히 드물기 때문에 경쟁력 있는 값싼 제품을 통한 비용절감을 실현하기가 쉽지 않다. 구동독지역 산업부문 기업의 대부분은 구서독지역이나 해외의 대기업에 종속된 하청업체로, 자체로 완제품을 생산해내는 기업은 거의 없다. 이것 외에도 'Top 100'을 보면 예를 들어 주택매매업체, 지방신문사, 지방방송사와 유제품가공업체 같은 회사가 눈에 띈다. 그러나 이러한 업체 모두 통상적으로 볼 때 한 나라의 대기업 순위목록에서 찾아보기 힘든 회사다.

주식시장에 상장된 기업들을 살펴보면 구동독지역의 기업은 거의 전무한 실정이다. 단지 8개의 기업이 목록에 올라 있을 뿐이다. 구동독지역에는 총 30개에 가까운 상장기업이 있지만, 이 중 3분의 1이 파산한 상태다. 이와 비교해 구서독지역에는 800개의 상장기업이 있다.

전적으로 우울한 결산소식이 전해지고 있다. 2004년 12월 중반 구동독지역의 모든 상장기업들의 주식가치는 15억 5,000만 유로로 평가되었다. 구동독지역의 대표기업인 예나(Jena) 시 소재 '옌옵틱'의 주식가치는 4억 유로에 약간 못 미치는 것으로 평가되었다. 같은 시기에 구서독지역의 여행사콘체른 '투이(TUI)'는 최소한의 주식가치만 해도 29억 7,000만 유로가 된다는 평가를 받았는가 하면, 독일의 가장 유력한 상장회사인 '도이췌 텔레콤(Deutsche Telekom)'의 주식가치는 680억 유로로 평가되었다.

주식시장의 관점에서 본다면 구동독지역은 아직도 자본주의에 익숙하지 못하다. 동유럽 국가와 비교해보아도 마찬가지다. 체코의 상위 5개 그리고 폴란드의 상위 6개 상장기업의 주식가치는 10억 유로가 넘는다.

물론 'Top 100'에는 몇 가지 성공사례들이 숨겨져 있는데, 샴페인 제조업체 '로트캡헨(Rotkäppchen)'의 꿈 같은 상승 스토리가 그 대표적인 예이다. 프라이부르크 안 데어 운슈트루트(Freyburg an der Unstrut)에 소재하고 있는 이 '제국'은 매년 1억 병 이상의 샴페인 판매량을 올리고 있다. 참고로 말하자면 1991년의 판매량은 320만 병이었다. 독일 최대의 샴페인 제조업체로서 '로트캡헨'은 2002년 1억 3,800만 유로를 투자해 '뭄(Mumm)', '율레스 뭄(Jules Mumm)' 그리고 'MM'과 같은 브랜드를 사들인 결과, 전년 대비 117%가 늘어난 3억 3,400만 유로의 매출을 기록했다. 그리고 2003년 초에는 '로트캡헨-뭄-그룹'은 '샴페인의 포르쉐'라 불리는 '겔더만(Geldermann)'을 추가로 인수했다. 작센-안할트 주의 이 기업은 업계의 정상을 차지하고 있는 몇 안 되는 구동독지역 기업 중 하나로 구동독 출신의 경영자에 의해 운영되고 있다. 그는 하랄드 엑케스-샹트레(Harald Eckes-Chantre)가 대주주로 있는 구서독지역 주류 제조 계열회사의 공동소유자이기도 하다.

동독주민이 사유화과정에서 프리미엄을 받았던 예는 드물다. 사유화과정 초기에 신탁관리청은 '로트캡헨'도 구서독지역 음료회사에 매각할 생각이었다. 그러나 인수자가 나서질 않았다. 왜냐하면 그 당시 '공산주의자들의 샴페인'에 대한 유행이 일시적으로 수그러들었고 매상이 기대되지 않는 회사에 별 매력을 느끼지 못했기 때문이었다. 단지 이러한 이유로 군터 하이제(Gunter Heise)가 대주주로 있던 투자그룹은 1993년 절호의 기회를 얻게 되었다. 현재 회장의 자리에 오른 전 인민소유기업(VEB) '로트캡헨'의 연구원인 그는 1856년 창업된 전통기업에, 그리고 빌헬름 2세가 칭찬해 마지않았던 샴페인에 대한 미래를 확신했다. 새롭게 짜여진 경영진은 우선 구동독지역의 시장을 정복하고 난 뒤, 곧바로 구서독지역의 시장 점령에 뛰어들었다. '로트캡헨'은 지금까지 구동독지역에서 50%의 점유율을 유지하고 있고, 구서독지역에서는 2006년까지 6%의 점유율을 목표로 하고 있다. 그렇지만 이 기업의 직원 수는 단지 260명에 지나지 않는다. 난쟁이 기업들이 모여 있는 구동독지역에 우뚝 선 거인인 것이다.

구동독지역에는 '로트캡헨-뭄-그룹'과 같은 성공사례를 만들어낸 기업들이 몇 개 더 있다. 작센 주 소재 속옷생산 전문업체인 '브루노 바나니(Bruno Banani)', 튀링엔 주 소재 상용차 생산업체 '물티카(Multicar)' 또는 작센-안할트 주 소재 제분업체인 '카티(Kathi)'와 같은 기업도 놀랄 만한 성장과 함께 독일 전역에 알려진 회사들이다. 그러나 이러한 기업들은 1억 5,000만 유로 정도의 매출을 기록하고 있는 것으로 추정되는데 100대 기업목록에 이름조차 올리지 못하고 있다. 기업의 작은 규모는 국제적인 팽창을 가로막을 뿐만 아니라, 자본시장으로의 진입과 신상품의 개발마저 저해하는 요소로 작용한다. 그렇기 때문에 구동독지역의 경제는 이러한 측면에서 보아도 정상이라 할 수 없다.

신탁관리청이 기업들을 간벌하고 난 후, 척박한 지역에 조림을 하려는 투자자들이 너무 적었다. 독일에서 기업을 경영하려 한다면 왜 굳이 구서독지역이 아닌 구동독지역을 선택하겠는가? 상품시장이 대부분 지역 밖에 있고, 기업화된 서비스업체가 부족하고, 산·연 협력체계를 이끌어 갈 만한 연구단체도 없는데 말이다. 구동독지역의 낮은 임금, 더 긴 노동시간 그리고 싼 토지가격만으로는 그러한 단점을 상쇄시킬 수 없다.

대다수의 정치인들은 이런 지리적 단점을 일시적인 현상으로 보고 있다. 그들은 되풀이해서 구동독지역의 '성장의 씨앗'을 강조하고, 그것이 곧 싹을 틔우게 될 것이라고 호언한다. 이러한 말은 왠지 씨가 뿌려지고 나서 얼마 안 있어 수확이 가능한 온실을 떠오르게 한다. "우리는 살아 있는 성장의 씨앗을 갖고 있다. 비관보다는 낙관할 일들이 더 많다"고 믿는 슈뢰더 총리의 생각이 바로 그러할 것이다. 모판을 만들 수 있는 알찬 배아를 찾으려는 헛된 노력이 계속되고 있다.

비스바덴(Wiesbaden) 소재 연방통계청의 판매세 통계는 지역별, 규모별 기업 상황을 해명할 수 있도록 해주는데, 이 통계자료들은 극히 경고적인 메시지를 보내고 있다. 매출액이 500만에서 1,000만 유로인 소규모 기업의 수에서도 구동독지역은 구서독지역에 비해 현저하게 적다. 예컨대 이 범주에 들어 있는 바이에른이나 바덴-뷔르템베르크 주의 기업의 수만 하더라도 각각 구동베를린을 포함한 구동독지역 주들에 소재하고 있는 모든 기업체를 합한 것보다 많다(표 17 참조).

매출규모 등급으로 보면, 두 지역간의 격차는 더욱 심해진다. 통상적인 정의에 따르면 5,000만 유로 이상 매출규모의 기업을 대기업으로 분류하는데, 그러한 대기업의 수가 구동독지역은 단지 525개에 불과한 반면, 구서독지역에는 7,403개나 존재한다. 구동독지역에서 가장 높은 경제성과를 보이는 작센 주에서는 전체 기업 중 단지 0.1%만이 5,000만 유로 이상의 매출을 올리고 있고, 0.5%만이 250명 이상의 인력을 고용하고 있다.[89]

동쪽의 경제부흥은 '수천 개의 게토(Promilleghetto)' 형태로 나타나고 있다.

---

89) *Sachsischer Mittelstandsbericht 2003*, S. 12 und S. 19.

연 방 주	매출 규모에 따른 기업수 (단위: 백만 유로)						
	250 이상	100~250	50~100	25~50	10~25	5~10	합계
바덴-뷔르템베르크	282	400	681	1,316	3,340	5,084	11,103
바이에른	243	383	694	1,250	3,556	5,598	11,724
브레멘	23	35	67	118	286	375	904
함부르크	101	113	188	277	767	1,108	2,554
헤센	173	243	318	635	1,639	2,576	5,584
니더작센	108	219	356	716	1,949	2,930	6,278
노르트라인-베스트팔렌	456	608	1,064	2,058	5,318	8,166	17,670
라인란트-팔츠	59	95	138	321	886	1,477	2,976
자르란트	19	28	40	74	217	348	726
슐레스비히-홀슈타인	41	82	146	233	662	1,077	2,241
구연방주	1,505	2,206	3,692	6,998	18,620	28,739	61,760
브란덴부르크	11	20	31	86	327	595	1,070
메클렌부르크-포어폼메른	5	19	18	70	235	439	786
작센	18	24	74	161	607	1,102	1,986
작센-안할트	8	16	36	102	337	586	1,085
튀링엔	4	14	37	90	374	665	1,184
신연방주	46	93	196	509	1,880	3,387	6,111
베를린	45	61	84	131	490	832	1,643
신연방주 + 베를린	91	154	280	640	2,370	4,219	7,754
독일 전체	1,596	2,360	3,972	7,638	20,990	32,958	69,514
비율 (백분율)							
신연방주	2.9	3.9	4.9	6.7	9.0	10.3	8.8
신연방주 + 베를린	5.7	6.5	7.0	8.4	11.3	12.8	11.2

【표 17】 구동독과 구서독의 대기업 분포

출처: 연방통계청-2002년 판매세 통계/ 자체 산정

구동독지역의 적지 않은 사람들은 구서독지역에 비해 구동독지역이 뒤처지고 있는 배경에는 어떠한 저의가 있었다고 생각한다. 그들의 확신에 따르면 신탁관리청이 구동독지역의 미래를 결정지었다고 한다. 당시 구서독지역 경쟁업체들의 요청 및 정치인들의 묵인하에 의도적으로 동독 기업들을 파산시키기 위한 은밀한 세력들이 영향력을 행사했다고 보고 있다. 민사당(PDS) 진영의 경제전문가들은 신탁관리청의 목표는 '노동자와 농민의 국가'를 '불법적인' 단체로 인식시키려는 데 있었다는 도발적인 주장을 퍼뜨린다: "동독 경제로부터 남은 것은 몇몇 기업과 무엇보다도 엄청난 빚더미다. 모든 결과로 보아 동독의 경제가 얼마나 쇠락했는지 알 수 있다."[90] 민사당 진영의 주장은 책장을 가득 메울 정도의 분량이라 할지라도 음모 서린 넌센스에 불과하다.

그렇지만 거의 12년에 걸친 신탁청의 역사는 철저하게 '스캔들 연감(Chronique scandaleuse)' 식으로 기술될 수 있다. 최대의 국가지주회사였던 신탁청은 독일 전체의 지역에서 더 많은 경쟁을 후원하기보다는, 구동독지역에 체계적으로 막강한 시장장악력을 가진 서독 콘체른들의 영향권을— 에너지부문, 주류부문 또는 매체부문이건 간에 상관없이— 확대시켜 주었다. 외국인들에게는 구서독지역으로부터 인수자를 찾을 수 없었을 경우에만 비로소 기회가 주어졌다.

구서독지역 경쟁기업에 의해 인수된 동독기업이 계약기간의 만료 후에 더 이상 운영되지 않는 경우가 드물지 않았다. 높은 '정리수당'으로 인해 그러한 식의 일처리는 금전적으로 많은 이익을 가져다주었기 때문이다. 보조금이 대규모로 새어나갔기 때문에, 유럽연합은 지원금 남용에 대한 수십 건의 소송을 제기해야 했다. 로슈톡에 있던 동독 조선소 '오스트-베어프텐(Ost-Werften)'이 구서독지역의 '브레머

---

90) Mai, Steinmetz, S. 15.

불칸(Bremer Vulkan)'으로 사유화되는 과정에서만 약 8억 5,400만 서독마르크의 부당유용에 의한 결손이 발생했다. 과중한 업무에 시달렸던 신탁관리청 관계자들은 이러한 사실에 대해 아무것도 알지 못했다. 결국 당시 야당 정치인이었던 내무부장관 오토 쉴리(Otto Schilly, SPD)를 위원장으로 한 연방의회 조사위원회가 1993년 10월부터 1994년 11월까지 이 스캔들의 진상규명을 맡아야 했다.

물론 신탁사업에 관여했던 사람들 거의 대부분이 의욕적으로 임무를 수행한 것 또한 사실이다. 동독과 마찬가지로 사유화 과정을 거쳤던 체코, 폴란드 또는 슬로바키아와 같은 나라들보다 오히려 스캔들은 더 적었다.

그렇지만 신탁관리 업무는 성공하지 못했다. 입법부가 신탁관리청을 잘못 교육시켰던 탓이었다. 계획 없는 무능한 일처리가 형편없는 결과를 초래했다. 신탁관리청의 과제는 새로운 경제 질서의 수립이 아니라, 동독재산의 신속한 매각이었다. 그리하여 사유화는 사전 대책 없이 성급하게 실행되었다. 개별적인 기업들만 보았을 뿐, 상위의 산업정책이 부재했다. 전략적으로 중요한 기업들이 주식시장에 상장되는 대신 구서독지역이나 외국 콘체른에게 매각되어 부속물로 전락했다. 상호협력이 이루어지지 않았던 구동독지역 주정부들의 개발정책에 대한 협의가 사실상 없었다. 잘못된 임금정책은 터무니없는 결과를 낳았고, 이는 새로운 시장에 투자할 자금 부족으로 나타났다.

신탁관리청이 정말로 성공적으로 수행한 것은 희생양의 역할이었다. 연방정부를 대신하여 구동독지역의 노동자, 경영자 그리고 정치인들이 쏟아내는 모든 분노를 고스란히 받을 수밖에 없었던 것이다. 후에 주지사의 자리에 오르게 되었지만, 1996년 당시 하랄드 링스토르프 메클렌부르크-포어폼메른 주 경제부장관은 신탁관리청의 활동에 대해 '형편없는 일처리'라 비난했다. 신탁관리기업의 매각은 '질보다는 양(Masse statt Klasse)'이라는 원칙에 입각해 수행되었다. 그는 그러한 이유로 전체 사유화 중 절반이 심각한 문제를 안게 되었다고 질책했다.

"손해를 야기시킨 사람이 책임을 져야 한다"며 링스토르프는 법적 책임을 요구했다. 어떤 점에서 보면 그럴 수 있다: 구동독지역에서 시급히 필요로 하는 경쟁력 있는 일자리를 창출할 수 있는 규모와 능력을 갖춘 기업의 부족은 사회안전 복지기금의 지출을 요구했다. 이것은 잠재적 능력을 지닌 콘체른들이 있는 곳(구서독지역)에서 채워져야만 했다.

실리콘 밸리, 작센

동독을 하이테크 국가로 만들려는 에리히 호네커의 구상은 마이크로 전자산업의 육성에 기초한 것이었다. 하이테크 산업은 1990년 이후 구동독지역 정계의 경제전문가들을 매료시켰다. 그들은 노동자농민국가에서 달성되지 못했던 숙원을 이루고자 했다. 브란덴부르크(프랑크푸르트 안 데어 오더), 튀링엔(에어푸르트) 그리고 작센(드레스덴) 주에 있는 반도체 생산공장들은 기술적 진보에 대한 그들의 열망을 명확히 드러내는 예이다. 이러한 시도는 성공하였을까? 판단을 내리기 위해 좀더 구체적인 내용에 들어가 보자.

신탁관리청은 1990년대 초 그러한 야심에 찬 계획을 지원하려 하지 않았다. 반도체 생산공장은 막대한 자금을 필요로 했기 때문이다. 동 부문에서 일하던 21,500명의 인력을 1,500명으로 줄였는데도, 매년 수억 마르크의 손실이 발생했다. 신탁관리의 총감독자였던 연방 재무부 장관 테오 바이겔은 마이크로 전자산업은 단순한 사유화가 아닌 경제구조와 지역정책에 관한 일이라며 공장의 가동을 중단시키려 하였으나 즉시 반발에 부딪혔다. 결국 그는 입장을 바꾸었고, 신탁관리청은 막대한 자금을 지원함으로써 문제의 기업들에 대한 책임부담으로부터 벗어나게 되었다. 그리하여 3개 주의 반도체 공장들은 남아 있게 되었다.

브란덴부르크 주에서 반도체산업은 실패로 끝나고 말았다. 처음에 반도체생산업체 'SMI'가 법정관리 신청을 한 데 이어 후속기업인 'SIMI'도 파산했다. 두 회사의 파산에도 불구하고 유럽연합 감사원은 정식으로 전면적인 조사에 착수했는데, 주정부가 1억 3,100만 서독 마르크 규모의 불법적인 보조금을 지원했다는 정황을 포착했기 때문이다. 그러나 이것으로 끝난 것은 아니었다. 프랑크푸르트 안 데어 오더에 반도체 생산공장을 건설하려는 브란덴부르크 주정부의 시도 역시 참담한 실패로 돌아갔다. 불분명한 재원조달에도 불구하고 주정부는 공동소유자인 '코무니칸트 주식회사(Communicant AG)'에게 공장을 재건축하도록 했던 것이다. 엄청난 액수를 들여 조성된 산업단지에는 현재 인상적인 콘크리트 건물이 서 있다. 막대한 자금을 투자해 만들어진 폐가는 지금 새로운 입주자를 기다리고 있는 중이다.

예전 동독 마이크로 전자산업의 본부 콤비나트인 '칼 마르크스(Karl Marx)' 시가 들어서 있었던 튀링엔 주 역시 몇 가지 쓴 경험들을 맛보았다. 1992년 통독 후 현대화 작업의 일환으로 국영기업 'VEB Mikroelektronik'으로부터 'Thesys'가 창립되었다. 1995년 그라츠(Graz)의 칩 생산업체 'AMS'는 주정부로부터 절반 이상의 주식을 매입하여 최대주주로 부상했다. 막대한 경영손실이 흑자로 돌아설 가능성이 없자, 1999년 이 오스트리아 기업은 결별을 통보했다. 이 때 운 좋게 벨기에 콘체른이 인수자로 나섰다. 이 콘체른은 인수한 회사의 이름을 'X-Fab Germany'로 바꾸어 2004년 주식시장 상장을 시도했다. 하지만 독일 주식시장으로 진입하려는 첫번째 시도는 마지막 순간에 좌절되었다. 잠재적 투자자들이 충분치 않았다. 애널리스트들이 주식을 매입하지 말 것을 충고했기 때문이다. 애널리스트들은 투자된 돈이 부채청산에 쓰이게 될 것이라 보았다. 튀링엔 주정부는 반도체 생산업체를 '기업유치의 핵심'으로 보았다. 그러나 결과는 실패로 끝났다. 투자자들과 벌였던 모든 협상들이 좌절되었던 것이다.

작센 주에 있던 '드레스덴 마이크로 전자공학센터(Zentrum für Mikroelektronik Dresden, ZMD)'는 1993년부터 2001년까지 약 1억 7,500만 유로의 공적자금을 지원받았다. 2004년 5월 일련의 개발자금을 둘러싼 의혹이 공식적으로 제기되었다. 드레스덴의 한 인력알선업체를 통해 약 2,100만 유로의 유럽통합 사회기금이 ZMD 종사자들에게 유입되었다는 사실이 확인되었다. 물론 이 돈은 임금지불로 인한 비용부담을 줄이려는 데 사용되었지만 그러한 보조는 금지되어 있었다. 그 당시 작센 주의 부정부패척결단(Ines)은 주 경제부를 포함해 독일 전역에서 압수수색을 벌였는데, 주 경제부의 고위공무원들은 이미 그러한 불법적인 행위에 대해 알고 있었다고 한다. 1990년대 말 자유국가 작센이 이 반도체 생산업체를 '많은 국가보조금을 얹어 돈을 지불하면서까지' 매각 처분하였을 때 이미 주의회 조사위원회와 검찰에 의해 수백만 마르크의 불법행위에 대한 조사가 있었다.

'ZMD'가 생산했던 반도체는 거의 주위의 이목을 끌지 못했다. 오히려 그것은 황량한 구동독지역의 상징이 되었다. 이 문제의 기업이 일명 'Silicon Saxony'라 불리는 작센의 실리콘 밸리 신화의 모체가 되었다는 것은 참 아이러니한 일이다. 그 신화는 오늘날에도 구동독지역 재건과정에서 가장 훌륭한 성공담으로 회자되고 있다. 일종의 산업과 학문의 집적으로, 점점 더 많은 투자자본과 연구 인력을 끌어들여, 현재의 클러스터(산업집중)는 구동독지역에서 진행되고 있는 재건사업의 값진 수확의 증거로 예찬되고 있다.

엘프탈(Elbtal)에 위치한 반도체의 메카는 이전 '지멘스'의 자회사였던 '인피니온(Infineon)'과 미국의 마이크로프로세서 제조업체인

'AMD'의 초현대식 제조시설들로 대표된다. '인피니온'은 1994년에 공장 건설을 위한 첫 삽을 떴고, 'AMD'는 1997년에 'Fab 30'이라고 명명된 공장의 건설에 착수하였는데, 그 이후 두 회사는 계속하여 생산공장을 증설했다.

왜 하필 공장 위치의 선정에서 드레스덴이 채택되었는가? 그것은 반도체산업의 특성과 깊은 관련이 있다. 마이크로 전자산업은 극도로 많은 자본을 필요로 하는 산업이다. 일자리당 투자 금액이 매우 높다. 동시에 이것은 극심하게 경기를 타는 업종으로, 높은 수익을 내는 단기적 국면은 긴 적자기간에 의해 상쇄된다. 예전부터 기업들은 이러한 위험들의 일정부분을 국가에 전가해왔다. 따라서 가장 많은 보조금이 있는 곳에 회사가 세워졌고, 국가로부터 보조금을 타내기 위한 치열한 경쟁이 이루어졌다. 구동독지역은 이러한 조건을 충족시킬 수 있었다.

아시아나 미국과의 경쟁에서 기술적으로 뒤처졌던 유럽의 반도체 산업의 추격전이 국가의 지원하에 시작되었다. 이것은 2001년 12월 성공적으로 수행되었다. 세계 10대 반도체 생산업체 중 하나인 '인피니온' 콘체른은 드레스덴에서 기존의 200mm가 아닌 300mm의 실리콘 기판 위에 두 배 이상의 저장칩을 집적시킨 이른바 '핏자-웨이퍼(Pizza-Wafer)'의 시리즈 생산을 시작했다. 경쟁업체들에게 추월당하기 전까지, 이 새로운 집적방식은 30%의 비용절감을 가져다주었다.

국가의 지원자금은 작센 주에 AMD의 제2공장('Fab 36')이 들어서는 데에도 역시 결정적인 역할을 했다. PC-프로세서 제조업체인 캘리포니아 기업은 독일 국고로부터의 보조금이 없었다면 아마 철수했을 것이다. 1994년 미국 기업 인텔(Intel)은 86.2%의 점유율로 거의 세계의 독점기업으로 부상했고, 'AMD'는 6.7%의 점유율로 진지한 경쟁자로서의 모습을 잃을 위기에 처했다. 골리앗과의 싸움에서 다윗의 선택은? 그것은 바로 드레스덴이었다.

"왜 이 도시를 선택했는가?"라는 질문에 제리 샌더스(Jerry Sanders) 'AMD' 회장은 우선 두 가지 겸손한 이유를 들었다. 즉 독일은 유럽의 가장 큰 시장이고, 또 작센은 우수한 노동력을 갖추었다는 것이다. 거듭된 심문성 질문에 최고경영자는 결국 또 하나의 이유를 말하지 않으면 안 되었다. "셋째로는, 정말 솔직히 말하자면 우리는 그때 돈을 받았습니다. 저는 비덴코프 씨(당시 작센 주 주지사 : 역주)에게 '우리는 작센을 유럽의 마이크로 프로세서의 중심으로 만들 수 있습니다. 그러나 그것은 수십억 달러의 투자를 필요로 합니다. 저에겐 단지 2억 달러밖에 없습니다' 라고 말했지요. 몇 번의 토론 끝에 우리는 결국 해결책을 찾았습니다. 우리는 약 4억 달러를 가져왔고, 연방과 주정부는 채무보증을 섰습니다." 라고 그는 말했다.[91]

양측 모두에게 모험적인 사업은 잘 풀려나갔다. 그 동안 'AMD'는 약 20%의 세계시장 점유율로 경쟁업체 '인텔'에게는 정말로 성가신 경쟁자로 성장했다. 그리고 드레스덴은 자신의 '하이테크 섬'을 갖게 되었다. 이 '약속의 섬'에는 9개의 프라운호퍼 연구소(Fraunhofer-Institute)와 4개의 라이프니츠 협회(Leibniz-Gesellschaft) 그리고 3개의 막스 플랑크 연구소(Max-Planck-Institue)가 들어서 있다. 공적으로 지원되고 또 대학의 울타리가 넓혀진 연구시설 및 인력의 구축은 그 사이 구동독지역이 구서독지역보다 더 견실해졌다. 사적 경제의 경우에서와는 정반대의 상황이 된 것이다: 구서독지역에는 2001년 취업인력 1인당 1,016 유로가 연구개발(FuE)에 지출되었는데 반해, 구동독지역에서는 272유로가 지출되었다. 연구와 개발에 종사하는 인력의 수도 역시 더 적다. 구동독지역의 소위 연구개발밀도(FuE-Dichte)는― 인구 1,000명당 연구개발인력의 수― 구서독지역의 단지 37%의 수준에 그치고 있다.[92] 이러한 이유로 구동독지역에서는 첨단기술제

---

91) Der Spiegel, 28/1999

품들이 생산되지 못한다. 구동독지역에서 생산되는 물건들의 75%가 일반기술(Standardtechnik)에 의한 것인데 비해, 구서독지역은 단지 50%다.[93]

이것으로 정예의 드레스덴 반도체산업이 충분히 소개된 것은 아니다. 그곳에서는 연구기관들과 협력하여 적절한 기초연구가 진행되고 있다. 최근에는 나노전자공학센터가 설립되어, 기술적용자('인피니온', 'AMD')와 기술개발자('프라운호퍼 연구소')들이 초극소 물질들에 대한 실험을 하고 있다. 연방정부와 자유국가 작센이 후원하는 이 사업에는 8,000만 유로가 지원되었다.

그렇다면 이러한 '실리콘 밸리'가 구동독지역 재건을 위한 모델이 될 수 있을까? 전문가들은 서로 엇갈린 의견을 제시하고 있다. 독일 경제연구소(DIW)는 "반도체 생산산업은 확실히 구동독지역에서 가장 중요한 산업의 성장엔진 중 하나로 자리매김하고 있다"고 보고 있다.[94] 이에 반해 경제전문가 한스-베르너 진(Hans-Werner Sinn)은 회의적인 시각으로 바라본다. 그는 "출발이 미미했음에도 드레스덴, 죔머다(Sömmerda)와 그밖의 다른 곳에서 괄목할 만한 성공을 보여준 것은 사실이다. (……) 지금까지 이루어낸 것으로도 멋진 사진들로 꾸며진 눈부신 안내책자를 가득 채우기에, 그리고 방문객들에게 깊은 인상을 남기기에 충분하다. 하지만 그것은 실업문제의 해결을 위한 그 어떤 중요한 기여도 하지 못했다"는 말과 함께 막대한 자금이 지원된 구동독지역 '실리콘 밸리'의 건설이 확실히 그 지역 경제를 끌어가고 있는지에 대한 의문을 제기한다.[95]

작센 주정부는 클러스터의 구축으로 작센에 200여 개의 업체들이

---

92) Berteit, S. 2 und 6.
93) 위와 같음.
94) DIW, *Studie zum Halbleiterstandort Dresden*, S. 127.

입주해 20,000개 이상의 일자리가 창출되었다고 주장한다. 그러나 연방통계청에 따르면 전자산업으로 분류할 수 있는 분야에는 단지 76개의 회사에 8,500명의 인력이 종사하고 있을 뿐이다. 공식 통계와 정치권의 설명의 이러한 차이는 작센 주의 통이 큰 계산방식을 잘 드러내 준다.

드레스덴의 반도체 생산공장에는 그 사이 약 8,000명의 인력이 근무하고 있고, 이와 관련된 서비스와 장비업종에 2,650명이 종사하고 있다.[96] 모두 합하여 10,650명이 일하고 있는 것이다. 이는 작센 주 취업자 수의 0.6%에 해당한다. 작센 주에서 금속과 전자산업부문에서 종사하는 인원은 그보다 12배나 더 많다. 반도체산업의 이주는 단지 한정된 영향력을 지닌 성공적인 처방인 셈이다. 이것은 생명공학산업과 같은 다른 최첨단산업의 경우에도 마찬가지다. 첨단산업만으로 구동독지역의 경제부흥이 이루어지지는 않는다.

드레스덴에 지원된 보조금의 내역은 화려하다. 연방경제부에 따르면 일반적 보조금('GA-개발자금')과 칩산업을 위한 연구지원금의 규모는 12억 4,000만 유로에 달한다. 여기에서 신탁관리청이나 주정부에 의한 수백만 유로의 지원을 제외한다고 할지라도, 이것은 한 개의 일자리에 116,000유로 이상의 보조금이 투입되었다는 것을 의미한다. '성공'이라는 단어의 철자처럼, 작센 주민들의 'saxxess'를 위해 너무 많은 금액이 지출된 것은 아닌지?

---

95) Sinn, *Ist Deutschland noch zu retten?*, S. 245.
96) DIW는 1994년에서 2002까지의 고용효과를 조사하였는데, 이 수치는 작센 주 경제부가 2003년과 2005에 예상한 것이다.

활기 잃은 창업

구동독지역의 재건사업이 쉽게 성공할 수 있을지도 모른다. 물론 그러기 위해서는 아직 한 가지 사소한 것이 결여되어 있다. 구동독지역이 구서독지역과 비교될 만한 기업밀도를 갖기 위해서는 약 100,000개의 추가적 기업의 설립이 필요하다.[97] 이 경우에 무엇보다도 산업분야에서의 기업 설립이 시급한데, 여기서만 적어도 600,000명의 인력이 모자란다.[98] 물론 자영업이나 상업종사자도 역시 충분하지는 않다. 이러한 문제가 해결되어야 비로소 구동독지역은 외부의 도움을 덜 필요로 할 수 있을 것이다: 구동독지역은 산업체에 취직하려는 인력이 점점 줄고 있는 경향을 보이고 있다. 그렇다면 해결책이란 스스로 회사를 창업하거나 장사를 하는 식으로 새로운 일자리가 창출되는 수밖에 없다.

처음에는 이러한 방식이 잘 작동했다. 1991년에 140,000건의 자영업체 창업이 등록되었다. 이렇게 대단한 수치는 필연적으로 나타날 위험을 보여주는 증거가 되었다(표 18 참조). '가게 열어 망하는 사람 못 봤다'는 속담이 통하는 듯했다. 1994년 말 이미 130,000개의 자영업체가 있었고 여기에 종사하는 사람만 1,130,000명에 이르렀다. 이에 반하여 산업부문은 633,000개의 일자리를 제공할 뿐이었다. 진정한 성공을 이룩했다: 그 당시 구동독지역 자영업체의 수는 꾸준한 창업으로 인해 구서독지역을 추월했다. 이로써 구동독지역은 처음으로 경제의 중요한 분야에서 구서독지역을 능가했다.

건설업의 호경기와 함께 그 사이 상황은 다시 바뀌었다. 그렇지만

---

97) Berteit, S. 14.
98) *Kurskorrektur des Aufbau Ost;* 다른 통계들은 100만의 산업부문 인력 부족을 예측하기도 한다.

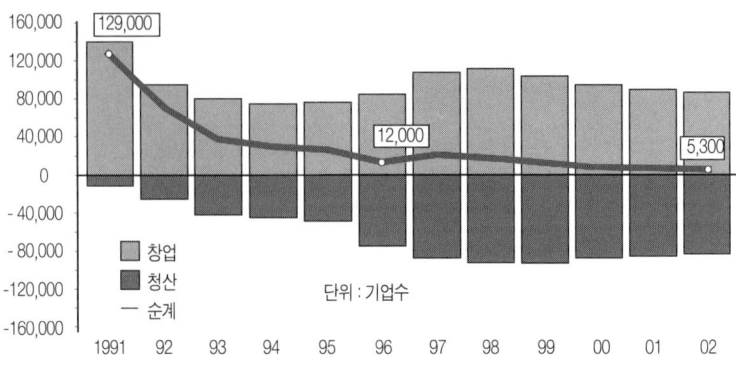

【표 18】구동독지역 소재 기업의 설립과 청산
출처: 2003년도 연방정부 통일보고서

10년 전의 붐은 구동독지역 주민들의 실로 대단한 창업의지를 보여주었다. 그들에게는 1997년과 1998년도 역시 희망에 찬 해였다: 2년의 기간에 각각 약 110,000개의 자영업체가 창업되었다. 90,000여 건의 기업청산을 감안한다고 하더라도, 어쨌든 여전히 20,000개의 회사들이 남아 있었다. 그 당시 구동독지역은 제2차 창업 붐을 맞이했다. 만약 10년 동안에 걸쳐 매년 20,000개의 새로운 기업이 칭립되고, 모든 기업들은 단지 3명의 인력만을 고용하고 있다고 가정하기로 하자: 그러면 구동독지역의 실업은 약 3분의 1 정도 줄어들 것이다. 이에 따라 구동독지역과 구서독지역의 노동시장 간의 불균형이 많이 해소될 수 있을 것이다(2006년 1월 구동독지역의 실업자 수가 약 165만 명이므로 60만 명이 일자리를 갖는다면 개략 실업이 1/3 이상 감소하게 되는데, 이것은 구동독지역의 실업률이 구서독지역 수준으로 낮아지게 된다는 것을 의미한다 : 역주).

그러나 창업에 대한 열기는 90년대 말에 이미 식어버렸다. 1999년 창업과 청산을 가감하면 단지 13,000개의 업체만 남았고, 2002년에는 겨우 약 5,000개의 업체만 남게 되었다. 더욱이 최근 들어 급격한 하강세가 감지되고 있다. 영업 신고건수는 새천년에 들어서 자기주도로 회사를 경영해보려는 구동독지역 주민들의 의지가 수그러들었음을 명확하게 보여준다. 2002년 독일 인구 10,000명당 평균 71건의 영업신고가 있었다. 구동독지역 주들은 — 작센(69), 브란덴부르크(66), 메클렌부르크-포어폼메른(68), 튀링엔(64) 그리고 작센-안할트(56) — 한결같이 뒤에서 절뚝거리고 있다.

자영업 비율에서도 역시 구동독지역은 그 사이 모든 업종에서 전체 독일의 평균에도 못 미치는 것으로 나타났다. 오히려 정치인들이 모든 희망을 걸고 있는 몇 안 되는 어린 나무들마저 고사할 위기에 처해 있다.

만성적으로 자기자본이 부족한 많은 구동독지역 기업들이 적은 생산 주문과 수요자를 찾지 못해 하나둘씩 사라져 가고 있다. 전체 구동독지역에서와 마찬가지로 구서독지역에 비해 불리한 인구연령구조를 보이고 있는 작센에서는 앞으로 5년 동안 10,000명의 경영자들이 연금 생활자가 된다.[99] 더욱이 이보다 더 많은 수의 자영업자들이 곧 연금 생활에 들어간다. 이는 세대간의 고통스런 균열을 만들어낸다. 새로운 창업 움직임의 기미가 보이지 않기 때문이다.

구동독인들은 구서독인들과 다른 유전인자를 가졌을까? 아니면 능력 있는 세대가 퇴장한 결과일까? 아니면 기업정신의 무장을 원치 않았던 구체제가 남긴 고통일까? 원인이 어디에 있든지 간에 이러한 추세가 변화되지 않는다면, 구동독지역에 희망은 없을 것이다.

---

99) *Sächsischer Mittelstandsbericht* 2003, S. 22.

제3장

구동독지역을 앞지르는 동유럽 개혁국가

잃어버린 경쟁력에 대한 애국

호르스트 디츠(Horst Dietz)는 구동독지역을 상품으로 팔고 있다. 그는 외국 대기업 회장들을 상대로 구동독지역에 가능한 한 많은 일자리를 제공할 수 있는 새로운 공장들을 유치하기 위해 설득한다. 업무 지시는 상부로부터 하달된다. 연방정부는 구동독지역 주정부들과 함께 'IIC'를 운영하고 있다. 'IIC'는 디츠가 회장을 맡고 있는 'The New German Länder Industrial Investment Council'의 약자이다. 1996년 설립 이후 구동베를린에 소재하고 있는 이 국가에이전트는 구동독지역에 약 100여 개의 국제적인 기업들을 유치했다. 이 기업들은 구동독지역에 42억 유로를 투자하였고, 약 17,500개의 일자리를 창출했다. 대성공이었다. 하지만 그것은 이미 오래 전의 일이 되어버렸다.

현재 들려오는 것은 온통 슬픈 이야기들로, 주로 주인공 디츠가 비극적 영웅으로 등장한다. 구동독지역에 외국인 투자자본을 끌어들이려는 그의 노력은 최근 거의 성공하지 못하고 있다. 투자자들은 아예 구동독지역은 젖혀두고 체코, 헝가리, 폴란드 그리고 슬로바키아로 가고 있다. "동유럽의 개혁국가들은 우리가 제공하지 못하는 것을 갖고 있다. 그것은 훨씬 더 낮은 임금비용이다"라고 'IIC' 회장은 하소연한다. 이것에 대해서는 세계에서 가장 수완 좋은 장사꾼이라도 어쩔 도리가 없다. 투자협상에서 구동독지역은 빈손으로 돌아오는 경우가 거의 대부분이다. 그는 "구동독지역이 우리가 원하는 정도로 발전하기까지는 매우 오랜 기간이 걸릴 것이다"라고 진단한다. 공장이 없다면 일자리도 없고, 일자리가 없다면 구동독지역의 부흥도 없다. 간단히 말하자면 그렇다.

2002년 호르스트 디츠가 'IIC'의 지휘를 위임받았을 때, 그의 결의는 대단했다. 그는 "내 고향 동독에 약간이나마 보답하고자 한다"고 말했다. 작센-안할트 주 출신인 디츠는 할레에서 성장했다. 만약 구동독 시절 그가 대학입학자격시험에 합격했을 때 대학당국으로부터 부적합하다는 이유로 입학을 거부당하지 않았었더라면, 그는 아마도 오늘도 여전히 그곳에 살고 있었을지도 모른다. 그러나 대학입학을 거부당한 진정한 이유는 다른 데에 있었다. 그의 아버지는 광학기기를 제조하는 독립 수공업 장인이었다. 이것은 그의 미래를 가로막는 충분한 사유가 되었다. 그는 1960년 서독의 바덴-뷔르템베르크 주로 탈출을 감행했다. 그는 이곳의 대학에서 전자공학을 전공하여 박사학위를 취득한 후, 세계적인 콘체른 'ABB'에서 경영경력을 쌓았다. 한국, 만하임 그리고 싱가포르가 그의 주무대였다. 그 후 그는 '독일의 회장(Deutschland-Chef)'으로 임명되었다. 퇴직생활을 즐기는 대신, 그는 "혹시 거창하게 들릴는지는 모르겠지만, 애국적인 견지에서" 자신에게 맡겨진 경영자의 임무를 기꺼이 수락한다고 말했다.

'IIC'의 관할책임자인 연방경제부장관 볼프강 클레멘트와 연방교통건설부장관 만프레드 슈톨페는 구동독지역을 "유럽에서 가장 매력적인 투자지역"으로 보고 있다. 그러나 구체적 사업을 추진하고 있는 디츠는 그 동안 구동독지역의 실상에 대해 더 잘 알게 되었다. 요즈음 그는 자신을 찾는 방문객에게 온갖 미사여구를 동원해가며 구동독지역에 대한 투자를 권할 생각이 없다.

디츠가 취임하기 전 투자유치사업은 순조롭게 진행되었다. 더욱이 2001년은 당시 그의 전임자인 한스 크리스토프 폰 로어(Hans

Christoph von Rohr)가 "우리의 5년간의 역사에서 가장 성공적인 해"로 평가했듯이 실로 대단한 해였다. 27개 기업을 유치함으로써 거의 17억 유로 규모의 투자와 약 8,700개에 이르는 일자리의 창출이 이루어졌던 것이다. 언론들 역시 "국제적 자본이 독일의 동부를 주목하고 있다"며 열광했다.

그러나 기쁨도 잠시였다. 2002년부터 상황은 급변하기 시작했다. 투자자들이 동쪽으로 발길을 돌렸던 것이다. 단지 17건의 기업유치와 8억 9,000만 유로의 투자 그리고 1,200개의 일자리 창출로 만족해야 했다. 폰 로어 'IIC' 회장은 "투자자들은 낙담에 빠지거나 뒤로 물러서는 자가 아닌, 강하고 승리하는 자의 곁에 있길 원한다"는 말을 남기고 사임했다. 그의 뒤를 이어 디츠가 취임했고, 그는 지금까지 경영의 책임을 맡고 있다. 그는 최고 적임자로 간주되었지만, 2003년 그의 실적은 단지 4건의 기업유치와 6,300만 유로의 투자액 그리고 420개의 일자리 확보에 그쳤다. 이것은 1,500만 명이 사는 경제지역에 대한 투자치고는 보잘 것 없는, 'IIC'가 발족된 이후 최악의 실적이었다. 2004년의 사업실적은 거의 파국적이었다. 그는 "이를 막을 뾰족한 대책이 없다"고 토로하며, "근본적 문제는 경제구조에 있다"고 말했다. 좌절 끝에 나온 도움 요청이었다.

디츠는 취임 초기에 거대기업을 유치하기 위한 비밀협상을 이끌었다. 그 사업이 공교롭게 그의 고향인 작센-안할트 주에서 실현되었던 것은 우연이 아닌 듯하다. 예전 동독시절 가장 큰 규모의 원자력발전소가 들어서려 했던 곳인 알트매르크(Altmark) 지역의 아르네부르크(Arneburg)에 미국-캐나다 기업 '머서(Mercer)'는 셀룰로오스와 펄프를 생산하는 공장을 건립했다. 10억 유로가 투입된 이 초현대식 공장에는 현재 15,000명의 지원자 중 엄선된 580명의 노동자가 일하고 있다. 가난에 찌든 알트매르크 지역에 햇살이 비춰진 것이다. 이것은 'BMW'의 라이프치히 공장 유치 이후 구동독지역에 유치된 최대 규모의 산업투자로, 2004년 10월 총리가 참석한 가운데 공장 가동이 시작되었다. 하지만 디츠는 그 이후 이러한 성공의 기쁨을 더 이상 누리지 못했다.

이에 반해 경쟁국인 헝가리는 성공을 거듭하고 있다. 2003년에 52건의 투자협정이 체결되었다. 이로써 한 해에 12,000개의 새로운 일자리가 생기게 되었는데, 이는 지금껏 'IIC'가 구동독지역에 창출한 일자리 수의 3분의 2에 해당한다. 2004년 헝가리는 최고의 해를 맞이했다. 투자가 성사된 기업들의 명단은 A부터 Z까지 꽉 채워졌다. 이름만 들어도 알만한 회사들을 열거해보자면, 'BMW', 'Britisch American Tobacco', 'Elektrolux', 'Exxon Mobile', 'Fujitsu Siemens', 'Knorr Bremse', 'Linde', 'Nokia', 'Philips', 'Robert Bosch', 'Walt Disney Internet Group', 'Yamaha Motor' 등등 그야말로 국제적 기업들의 화려한 혼합이다.

프라하에 있는 '체코 투자(Czechinvest)'는 2002년 한 해에만 'IIC'가 같은 해 구동독지역에 제공한 일자리보다 열 배가 넘는 20,000개의 새로운 일자리를 창출해냈다. 그들의 홈페이지에는 거의 매주 새로운 승리의 소식들이 올라오고 있다: "아일랜드 기업이 체코공화국에 최고의 일자리를 제공합니다." 아일랜드의 자동차부품업체 '코노트 일렉트로닉스(Connaught Electronics)'는 구동독지역에서 부러워할 만한 300개의 일자리를 체코에 제공했다. '체코 투자'는 설립 후 12년간 거의 120억 달러의 외국투자자본을 끌어 모았다. 이것은 'IIC'가 유치할 수 있었던 것보다 두 배가 더 많은 액수이다. 게다가 이미 100개 이상의 일본기업이 체코를 선택했다. 이제 체코는 동유럽 개혁국가 중에 국제적 투자자들이 가장 선망하는 투자지역이 되었다.[100]

---

100) 2003년 체코의 외국인 직접투자(FDI)는 주민 1인당 2,579달러에 이르렀고, 에스토니아(2,257달러), 슬로베니아(1,605), 폴란드(1,377), 헝가리(1,118), 라트비아(927), 슬로바키아(876) 그리고 리투아니아(720)가 그 뒤를 이었다.

동유럽 개혁국가들은 호황을 누리고 있는 데 반해, 구동독지역은 불황에 허덕이고 있다. 호르스트 디츠는 자그마한 성공에 기뻐할 수밖에 없게 되었다. 구동독지역에 대규모 투자가 유치되던 시대는 종말을 고했다. 그는 "이것은 단지 예고에 불과하다"며 운 좋은 우연을 제외한다면 구동독지역에 대규모의 공장이 들어설 수 있을 것이라는 희망을 접어야 한다고 말한다. 이곳에 70명의 일자리를 창출할 사업, 저곳에 40명의 일자리를 제공할 공장의 설립, 하이테크를 지향했던 지역에 이러한 식의 사업은 이제 'IIC'의 전문 분야가 되었다. 하지만 그러한 방법으로 구동독지역 경제의 긴박한 문제들이 해결될 수 있을까? 이에 대해 디츠는 체념한 듯, "왜 구동독지역을 위한 개발보조가 2020년까지 연장되었는지, 연방정부는 잘 알고 있다"라는 말로 답변을 대신하고 있다.

'IIC'는 "독일 동부에서 사업의 호기를"이라는 낙관적 슬로건을 내걸고 사업을 시작했다. 'IIC'는 워싱턴, 샌프란시스코, 디트로이트, 도쿄 그리고 파리에 각각 외청을 열었다. 직원들은 지구를 돌고 돌며 세계에서 내로라하는 경영인들과 상담을 벌였다. 좌절의 분위기는 전혀 감지되지 않았다. 이제 투자유치사업의 대상은 미국, 캐나다, 영국, 프랑스, 일본 등 소수의 핵심국가들로 한정하고 있다. 하지만 스스로 사업문의를 해오는 투자자가 없기 때문에, 외청 직원들은 체계적으로 샅샅이 투자자들을 찾아 나서야만 한다. 혹시나 어딘가에 구동독지역에 조그만 이익이라도 가져다줄 수 있는 곳이 있지 않을까? 지극히 고통스러운 일이다. 이제 디츠와 30명으로 구성된 그의 팀은 점차로 파트타임이나 견습직원들을 고용하고 있다.

파리 외청은 철수했다. 예산이 480만 유로로 빠듯하게 책정되기 때문에, 디츠는 최근 사무실을 옮겨야만 했다. 예전에 그는 회장실의 호화로운 테라스에서 젠다멘광장을 내려다보았을 것이고, 높은 곳에서 내려다보이는 화려한 광장의 모습은 그의 방문객에게도 깊은 인상을 남겼을 것이다. 2004년 12월, 본부는 1번지 주소에서 베를린의 프리드리히 가에 있는 평범한 건물로 이전했다. 구동독지역의 재건이 뒤채로 물러난 것이다. 현재와 같은 상황으로는 2008년이 지나면 완전히 문을 닫게 된다. 연방정부와 구동독지역 주정부들은 재정지원의 중단을 고려중이다. 마치 구동독지역 재건사업에 조종(弔鐘)이 울리고 있는 듯하다.

두 가지 발전 속도를 가진 유럽

2004년 5월, 동독과 마찬가지로 이전 동유럽 공산주의 블록의 계획경제하에 있었던 8개국이 유럽연합에 가입했다. 사람들은 이들 국가의 가입에 대해 의아해했다. 새로 가입한 나라들이 과연 유럽연합과 보조를 맞출 수 있을까? 이러한 우려는 진작에 사라졌다. 동구의 새로운 민주국가들은 값싼 임금과 낮은 세금으로 기존의 유럽연합 국가들을 휘저어 놓고 있는 것은 물론, 이들 나라로 하여금 대책마련에 나서게끔 하고 있다. 오스트리아는 2005년부터 기업에 대한 과세부담을 줄이는 정책을 시행하고 있다. 게다가 동유럽 국가들의 약진에 맞서 약 15억 유로의 기금을 마련하고 입지 방어에 나서고 있다. 구서독지역 역시 대책마련이 시급한 것으로 보고 있다. 노동조합들은 갑자기 예전에 없었던 양보의 모습으로 자신들이 이전에 장기간의 파업을 통해 쟁취했던 고임금과 단축된 노동시간마저 희생하고 있다. 동유럽으로부터 가해지는 압박 때문이다.

7,400만 명의 인구로 유럽연합 전체인구의 16%를 차지하는 이 개혁 국가들은 확대된 유럽연합의 재정을 위해 단지 국내총생산의 5%를 기부금으로 지불한다. 이 나라들은 15개 유럽연합국의 성장률을 0.5%

수준에서 헤어나오지 못하게 하고 있다. 독일이 유일하게 미국보다 더 많은 상품을 동유럽 국가들에 수출하고 있다는 사실은 주목할 만하다. 이러한 추진력은 활력적인 경제의 기반 위에서 정열적으로 앞을 향해 나아가는 지역들이 있었기에 발휘될 수 있었다.

이전 동유럽블록 국가들은 오늘날 유럽에서 가장 역동적인 지역이다. 구동독지역과는 극히 대조적이다. 경제에 있어 구동독지역만큼 활기 없는 곳을 찾아보기 힘들다. 1990년대 초 우리들 중 그 누구도 이러한 현재의 모습을 상상한 사람은 아마 없었을 것이다.

15년 전 동유럽 국가들과 구동독지역간 직접적인 경쟁이 시작됐다. 계획경제에서 시장경제로의 전환에 가장 성공한 나라는 어디일까? 하는 흥미로운 질문을 던질 수 있다. 출발조건들은 모두 비슷했다. 그러나 경쟁국들 중 한 나라는 출발 당시 명확히 유리한 조건을 갖고 있었던 것으로 생각된다. 당시로서는 승리자와 패배자가 거의 확정된 것이나 다름없었다.

이 때 동유럽 국가들은 공산주의 세계에서 무방비상태로— 사유재산제, 임금협상권 또는 기업설립법도 못 갖춘 상태에서 — 자본주의 세계로 던져졌다. 동유럽 국가는 통용될 수 있는 통화조차 없었다. 시장 규제를 위한 독과점 규제기관 역시 없었다. 동유럽 개혁국가들에겐 또 한 가지 불리한 점이 있었는데, 그들에게는 자신들을 도와줄 수 있는 '형'이 없었던 것이다. 더욱이 사유화를 위해 필요한 자금마저 충분하지 못했기에 동유럽 국가들은 이래저래 난감할 수밖에 없었다.

또한 구동독지역은 경제를 위한 새로운 법적 장치들을 고생스럽게 마련할 필요가 없었다. 구동독지역은 그것들을 완벽하게, 공짜로 그리고 하루아침에 얻었다. 유럽연합의 가입 역시 일종의 선물이었다. 새로운 통화는 유력한 통화로 인정받고 있었으며, 또 이웃나라들과는 달리 인플레이션을 유발하지 않을 정도로 안정되어 있었다. 도로망의 재건과 현대화를 위한 자금도 충분했다. 더욱이 국가는 기업설립과 공장건설에 막대한 지원을 했다. 대량해고가 불가피할 경우에는 국가가 나서서 그 충격을 완화시켰다.

1989년에 시작된 경쟁은 아직도 동적으로 진행되고 있다. 하지만 중간결과를 보자면, 예상과 달리 구동독지역은 결코 앞서 있지 않다. 출발은 이상적이었다. 구동독지역은 1993년과 1994년 연속 11%가 넘는 괄목할 만한 경제성장률을 보였다. 반면 당시 동유럽 개혁국가들의 경제는 위축되어 있었다. 헝가리, 체코, 슬로바키아 그리고 라트비아는 1994년부터 비로소 성장 궤도에 진입했지만, 에스토니아와 리투아니아는 1995년까지 침체국면에서 벗어나지 못했다.101) 계획경제에서 시장경제로의 이행에서 동유럽 국가들은 일단 워밍업이 필요했던 것이다. 하지만 동유럽 국가들이 본격적으로 뛰기 시작했을 때, 구동독지역은 이미 지쳐버렸다.

일시적인 컨디션의 저하도 속도를 잠시 늦추게 했을 뿐이었다. 1996년 체코는 극심한 재정적자와 통화위기에 내몰려 몇몇 은행이 파산했다. 이에 대한 시장경제의 반작용으로 통화가 평가 절하되고 긴축정책이 실행되어야 했다. 급기야 1997년과 1998년의 국내총생산이 감소되기에 이르렀다. 그러나 체코는 위기를 통해 더욱 건실한 국가가 되었다.

지난 10년간 동유럽 개혁국가들은 매년 평균 4%의 경제성장을 거듭해왔다. 구동독지역은 겨우 0.7%에 그쳤을 뿐이다(표 19 참조). 특히 우려되는 것은 1996년에서 2005년까지— 이 기간에서 2004년과 2005년은 추정치다— 구동독지역과 베를린의 성장률이 유럽연합국가들 중 가장 낮다는 점이다. 벌써 상대적으로 경제대국, 강력한 산업국가의 반열에 오른 체코는 평균 2%의 성장률을 보였다. 이는 경제가 구동독지역에 비해 3배 빠른 성장을 했다는 것을 의미한다. 더욱이 리투

---

101) Dauderstädt 참조.

국가	2005	2004	2003	2002	2001	2000	1999	1998	1997	1996	평균
라트비아	6.2	6.2	7.5	6.4	8.0	6.9	3.3	4.7	8.3	3.8	6.1
에스토니아	5.9	5.4	5.1	7.2	6.4	7.8	-0.1	5.2	10.5	4.5	5.8
리투아니아	6.6	6.9	9.0	6.8	6.4	3.9	-1.7	7.3	7.0	4.7	5.7
폴란드	4.8	4.6	3.8	1.4	1.0	4.0	4.1	4.8	6.8	6.0	4.1
슬로바키아	4.1	4.0	4.0	4.6	3.8	2.0	1.5	4.2	4.6	6.1	3.9
헝가리	3.4	3.2	3.0	3.5	3.8	5.2	4.2	4.9	4.6	1.3	3.7
슬로베니아	3.6	3.2	2.5	3.3	2.7	3.9	5.6	3.6	4.8	3.6	3.7
체코	3.4	2.9	3.1	1.5	2.6	3.3	0.5	-1.0	-0.8	4.3	2.0
구동독지역 + 베를린	1.3	1.2	-0.2	-0.2	-0.5	1.3	1.8	0.2	0.5	1.6	0.7
평균	4.4	4.2	4.2	3.8	3.8	4.3	2.1	3.8	5.1	4.0	4.0
독일	1.5	1.8	-0.1	0.1	0.8	2.9	2.0	2.0	1.4	0.8	1.3

단위 : %

【표 19】동유럽 개혁국가들의 높은 경제성장률
1995년 가치로 산정한 국민총생산, 전년도 대비 경제성장률; 2004년과 2005년은 예상 경제성장률
출처: 유럽연합통계청, 주정부 총경제 통계(VGR), 하반기 경기전망보고서, 자체 산정[102]

아니아는 6배나 빠르게 성장했다. 과연 어떤 나라가 추월선에서 달리고 있는 것일까?

예전 동독의 형제국이었던 동유럽 개혁국가들의 경제는 비약하고 있다. 작은 기적을 이루어낸 동유럽 국가들은 자신감에 충만해 있다. 이러한 자신감은 슬로바키아의 급진개혁가이자 재무부장관인 이반 미클로쉬(Ivan Mikloš)에게도 마찬가지이다. 그는 슈뢰더 독일총리를 분노케 했다. 소득세와 이득세를 19%로 억제한 그의 결정이 결국 이

---

102) 모든 수치는 '유럽연합통계청' 내지 '주정부 총경제통계'에 의한 것이고, 독일의 2004년과 2005년도 수치는 최근의 하반기 경기전망에 따른 것이다. 그러나 하반기 경기전망에는 구동독지역에서 베를린이 제외되어 있다. 베를린을 포함시킬 경우, 구동독지역의 성장률은 확실히 더욱 낮아질 것이다. 따라서 위의 도표에서는 2004년과 2005년 구동독지역의 수치를 0.2%로 적당히 낮췄다. 전체적인 비교에서 이 수치는 중요하지 않다.

웃나라 오스트리아의 세금인하를 강요한 셈이 되었기 때문이다. 그는 "우리가 선택한 길을 계속해서 간다면, 우리는 유럽에서 가장 역동적인 나라 중 하나가 될 것이다"라고 역설하며, "가장 성공적으로 구유럽연합에 동화한 국가에 포함될 것이다"라고 덧붙였다.[103] 구동독지역에서 그 누가 이러한 확신을 갖고 있을까?

지난 15년간의 과정을 다른 시각에서 — 전형적인 독일인의 시각에서 — 바라볼 수도 있다. 그렇다면 동유럽 국가들은 낙후된 지역이고 그들에 비하면 구동독지역은 천국이다. 구동독지역 주들은 생활수준이 높고, 주민들 중 그 누구도 생계유지를 걱정할 필요가 없기 때문이다. 그리고 실업자들조차 개혁국가들에 살고 있는 2,900만 명의 취업자들이 꿈에서나 그릴 수 있는 소비수준을 누리고 있다. 볼프강 티어제는 "나는 구동독지역 사람들이 항상 구서독지역만 바라볼 게 아니라, 우리와 똑같은 전사(前史)를 가졌던 국가들, 즉 폴란드나 체코 또는 슬로바키아와 같은 나라들을 또한 바라보길 원한다. 우리에게는 이 두 가지 척도가 필요하다"[104]라는 말로 자신의 구동독지역 주민들에게 때때로 중요한 성과를 상기시킨다.

물론 공산주의 진영에 있었던 국가들이 자국의 실업자들에게 구동독지역에서와 같이 충분한 경제적 혜택을 제공할 수 없다는 것은 확실하다. 그러나 동유럽 국가들의 실업률은 구동독지역보다 훨씬 낮은 수치를 보이고 있다. 그리고 사회복지가 구동독지역에 비해 더 낮다고 하지만, 명백히 향상되어가고 있다. 그에 반해 구동독지역은 높은 수준의 사회보장을 누리고 있지만, 점차적인 하향추세에 있다. 이것은 임금수준의 경우에서도 마찬가지다. 과연 구동독지역에게 어떠한 미래가 다가올까?

---

103) Die Zeit vom 26. 8. 2004, *"Der Druck auf den Westen steigt"*

104) Berliner Zeitung vom 20. 8. 2004, *"Diese Demos sind keine Eintagsfliegen"*

이반 미클로쉬 역시 위의 두 가지 척도를 매우 중시한다. 그러나 그에게 구동독지역의 현재 실상은 모범이 아니다. 오히려 반면교사일 뿐이다. 미클로쉬는 구동독지역을 서유럽으로 간주한다. 그는 지금 구동독지역에서는 이미 몰락한 사회체제에서 볼 수 있었던 현상들이 진행되고 있다고 진단한다. 즉 집단적 책임을 강조하는 국가가 자국민의 생계를 돌보기는 하겠지만, 그것은 오히려 그들을 쉬 지치게 하는 결과를 초래한다고 보는 것이다. 사회국가 모델? 그에 따르면 그것은 자기 주도적 행위가 지탄받고, 수동적인 삶의 자세가 찬양되는 사회로서 성장의 걸림돌일 뿐이다. 그는 그러한 사회의 모델이 일부 부자국가들에게 적용될 수 있을는지는 모르겠지만, 결코 슬로바키아를 위한 것은 아니라고 생각한다.

이제 슬로바키아는 더 이상 가난한 국가가 아니다. 수도인 브라티슬라바 지역은 구동독지역에서 승승장구하고 있는 그 어떤 지역들보다— 반도체 공장이 들어서 있는 드레스덴이나, 튀링엔 주 예나 인근의 하이테크 산업지역 또는 라이프치히의 자동차생산 공장지대— 더 높은 생활수준을 보여준다. 프라하 역시 마찬가지다. "구동독지역보다 프라하지역 주민의 소득수준이 더 높다"고 이미 2002년《프라하신문》은 보도한 바 있다. 독일어권 지역의 언론매체 보도는 소득수준을 유럽연합 통계청인 '유로스태트(Eurostat)'의 일목요연한 자료에 근거하는데, 이에 따르면 프라하와 브라티슬라바 인근의 경제호황을 누리고 있는 지역은 그 동안 독일 전역의 평균치보다 높은 경제력을 보여주고 있다.

'유로스태트'의 자료는 이와 함께 또 다른 놀라운 사실들을 보여주는데, 헝가리의 수도 부다페스트 지역인 쾨제프 마쟈어르오르삭(Közêp-Magyarország)은 구동독지역의 어떤 지역보다 높은 소득수준을 보인다. 튀링엔 주 인구의 두 배인 5백만 명이 몰려 사는 폴란드 광역 수도권의 소득수준은 곧 작센-안할트 주를 추월하려는 기세다. 경제적 측면에서 보자면 폴란드의 가장 부유한 지역과 구동독지역의 가장 가난한 주가 거의 동등한 위치를 차지하고 있는 셈이다. 과연 누가 이러한 결과를 예상했겠는가?

「경제사회협력보고」는 독일의 입장에서 볼 때 덜 수치스런 내용들을 담고 있는데, 이들 중 세 가지만 '유로스태트'의 자료에 근거하고 있다. 2005년 1월 유럽연합 통계청은 2002년의 잠정적인 수치들을 공개했는데, 여기에는 25개 유럽연합 가입국과 유럽 광역권의 1인당 국내총생산이 포함되어 있다. 이 때 화폐단위는 유럽연합의 가상통화인 'KKS'로 표시되었는데, 이는 환율에서 나타나지 않는 국내 물가수준의 차이를 고려하기 위해서였다. 이 자료들이 보여주는 결과는 명확하다. 동유럽 개혁국가들이 구동독지역을 앞지르고 있다는 것이다. 동유럽 국가들은 꾸준히 자신들의 위치를 향상시키고 있는 반면, 구동독지역은 계속해서 뒤로 처지고 있는 형국이다. 이러한 결과를 두고 유럽연합은 우려를 표시하고 있지만, 정작 독일정부의 자료에는 이 같은 사실들이 거의 올라와 있지 않다.

이 자료는 면밀히 살펴볼 만하다. 만약 구동독지역이 독립국이었다면, 확대된 유럽연합에서의 순위는 겨우 19위에 그쳤을 것이다. 단지 7개국만— 체코, 헝가리, 슬로바키아, 폴란드, 에스토니아, 리투아니아와 라트비아— 구동독지역보다 낮은 순위를 기록했다(표 20 참조). 1995년 구동독지역은 일인당 국민총생산에서 그리스와 포르투갈을 능가한 적이 있었지만, 곧 다시 이 두 나라들 뒤로 처지게 되었다.[105] 구동독지역의 계속되는 성장약화에 대해서 놀랄 필요가 없다. 심각한 경제적 문제들을 안고 있는 구동독지역이 거북이걸음을 하는 것은 당

---

105) 유럽연합에 따르면 1995년도 그리스와 포르투갈의 일인당 국민총생산은 각각 유럽연합 15개국 수준의 65.9%와 70.5%에 그쳤다. 이에 비해 작센 주는 73.1%, 브란덴부르크는 72.1%, 메클렌부르크-포어폼메른은 71.3%, 튀링엔은 67.6% 그리고 작센-안할트는 67.5%의 수준에 머물렀다.

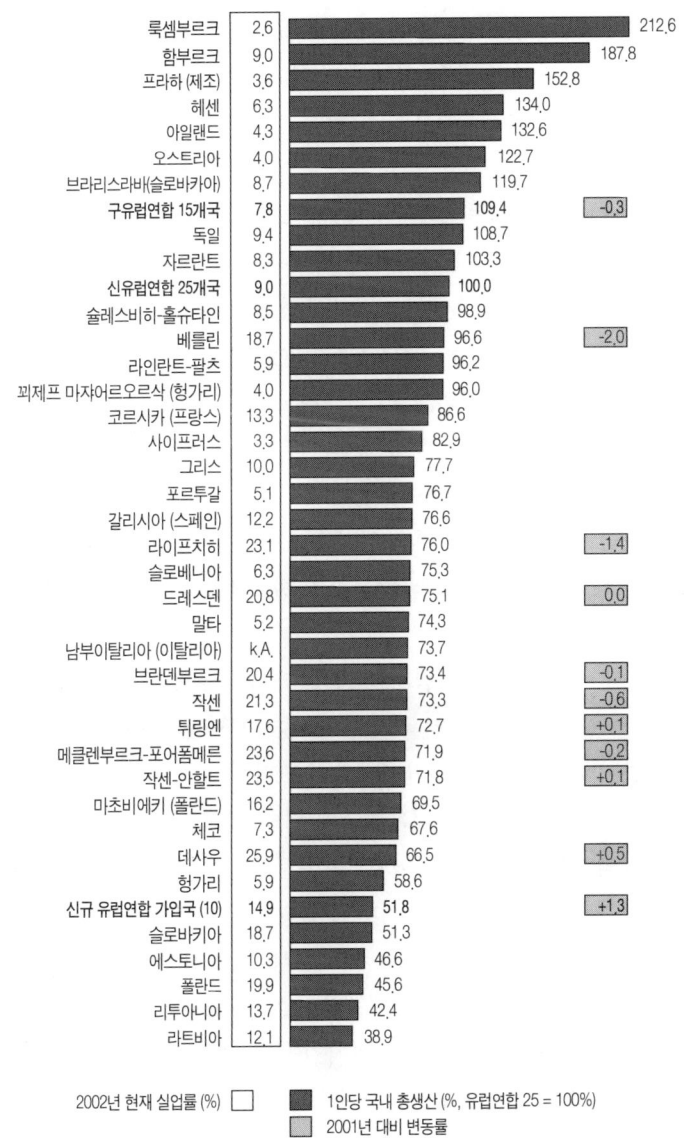

【표 20】구동독 지역과 유럽연합 지역의 비교

출처: 유럽연합통계청

제3장 245

연하기 때문이다. 이에 반해 새로운 유럽연합 가입국 사이프러스와 몰타는 비약적인 성장을 거듭하고 있다. 제일 먼저 사회주의블록을 탈퇴한 슬로베니아는 그 사이 구동독지역을 먼발치로 따돌리며 앞서 가고 있다.

슬로베니아의 예는 구동독지역이 동유럽의 호랑이국가들에 비해 얼마나 뒤처져 있는지를 명확히 보여준다. 작은 나라 슬로베니아는 작센-안할트 주와 같은 면적에, 작센-안할트 주보다 약간 많은 200만 명의 인구를 갖고 있다. 1997년까지만 해도 슬로베니아는 당시 구동독지역에서 가장 막강한 경제력을 갖고 있던 작센 주에 뒤처져 있었다. 그러나 1999년 동등한 위치에 올라선 슬로베니아는 그 후 작센을 추월하여 오늘날에 이르고 있다.106)

2001년 이래 구동독지역은 경기후퇴를 거듭하고 있는 반면, 슬로베니아는 다른 동유럽 개혁국가들과 마찬가지로 계속하여 경제성장에 박차를 가하고 있다.

슬로베니아의 임금은 월평균 약 1,075유로로 결코 낮지 않다. 이것은 값싼 임금수준의 지역을 찾는 투자자를 놀라게 하기에 충분하다. 이러한 면에서 본다면 루마니아의 우크라이나가 유리한 조건을 갖추고 있다. 하지만 중요한 것은 노동인력의 질적 수준이다. 슬로베니아 국민들의 3분의 1은 독일어와 영어를 구사할 줄 안다. 노동인력의 15%가 대학졸업의 학력을 지니고 있다. 또한 인터넷 이용률은 프랑스, 스페인 그리고 이탈리아를 앞지른다. 이러한 조건들은 특히 독일 콘체른들을 열광케 한다. 지금 '바이엘(Bayer)', '보쉬(Bosch)', '바스프(BASF)'와 같은 독일 거대기업들은 그곳에서 20,000명의 현지 노동자를 고용하고 있다.

2002년 다국적 기업은 - 오스트리아와 스위스 기업들이 가장 많은

---

106) *Wirtschaft und Arbeit in Sachsen 2001*, S. 19.

투자를 하고 있다 - 슬로베니아에 총 39억 유로를 투자했다. 만약 이러한 금액이 구동독지역과 베를린에 투자되었다면, 그것은 인구를 비교해볼 때 약 350억 유로에 해당하는 액수였을 것이다. 이것이 실현되기만 한다면 얼마나 좋을까?

2000년 초 슬로베니아는 실업률을 7% 이하로 묶는 데 성공했다. 이후 이러한 낮은 실업률은 계속 유지되고 있다. 고용시장을 안정시키는 데에 결정적인 역할을 한 것은 무엇보다도 수출경제다. 이탈리아, 오스트리아, 헝가리 그리고 크로아티아와 국경을 같이하는 슬로베니아는 구동독지역의 소망을 실현시킨 나라들이다. 구유럽과 신유럽의 사이에 위치한 슬로베니아는 서유럽과 남동유럽간의 무역을 위한 이상적인 교두보이다. 수출률은 65%로 구동독지역의 수출률보다 거의 두 배가 높다. 슬로베니아에서 산업부문은 경제 업적에 약 30%를 기여한다. 이러한 수치들을 함께 공유할 수 있었더라면, 구동독지역은 행복하다고 여길 수 있을 것이다.

물론 슬로베니아의 성공모델에도 몇 가지 옥의 티는 있다. 예컨대 2004년 5%를 기록한 높은 인플레율이다. 또한 사법은 경직되어 있고, 노동법은 탄력적이지 못한 데다 해고방지조항이 엄격하다. 국가는 국내생산에 대하여 40%까지 과세하고 있다. 이러한 높은 과세는 은행과 에너지 기업이 많기 때문에 생긴 현상이다. 그러나 국가의 간섭은 사유화와 함께 꾸준히 줄고 있다. 이러한 현상이 보조금 지원에 의존하는 구동독지역에서는 보이지 않고 있다.

그렇다면 슬로베니아만이 예외인가? 체코 역시 경제성장의 속도를 높이고 있다. 2001년 이미 경제구조가 허약한 데사우(Dessau) 지역을 넘어섰고, 이제는 작센-안할트 주를 넘보고 있다. 이로써 체코는 슬로베니아의 모범을 따르고 있는 것이다. 이들 이웃나라가 구동독의 모든 지역을 능가할 때까지는 불과 몇 년 남지 않았다. 헝가리, 슬로바키아, 폴란드와 같은 국가들 또한 아직은 멀리 뒤처져 있을지라도 점점 근접해오고 있다.

    지금까지의 이야기를 간단하게 정리해보자. 좋은 소식: 동유럽 국가들이 경제회복에 박차를 가하고 있다. 나쁜 소식: 구동독지역은 그 대열에 끼지 못하고 있다.

독일 통일—대재앙

금단 현상

왜 구동독지역에서는 일찍이 대중봉기가 일어나지 않았는가? 폭동의 이유는 충분했을 것이다. 젊은이들이 빠져나가고, 도시 전역은 금이 간 건물과 시설물들로 음산한 분위기를 자아내는가 하면, 지방은 더욱 황폐해졌고 대중은 대량실업에 신음해야 했다. 유럽연합에 속한 지역 중 그 어느 곳도 구동독지역만큼 높은 실업률을 보이는 곳은 없다. 특히 할레 안 데어 잘레(Halle an der Saale)를 중심으로 한 지역보다 실업률이 높은 곳은 인도양에 있는 프랑스의 해외영토 레위니옹(La Réunion)이라는 도서지역 단 한 군데밖에 없다.[107] 유럽연합위원회는 구동독지역이 일종의 '중계사막(Transitwüste, 통과사막이라고도 번역할 수 있는 이 용어는 경제력이나 문명이 쇠퇴하고 인구가 점차 줄어드는 지역이라는 의미의 신조어이다 : 역주)'으로 전락하지 않을까 염려하고 있다. 고도로 산업화된 서유럽과 경제성장에 박차를 가하고 있는 동유럽의 사이에 꽉 끼인 채 경제적으로 고사할 수도 있다는 것이다.[108] 이러한 우려와 경고의 목소리에도 구동독지역은 꿈쩍하지 않는다. 그곳의 사람들은 침

---

107) EU-Kommission, *"Dritter Bericht uber den wirtschaftlichen und sozialen Zusammenhalt"*

108) Handelsblatt vom 17. 2.2004, *'EU will Ostdeutschland nicht zur 'Transitwüste' werden lassen"*

묵하고 있다. 이따금 벌어지는 노동자들의 시위와 극우주의자들의 선거 승리 소식도 이러한 상황에 별다른 변화를 주지 못한다.

구동독지역 주민들은 외견상 안정되어 있는 것처럼 보인다. 물론 구동독지역은 정치적으로도 놀랄 만큼 안정되어 있다. 보조금이 침묵을 요구하는 조건으로 사용된 것일까? 만약 그렇다고 한다면, 앞으로 우리에게는 어떤 일이 닥칠 것인가? 왜냐하면 2005년에서 2020년까지, 즉 통일 독일의 두번째 지원단계가 진행되는 동안 구동독지역에 전달되는 지원금의 액수는 현저히 줄어들기 때문이다. 풍족했던 세월의 종말은 민주주의에 대한 외면을 가져올 것인가?

구동독지역 주민들은 통일 후 지금까지 꾸준하게, 어떤 경우에는 지나칠 정도로 여유로운 생활을 누릴 수 있었다. 주민들은 경제적으로 자립할 수 없었음에도 불구하고, 구동독지역의 시골이나 도시 사람들의 삶은 모두 윤택했다. 이러한 풍족한 생활의 외관은 특히 외국인들의 눈길을 끌었는데, 호화롭게 정비된 바이마르(Weimar) 시의 모습에 열광한 일본인 관광객들은 구동독지역을 구서독지역보다 더 부유한 지역으로 생각할 정도였다.

구동독지역에는 얇은 복지의 베일이 드리워져 있다. 그것은 이제 머지않아 하나씩 벗겨지게 될 것이다. 실업자, 환자, 생계보조자, 연금 생활자들은 계속해서 법적으로 보장된 지원을 받게 될 테지만, 구서독지역보다 더 많은 씀씀이를 보였던 공공분야의 사치는 자취를 감추게 될 것이다.

공적 재정의 규모는 급속도로 줄게 되어, 구동독지역 주정부의 예산은 몇 년 안으로 적어도 4분의 1이 축소될 전망이다.[109] 지금까지 당연시되었던 많은 것들에 대해 더 이상 돈을 지불할 수 없게 될지도 모른다. 모든 아이들이 자신들의 용돈을 관리하듯, 지출을 수입에 맞추게

---

109) 브란덴부르크 주의 경우는 2020년의 낙관적 전망조차도 그러하다.

된다면, 구동독 지역의 냉정한 현실은 적나라하게 드러날 것이다. 그리고 이것은 구동독지역 주민들에게 쇼크를— 즉 현실이라는 쇼크— 안겨줄 것이다. 이러한 것을 의학에서는 '금단현상' 이라 부른다.

전공서적에는 이로 인한 수많은 증상들이 열거되어 있다. 눈물 흘림증, 신경과민, 불안상태, 발한, 오한, 경련, 관절통증, 심장발작, 구토 등등. 1-2일 후에 병세는 달라진다. 이제 약물의 도움 없이 회복되어야 할 중독환자는 지속적인 불면증, 심각한 독감증상 그리고 급격한 체중감소에 시달리게 된다. 그뿐만 아니라 이 단계에서는 의식장애, 환각과 사회적 무관심의 징후가 나타난다.

보조금 지급이 중단된 '구동독지역' 이라는 환자에게도 이 같은 금단현상이 일어날 것이다. 과연 그것은 어떠한 후유증을 가져올 것인가? 이러한 문제가 거의 공론화되지 않은 채로 통일과정은 가장 모험적인 국면에 접어들게 되었다. 2005년 현재 발효되고 있는 제2차 연대협약의 규정에 의하면 구동독지역은 동 협약이 만기가 되는 2020년엔 단 한 푼의 지원금도 받지 못하게 되어 있다. 그러나 2008년부터 본격적으로 힘겨운 상황에 접어들 것으로 보인다. 지원금의 규모가 큰 폭으로 그리고 지속적으로 줄어들기 때문이다. 즉 매년 11억 유로의 지원금이 삭감될 것이다.

이를 통해 허약한 구동독지역의 경제가 지속적인 후유증 없이 금단현상을 극복할 수 있을 정도로 견고한지의 여부가 가려지게 될 것이다. 만일 개발금지원에 의지하는 구동독지역의 경제가 만성적인 의존을 탈피하는 데 성공한다면, 구동독지역은 마침내 구서독지역의 후견으로부터 벗어날 수 있게 될 것이고, 그야말로 경제적인 통일이 완수되는 것이다.

연대협약은 이러한 기적을 실현할 수 있을까? 천만에! 연대협약은 지금 와해 위기에 처해 있다. 그 이유는 치료방식이 실은 가사상태에 빠진 환자의 상태를 고려하지 않고 있기 때문이다. 철저한 진단이 이루어지지 않은 데다 치료는 의문투성이며 그에 수반되는 보호관리조치 역시 없다. 한마디로 극단적인 처방을 쓰지 않는 것이다.

'연대협약 II'라는 긴급수술을 위해 총 1,560억 유로가 책정되어 있다. 그러나 이 액수는 15년간의 인플레를 감안하지 않았기 때문에, 실제 금액은 훨씬 적다. 확실히 2019년의 10억 유로는 2005년보다 적은 가치를 갖게 될 것이다. 따라서 2-3%의 평균적인 화폐가치 하락을 감안한다면 지원금의 실제 가치는 약 3분의 1인 500억 유로가 줄어든 약 1,000억 유로가 된다. 곧 개발자금의 분할금 규모가 점점 작아지는 것이다.

작아지는 보조금 규모는 더욱 적은 투자와 더욱 적은 수요를 유발할 것이며, 결국 성장이 약화된다. 이것은 간접적으로 노동시장을 경직시켜 수입과 세수의 감소로 연결되고, 이는 추가적으로 경기둔화를 초래할 것이다.

이 두 가지가 서로 맞물려 작용하여 상황을 심화시키지 않는다고 할지라도, 경제위축은 충분히 예견될 수 있다. 연대협약에 따른 보조금 규모의 삭감은 구동독지역의 경제가 힘차게 앞으로 나아갈 때에만 비로소 쉽게 극복될 수 있을 것이다. 왜냐하면 힘찬 경제성장은 많은 일자리를 창출할 것이고, 이로 인해 재정은 점점 튼튼해지고 보조금은 더 이상 필요 없게 될 것이기 때문이다.

정확히 5년 전인 2000년 연대협약을 기초할 때의 계획이 바로 그러했다. 2005년의 구동독지역의 경제가 이처럼 곤궁한 상황에 처하게 될 줄은 그 당시 어느 누구도 상상하지 못했다.

연대협약에 따른 현재의 지원금 규모는 구동독지역 국내총생산의 7%에— 베를린을 포함시킨다 하더라도 5%에— 해당하는 액수다.[110] 전문가들의 의견에 따르면, 다가오는 보조금 지원중단의 충격을 무리

---

[110] 2003년도 국민총생산은 1995년의 실제 가치로 평가된 것이다.

없이 흡수하기 위해 구동독지역은 해마다 최소한 3%의 경제성장을 이루어내야 한다.[111] 하지만 지난 10년 동안 구동독지역이 그 같은 성장률을 기록한 적은 단 한 번도 없었다.

구동독지역의 경제성장이 뒷받침되지 않는다면, 연대협약의 구상은 실패할 수밖에 없다. 그렇다면 자력으로는 수십억 유로 규모의 보조금 삭감을 상쇄시킬 수 없기에, 구동독의 지역경제는 구서독지역에 비해 더욱더 뒤처지게 됨으로써, 환자에게 장기간 삽입되었던 주사관을 무사히 빼내려는 시도는 결국 수포로 돌아가게 될 것이다. 그 결과는 '진전 섬망(delirium tremens, 알코올 금단현상으로 인지장애와 정신착란에 의해 과격행동을 수반할 수 있다 : 역주)'일 수도 있다. 즉 경제가 걷잡을 수 없이 마비되는 것이다.

그럼에도 불구하고 연방정부는 이러한 주장에 귀를 기울이지 않고 있다. 구동독지역의 재건사업이 낭패를 볼 가능성은 아예 고려조차 않는다. 연방정부는 "위기 시나리오 대신에 오히려 지금까지의 과정에 대한 냉정하고 신중한 토의가 있어야 한다"고 「2004년 통일독일의 상황에 대한 연례보고」에서 모든 비판들을 비판하고 있다. 외과의사가 복잡한 수술을 집도하기 전에 환자에게 발생 가능한 우발적 변수에 대해 설명하는 것과 같은 모습을 정부에게서는 찾아볼 수 없다.

현 연방 내각에서 구동독지역의 재건사업은 특히 3명의 장관들의 책임하에— 즉 만프레드 슈톨페(구동독지역 재건)(연방교통건설부 장관이 겸직하고 있고, 이 때문에 구동독지역 재건이 인프라에 한정되고 있다는 비판을 받고 있기도 하며 별도의 독립기관의 필요성이 논의되기도 했다 : 역주), 한스 아이헬(재무) 그리고 볼프강 클레멘트(경제)— 진행되고 있다(2005년 11월 대연정의 출범으로 현재 내각구성원은 바뀌었다 : 역주). 지금까지 이들 중 그 누구도 줄어드는 보조금이 구동독지역에 어떤 위험을 의미하는지, 또 그것이

---

111) 저자가 헬무트 자이츠와 회견을 통해 얻은 내용이다.

구서독지역에게는 어떠한 결과를 초래할 수 있을지에 대해 언급한 적이 없다. 최근 통일독일에 대한 연례보고서는 연대협약 합의에 대한 단지 몇 가지 기본적 자료들만 열거하고 있다. 게다가 이들 중 대부분은 전년도 보고서에서 그대로 베껴온 것이다. 연방정부는 미래의 전개과정에 대한 다양한 시나리오를 제시하고 또 이를 정기적으로 보완해가는 가상적 모델을 갖고 있지 않다.[112]

헬무트 콜 정권 때와 마찬가지로 현 정부는 낙관적이다. 모든 일이 잘 풀릴 것으로 믿고 있다. 예전 동독 시절 목사로 활동했었던 슈톨페 연방교통건설부장관은 "이제 전반전이 끝났다. 전반전만으로 경기에 패배했다고 하는 것은 옳지 않다. 나는 2020년경에도 독일 전역에 여전히 차이가 존재할 것으로 생각한다. 그러나 분단과 통일로 야기된 주된 문제들은 해소될 것이다"라며 마치 신앙에서 우러나오는 듯한 자신감을 피력하고 있다. 아이헬 연방재무부장관도 역시 "비록 구동독의 실업률이 아직 우려되긴 하지만, 우리는 여정의 절반을 이루어 냈다"며 비슷하게 진단한다. 그런가 하면 클레멘트 연방경제부장관은 구동독지역에서 기업정신이 나타난 것은 "인상적이며 때로는 감동적"이라고 평가한다. 그는 또 2020년에는 모든 문제들이 해결될 것으로 보면서 "내 생각으로는 그때까지 구동독지역과 구서독지역은 점차

---

112) 2001년 연방정부는 구동독지역 연방주들의 장기전망에 대한 조사를 위탁했다. 그러나 이것은 구동독지역의 경제정책의 실행과정을 알아보려 했던 것이 아니라, 오히려 구동독지역 주정부들의 과도한 요구를 차단하려는 의도였다고 한다. 연방 재무부로부터 위탁받은 독일 경제연구소(DIW)는 구동독지역의 인프라 구축에 필요한 추가수요를 '약 1,600억 마르크'의 규모로 계산했다. 이러한 결과는 큰 물의를 일으켰다. 그 이유는 이 연구소가 일 년 전 구동독지역 연방주들로부터 위탁받았던 연구에서는 '2,800억 마르크 이상'일 것이라고 밝혔기 때문이다. 연구소측은 나중에 인용이 잘못됐다는 말과 함께, '넉넉잡아 2,030억 마르크'로 산출하고, 그러한 차이는 부채의 처리문제에 기인한 것이라고 밝혔다. 당시 튀링엔 주지사였던 포겔(Vogel)은 "동일한 기관에서 짧은 기간 안에 그렇게 차이가 나는 보고서를 제출한 것은 정말 화가 나는 일"이라며 분개했다.

로 동일한 기회를 갖게 됨은 물론 동등한 생활수준에 도달할 수 있을 것"이라고 말한다.

놀랍게도 이 세 사람의 확신은 통일의 초기단계를 상기시킨다. 그 당시에도 모든 의심이 사라졌었다. 공공연하게 통일의 문제점을 제기하는 사람은 불평하는 사람으로 간주되었다. 주지하는 바와 같이 지금 벌어지고 있는 후반전은 경기를 결정짓는다. 슈뢰더 정부는 1990년 콜 정부가 전반전에 임했던 것과 똑같이 후반전을 맞이하고 있다. 준비는 제대로 하지 않고 기대만 잔뜩 하는 모습으로.

구동독지역 재건에서 정치권의 거창한 소망은 아직 이루어지지 않고 있다. 하지만 한 가지 점에서 후반전의 시작은 전반전과 차이가 있다. 즉 콜(Kohl)이 시간의 압박으로 인해 신속한 결정을 내렸어야 했다면, 제2차 연대협약은 수년간에 걸쳐 준비되었다는 점이다.

흔들리는 연대

제2차 연대협약은 2001년 6월 23일 베를린에서 연방총리, 재무부장관 그리고 독일의 모든 주지사들이 참석한 3일간의 마라톤회의 끝에 가결되었다. 3,060억 마르크 규모의 구동독지역 지원금이 확정되었다. 그뿐만 아니라 이 회의에서는 구동독지역의 재건사업은 2020년 특별보조금 지원기간의 만료와 함께 종국적으로 완료되어야 한다는 합의를 도출했다. 당시 정치인들은 이 사업의 성공을 확신하고 있었기 때문에, 통일 후 30년이 지난 시점에 제3차 연대협상은 없을 것이라고 못박았다. 이에 대해 구동독지역 주지사들도 역시 전적인 동의와 함께 앞으로 더 이상 '분단으로 야기된' 지원금 요청은 없을 것이라고 약속했다.

모두가 만족했다. 아이헬은 구동독지역이 '정말로 엄청난 금액'을 받아냈다고 생각했고, 구동독지역 주정부의 위탁으로 오랜 기간의 작업 끝에 제2차 연대협약의 기본골격을 입안했던 작센 주지사 비덴코프는 "오늘날 책임 있는 위치에 있는 세대는 구동독지역 재건을 위한 기틀을 마련했고, 또 재건사업이 성공리에 마무리될 수 있는 토대를 다졌다"는 말로 정치가로서의 만족감을 내비쳤다. 그의 동료인 작센-안할트 주지사 라인하르트 회프너(CDU)는 "가끔 나는 게르하르트 슈뢰더(SPD)가 우리 편이 아닌가 하는 인상을 받았다. 나 역시 그에게 이 자리를 빌려 진심으로 감사드리고 싶다"며 총리를 칭찬했다.

정치 엘리트들이 현실감각을 완전히 상실한 것이었을까? 그들은 미래를 예견할 수 있다고 믿었다. 그들은 20년을 앞서 구속력을 지닌, 장기적이고 상세한 보조금 지원의 메커니즘을 작동시켰다. 진지한 자세로 접근하는 경제전문가들은 그러한 모든 장기적 예측이— 더구나 구동독처럼 허약한 지역에 대한 예측은— 극도로 불확실하다는 것을 알고 있다.

그러나 베를린에 모였던 정치인들은 전혀 의심하지 않았다. 더욱이 그들은 지원계획이 예측한 대로 진행되고 있는지에 대해 정기적으로 검토할 것을 내용으로 하는 통제약관마저 포기했다. 이와 비교해 본다면 예전 동독의 5개년 계획들은 오히려 현명하게 잘 만들어진 것이었다.

그렇다면 이제 연대협약을 위한 가정들이 근본적으로 변하고 있을 때, 어떻게 해야 하는가? 이 경우를 대비하는 후속조처가 없다. 정치인들은 구동독지역이 충분한 금액 이상의 보조를 받고 있을 가능성에 대한 고려조차 하지 않았다. 마찬가지로 만약 보조금이 부족하다는 것이 확인된다면 어떻게 해야 하는지에 대한 생각도 하지 않았다. 그저 끝난 셈치고 덮어버릴 것인가? 아니면 정치적인 모든 약속을 어기고 제3차 연대협약을 마련할 것인가?

구동독지역 지원사업은 여당과 야당 모두에게 유리하도록 조율되었다. 기민당(CDU)은 자기 당이 집권하는 작센에서 연대협약이 기초되었다는 것이 자랑스러웠다. 사민당(SPD)과 녹색당(Die Grünen)은 새로이 양당의 연정협약서에 그러한 합의를 '구동독지역의 미래를 위한 가장 중요한 돌파구'라고 표시했다. 그들 모두에게 연대협약은 통일정책의 핵심이다. 그들의 주장에 따르면 연대협약은 '장기적인 전망'을 제시하고, '계획의 안전성'을 보증하며, 구동독지역 주민들에게 '현실적 방향'을 제공한다고 한다.

연대협약이 제 기능을 발휘할 수 없을 것이라는 징후는 사실 오래 전에 나타났다. 발효되자마자, 유력했던 예상과 중요한 가정들이 빗나갔다.

2000년 초반 구동독지역 주정부는 그들의 장기적인 재정수요를 다양한 측면에서 파악하기 위해 연구기관에 여러 가지 감정들을 의뢰했다. 그 중 하나는 '할레 경제연구소(IWH)'의 연구자에 의해 작성되었다. 할레 연구소는 2020년까지의 예측을 감히 할 수는 없었지만, 앞으로 10년에 대한 예상은 그래도 믿을 만하다고 생각했다.[113] 그들의 연구에서는 구동독지역의 경제가 2000년부터 2010년까지 매년 평균 4.1%의 성장률을 보일 것이라는 결과가 나왔다. 이것은 1.6%의 성장률이 예측되었던 구서독지역보다 약 2.5배 빠르게 경제가 성장한다는 의미였다.[114]

만약 그렇게 되었더라면, 실로 대단한 회복과정을 보였을 것이다. 하지만 아직까지 그러한 일은 일어나지 않고 있다. 이러한 성장이 있을 것 같은 징후마저 전혀 보이지 않고 있다. 구동독지역 주는 오히려

---

113) IWH, *"Simulationsrechnungen zu den Auswirkungen einer Kurzung von transferleistung für die neuen Bundeslander"*; 단기간의 예상에서 'IWH'는 현 상태의 성장을 - 보조금의 환원을 고려하지 않은 채 - 예상했다.
114) 전년대비 국민총생산의 증가율(1991년 가치)

예외 없이 구서독지역 주보다 훨씬 뒤처져 있다. 또 다른 추측도 역시 거의 실현될 가능성이 없다. 예측에 따르면 2006년 즈음이 되면 구동독지역의 실업률은 대략 12%로 떨어지고, 이후 이러한 수준이 계속 유지될 것으로 전망했다. 이것은 실업률이 3분의 1 정도 감소된다는 것을 의미한다. 왜 그 어떤 정치인들도 이러한 예상들이 진작 휴지조각이 되었다는 사실을 공개적으로 말하지 않는가?

연대협약은 분명 그것을 성사시키고자 했던 정치인들의 소망에 따라 처리되었다. 게르하르트 슈뢰더 총리는 전임자 헬무트 콜 총리가 했던 것과 똑같은 행적을 보여준다. 두 정치인에게서 중요시되는 것은 경제학적 이성이 아닌 정치적 호기의 포착이다. 그리하여 전임 총리는 1990년 2월 매우 성급하게 화폐통합에 착수했다. 슈뢰더 역시 서두르기는 마찬가지였다. 2002년 그는 임박한 연방의회선거를 위한 유세에서 빈손으로 구동독지역 주민들 앞에 나서길 원치 않았다. 연대협약이라는 1,560억 유로의 정식 선물을 준비했던 것이다.

그러나 연대협약의 선물은 구동독지역에서 발생한 홍수로 인하여 물에 잠겨 버렸다. 2002년 8월에 발생한 구동독지역의 홍수에 대한 피해 복구는 다른 모든 국내정치적 현안들을 젖히고 최대 이슈로 떠올랐다. 슈뢰더는 콜과 마찬가지로 선거전술로서 통일정책을 채택했다. 기업들에게서 마지막으로 남아 있던 경쟁력마저 빼앗아갔던 콜의 화폐통합이 결국 심각한 결과를 초래했다는 것은 이미 명백해졌지만, 슈뢰더의 연대협약의 경우는 아직 결과가 나오지 않았다.

연대협약을 서둘러 성사시키고자 했던 것은 총리뿐만이 아니었다. 구동독지역의 주지사들도 역시 연방의회선거 전에 연대협약을 신속히 처리하고자 했다. 왜냐하면 그들에게는 새로 집권하게 될 정부가 아무래도 구동독지역 재건사업에 돈을 덜 쓸 것이라는 우려가 있었기 때문이다. 의심스런 눈초리로 줄곧 구동독지역을 위한 개발자금의 제한을 주장했던 구서독지역 주지사들은 2001년 6월 새로운 문제를 두고 시름에 잠겼다. 제2차 연대협약의 처리와 동시에 연방재정균형제도를 새로 보완해야만 했기 때문이다. 바이에른, 헤센 그리고 노르트라인-베스트팔렌과 같이 우월한 경제력을 지닌 주들이 독일연방을 구성하고 있는 주들의 동등한 생활수준의 성취를 목적으로 하는 연방재정보전을 위해 지불하는 교부금의 규모를 줄이고자 했다(이들 부자 주가 연방재정보전에 의한 주정부간 재정이전이 헌법에서 규정한 자유시장경제의 원칙에 위배된다는 헌법 소원을 제기하여 부분 승소하기도 했다 : 역주). 라인란트-팔츠, 브레멘 그리고 자르란트와 같이 교부금을 받는 위치에 놓인 가난한 주들은 그러한 일종의 지역차별에 강력하게 반발했다.

결국 이 문제를 위한 세련된 해결책이 제시되었다. 연방정부가 매년 추가로 국고에서 수십억 유로의 금액을 연방재정보전을 위해 사용하기로 약속했던 것이다. 구서독지역 주지사들은 이 방안에 만족을 표시했고, 어차피 자신들의 관심거리가 아니었던 연대협약의 처리를 연방정부에 맡기는 것에 대해 암묵적으로 동의했다. 보조금 지원의 문제는 연방정부의 사안이었기 때문이다. 이미 독일통일기금 조성(1991~1994 : 역주)과 제1차 연대협약(1995~2004 : 역주)의 경우에서도 구서독지역 주정부는 자신들의 이익을 보존하기에 급급했다. 이를 위한 차단전략으로 구서독지역 주정부들은 성공적으로 통일독일의 부담을 연방정부에 떠넘겼다.

전혀 다른 동기를 가진 세 명의 주역이 가장 작은 공통적 사안을 두고 결합했다. 연방제에 대한 암흑의 순간이었다. 유사 이래 가장 많은 돈이 투여된 지역발전프로그램은 전형적인 독일식 산물이다. 문제를 해결하기보다는 모두의 이해를 두루두루 돌봐주는 식이다. 정치인들은 유권자들이 그러한 복잡한 사안을 이해할 리가 없고 보통시민들은 그들의 입장을 이해할 수 없을 거라고 생각하는 모양이다.

그렇다면 과연 연대협약은 어떻게 진행되는가? 총 1,560억 유로의 보조금이 두 개의 바스켓에 분배된다. 1,050억 유로는 '1번 바스켓' 으로 들어가는데, 이 자금을 분할하여 매년 구동독지역 주들에게 지급한다. 법령에 따르면 이러한 지원자금은 허약한 경제력으로 인해 적은 세수로 어려움을 겪고 있는 구동독지역 기초자치단체의 열악한 재정상황을 개선시키기 위해 사용되어야 한다. 이를 위해 1/5의 금액이 사용될 것으로 추정하고 있다. 그리고 1번 바스켓의 나머지 자금은 구서독지역에 비해 부실한 구동독지역의 도로나 통신 등 사회 설비 개선을 위해ㅡ 이른바 '분단으로 인한 특별부담의 해소'를 위해ㅡ 사용된다. 재건 사업은 투자를 필요로 한다. 하지만 실제로는, 이미 언급한 바와 같이, 구동독지역 주정부들은 이 자금을 자기들의 구멍난 재정을 메우는데 사용하고 있다. 그런데도 연방정부는 그러한 남용에 대해 어떠한 방지책도 강구하지 못하고 있다. 결국 이 바스켓에는 썩은 과일들이 들어 있는 셈이다.

더 규모가 작은 '2번 바스켓'에는 510억 유로가 들어 있다. 이 경우는 연방정부가 자금집행을 주관한다. 연방정부는 이 자금이 구동독지역에서 '불균형하게 이루어지는' 투자를 조정하기 위해 사용된다고 밝혔다. 신중을 기하기 위해 다른 용도로 사용될 가능성을 배제하지 않았다. 책정된 보조금의 액수는 '투자대상의 규모'에 달려 있다. 즉 상황에 따라 보조금의 액수가 더 적어질 수 있는 것이다. 따라서 혹자는 '주머니 사정에 따른 구동독지역 재건사업'이 될 것을 우려하고 있다. 연방정부는 이 금액을 기간 안에 어떻게 나누어 사용하려고 하는지에 대해서는 아직 밝히지 않고 있다. 설령 사용되고 있다 하더라도, 그것의 용처에 대해서 알려진 바가 없다.

2004년 9월 구동독지역 재건사업을 주도하고 있는 슈톨페 연방교통건설부장관은 경제성장 핵심지역에 더 많은 보조금을 지원할 것이라고 발표했다. 하지만 그는 그와 동시에 "소외되는 지역은 없다"는 말로 경제성장이 취약한 지역이 방치되는 일은 없을 것이라는 입장을 밝혔다.

모두에게 조금씩이라도 혜택이 돌아가지만 제대로 되는 곳은 아무 데도 없다. 이것이 구동독지역 재건의 '성공모델'인 것이다.

2000년대 초만 해도 연대협약은 한 가지 분명한 목표가 있었다. 즉 2020년까지 구동독지역의 경제력을 대략 구서독지역의 80% 수준으로 끌어올리고자 하는 것이었다. 그렇다면 이것은 구동독지역에서 가장 경제력이 강한 작센 주가 구서독지역에서 비교적 약한 경제력을 보이는 라인란트-팔츠에 근접할 정도로 경제성장을 해야 한다는 것을 의미한다. 이에 대해 메클렌부르크-포어폼메른 주지사 링스토르프는 "2020년 구동독지역 재건사업은 완료되는 것으로 합의가 되었다. 나는 그 때 메클렌부르크-포어폼메른 주도 주정부간 재정보전에서 교부금을 지불하는 주에 속하길 바란다"며 조심스레 낙관적인 견해를 피력한 바 있다.

오늘날 이에 대해 말하는 사람은 아무도 없다. 당시 설정했던 목표에 대해서 그 누구도 이야기하지 않고 있다. 그러한 목표는 현저한 성장둔화로 인해 이미 시야에서 사라져 버렸다. 성장 둔화 추세가 생기지 않았더라면, 아마 경제구조가 허약한 구서독지역 주와의 격차도 더 벌어졌을 것이다. 거의 답보 상태인 경제성장으로 인해 구동독지역 시·구나 지방의 세수가 구서독지역의 단지 45% 수준에 머물러 있은 지가 벌써 오래되었다. 세수가 추가로 확보되지 않는다면, 구서독지역으로부터의 보조금 지원은 불가피하다. 바로 이러한 사정으로 인해 구동독지역에는 의심스런 분위기가 점차 확산되는 추세에 있다. 운명의 해가 점점 가까이 다가오고 있기 때문이다. 2008년 이후부터 연대협약에 의한 보조금은 매년 7%씩 줄어든다.

특히 구동독지역으로 곧바로 들어가는 총 1,050억 유로가 담긴 '1번 바스켓'의 보조금 축소는 구동독지역에 심각한 결과를 야기한다. 2009년 1번 바스켓에서 구동독지역에 지원되는 보조금의 액수는 95억 유로로, 전년보다 9억 유로가 줄게 된다. 2010년에는 여기에서 8억 유로가, 2011년에는 또 7억 유로가 추가로 줄어든다. 이런 식으로 계속 진행되다 보면, 2015년에는 단지 51억 유로의 보조금이 지급된다. 지속적으로 삭감되는 금액은 곧바로 재정에서 부족한 액수로서 누적된다. '2번 바스켓'에 들어 있는 보조금도 비슷한 식으로 줄어든다(표 21 참조). 연방정부가 구동독지역에 투자하는 액수가 적어진다면, 마찬가지로 나쁜 결과를 초래할 것이다.

현재 5개 구동독지역 주정부는 구서독지역으로부터 지급되는 보조금 덕분에 가용할 수 있는 엄청난 수입을 갖고 있다. 그것은 재정의 어려움을 겪고 있는 구서독지역 주정부 수입의 140%를 상회한다. 주정부와 기초지방자치단체의 수입을 합산한다면, 경제력이 약한 구서독지역 주정부 주민 일인당 수입의 약 120%에 해당한다. 이러한 여유로운 장치는 곧 사라진다. 연대협약이 만료된 이후에 그 수치는 95%로 떨어지게 되는데, 급속도로 3분의 1이 줄게 되는 수입은 이에 대한 긴축적 적응을 요구한다. 이것은 독일의 역사에 없었던 혹독한 경험일 수도 있다.

구동독지역의 주정부 재무부장관들과 기초자치단체의 재정책임자들은 어려운 상황에 직면해 있다. 구동독지역에서는 벌써부터 원성을 살 수밖에 없는 긴축프로그램이 그 어떤 것보다 더욱 철저하게 실행되었어야 했다. 그러나 정치인들은 이러한 대책에 대해 전혀 신경을 쓰려 하지 않는다. 아마도 주민들의 강력한 반발을 두려워하고 있기 때문일 것이다.

물론 인건비도 장기간에 걸쳐서 감축되어야 한다. 따라서 지난 경험에 비추어 가장 먼저 긴축의 대상이 되는 곳은 아마도 투자부문일 것이다. 활력 있는 사회상을 제공하는 구동독지역의 공사장은 점차 사라지게 될 전망이다. 수요가 줄어들기 때문이다.

강력한 재정긴축에도 불구하고 주정부와 기초지방단체들은 광범위한 파산에, 즉 국가라면 '재정위기(Haushaltsnotstand)'라 일컬어질 상

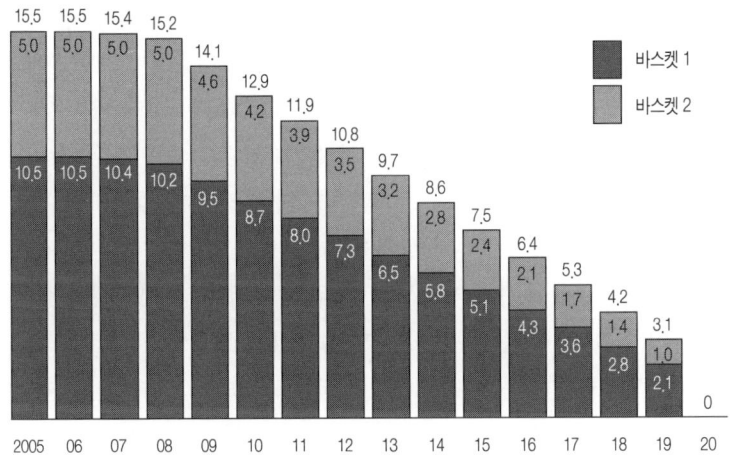

【표 21】 제2차 연대협약 기간중 구동독지역 지원금 감소 추이
출처: 연방 재무부/ 자체 산정

황에 직면하게 될 것이다. 벌써부터 몇몇 구동독지역 주정부들은 머지않아 이러한 상황에 놓일 조짐을 보이고 있다. 그렇기 때문에 오래전부터 경제전문가들은 단호한 구조조정프로그램을 요구하고 있는 것이다.[115] 연대협약의 합의대로 보조금 축소가 시작된다면, 우선 어떠한 조치가 취해져야 하는가?

'재정위기'가 시작되면, 일반적으로 연방정부와 주정부들로 구성된 연대공동체(Solidargemeinschaft)가 필요하다. 이 공동체는 엄격한 조건하에서, 그리고 정해진 기간 동안에 주정부예산의 건전화를 돕는다. 이러한 방식으로 자르란트와 브레멘 주는 이미 2004년까지 10년간 많은 규모의 지원금을 받았다. 그러나 지금 구동독지역 주정부들은 연방정부로부터 수십억 규모의 보조금을 지원받고 있기 때문에,

---

115) IWH, *Zur Ausgestaltung des Solidärpaktes II*, S. 16.

이 같은 초기해결책이 아직은 필요치 않을 것으로 보인다. 이러한 이유로 연방정부는 가망이 없을 정도로 엄청난 부채를 안고 있는 베를린 주에 별도의 도움을 주는 것을 거부하고 있다. 이러한 연방정부의 입장에 불복한 베를린 주는 헌법소원을 제출했다. 헌법소원에 대한 헌법재판소의 판결은 늦어도 2006년에는 나올 전망이다.

구동독지역은 폭풍전야의 상황에 처해 있다. 정치인들은 1,560억 유로를 들인 구동독지역 재건사업이 성공적으로 마무리되길 바랐다. 제2차 연대협약 체결 4년 후, 경제가 회복되지 않고서는 그 많은 보조금도 별 도움을 주지 못한다는 것이 드러나고 있다. 그러나 점점 더 많은 돈을 구동독지역으로 쏟아 붓는 사람들은 돈에 대한 욕망이 꾸준히 커지는 것에 대해 조금도 이상하게 여기지 않고 있다.

혹시 2000년대 말, 아니면 2010년대 초 구동독지역은 추가적 지원계획 또는 연대협약을 요구할지도 모른다. 처음에 두툼했던 선물보따리는 포장을 푸는 동안에 받는 이를 만족시키지 못할 수도 있다. '하르츠 IV(슈뢰더 정부에서 복지제도개혁위원장 직을 맡고 있는 폴크스바겐(Volkswagen) 인사담당 이사 페터 하르츠(Peter Hartz)의 이름에서 따온 법안으로 1안부터 4안까지 제출되었는데, 이 중 특히 2005년 1월 1일부터 시행된 네 번째 법안은 실업수당의 대폭적인 삭감을 비롯한 복지혜택의 대대적인 축소를 내용으로 하고 있어 특히 구동독지역 주민들의 거센 반항을 불러 일으켰다 : 역주)'의 실시를 앞둔 시점에서 구동독지역은 벌써 또 다른 새로운 지원금 메커니즘을 만들려고 한다. 구동독지역은 수십억 유로의 보전 기부금을 요구했다. 비례를 훨씬 넘어서는 구매력을 빼앗겼다는 이유에서다. 그러나 연방정부는 물론 구서독지역의 주정부들도 그것에 대해 동의하지 않았다.

돈을 더 달라고 하는 구동독지역의 요구는 앞으로도 구서독지역 주정부들의 격렬한 저항에 부딪히게 될 것이다. 구서독지역 주정부는 협약의 준수를 촉구할 것이며, 모든 것이 예전에 서로 합의했던 대로 진행되어야 한다고 주장할 것이다. 그러나 협상과 합의는 오락가락하는 모습을 보이고 있다. 엄격한 거부의 자세는 혹시라도 구동독지역이 재정혼란에 빠지게 된다면 유지되기 힘들 것이다. 이 경우에는 더 큰 화를 초래하게 된다. 연대협약을 둘러싼 줄다리기와 더불어 재정은 계속하여 파국으로 치닫게 되기 때문이다.

적색 경보

중세시대의 가톨릭 교회는 로마의 성 베드로 성당의 건립을 위한 재정을 마련하기 위해 기발한 사업 아이디어를 고안해냈다. 신자들이 면죄부를 구입함으로써 자신들의 죄를 면할 수 있도록 만들었던 것이다. 면죄부는 죄의 경중에 따라 단계적으로 가격이 정해졌다. 그리하여 예컨대 위증과 성물절도죄를 면하기 위해서는 9두카텐(중세에서 근대에 이르기까지 유럽에서 널리 통용되었던 금화의 명칭 : 역주)짜리 면죄부를 사야했는가 하면, 살인자는 단지 8두카텐짜리 면죄부만 사면 자신의 죄를 면할 수 있었다. 악명 높은 도미니크 수도회 신부 요한 테첼(Johann Tetzel)은 이러한 영업원칙을 죽은 사람들에게까지 적용시켰다. 사랑하는 가족이나 친지가 펄펄 끓는 지옥에서 삶아지는 것을 원하지 않는 사람은 이에 대해 많은 돈을 지불해야만 했던 것이다.

독일 통일은 일종의 현대판 면죄부 판매와 유사하다. 구서독지역은 구동독지역에 돈, 돈, 그리고 더 많은 돈을 쓰도록 했고, 이를 통해 재건사업에 대한 자신의 책임을 면하고자 했다. 긴박한 상황이 닥칠 때마다— 대량실업자를 위해, 쇠락한 기업들을 부양하기 위해, 수출의 활성화를 위해, 갈탄광 지역의 환경을 복구하기 위해, 체험오락시설의 건설을 위해, 폐가의 철거를 위해 아니면 '하르츠 IV'로 인한 충격을 완화시키기 위해— 아낌없이 돈을 개발지역에 쏟아 부었다. 정치인들은 경제적 결함의 원인을 철저히 분석하지 못한 채, 계속하여 옳지 않은 결정들만 내렸던 것이다.

1990년대 연방정부는 구동독지역 전역에 걸쳐 일자리의 대량감소를 불러왔던 임금의 급격한 인상에 대해 적극적으로 대처하지 않았다. 그 당시 연방정부는 임금인상을 저지하기 위한 모든 수단을 갖고 있었다. 신탁관리청이 구동독지역의 가장 큰 사업주였기 때문이다. 그러나 연방정부는 경영주 그리고 노조와 갈등을 빚는 것을 꺼려했다. 국가 관할의 신탁관리청이 관리하는 기업에 4백여만 명의 구동독지역 주민이 일하고 있었음에도 불구하고, 노조는 어떠한 경우에도 국가의 간섭을 받지 않으려 했다. 연방정부의 정책은 너무 유화적이었다. 연방정부는 신탁관리청이 임금협상에 참석하여 적법한 이해를 관철시키려는 것을 금지하고, 구서독지역의 경영자대표들에게 정부를 대신하여 처리토록 위임했다. 이들은 구동독지역 기업들의 임금비용이 급격히 상승하는 것에 대해 그다지 이의를 제기하지 않았다.

이로써 구동독지역의 임금인상 문제는 평화롭게 해결되었고, 정치권은 항상 해왔던 식으로 자신의 임무를 수행해냈다. 연방정부는 신탁관리청이 야기한 수천억 마르크의 손실을 부담했으며, 신탁관리청 퇴직자들에게 사회급부를 명목으로 많은 돈을 지불했다.

좋아하는 습관과 깊이 뿌리박힌 기득권을 건드리지 않는 일처리 방식은, 예전 라인(Rhein), 루르(Ruhr) 그리고 자르(Saar)의 탄광지역들의 구조조정사업이 정부의 보조금 지원으로 인해 오히려 지연된 것처럼, 이미 과거 정부에서도 있어왔다. 그러나 과거 정부는 그러한 공적자금의 낭비를 만회할 수 있었다. 수십 년에 걸쳐 작동한 균형 잡힌 메커니즘을 갖고 있었기 때문이다. 경제발전에 따라 꾸준히 축적되는 복지의 혜택은 모두에게 골고루 배분되고, 이로써 사회의 융화가 유지될 수 있었다. 이러한 평화를 위해서는 많은 돈이 지출되었다.

구동독지역의 구조조정사업에 이러한 합의모델을 적용하려는 시도는 실패할 것이다. 앞서 언급했던 종교개혁의 예가 시사하듯, 책임을 면하는 것은 축복이 아니다. 구서독지역에서 건넨 많은 돈은 구동독지역의 사회복지수준을 현저하게 끌어올렸다. 그러나 엄청난 돈을 들인다고 제대로 작동되는 사회적 경쟁구조가 만들어지는 것은 아니다. 실패의 교훈을 얻기 위해 얼마나 많은 돈이 투입되고 있는지를 공개하려는 노력이 정부에 의해 조직적으로 차단되고 있다.

베를린 자유대학 독일통일사회당-국가 연구회(Forschungsverbund SED-Staat)의 클라우스 슈뢰더(Klaus Schröder)는 "모든 연방정부는 통일비용을 은폐하려 한다. 아마도 이전투구로 치닫는 상황을 막기 위해서일 것이다"라고 말했다.[116] 이와 함께 그는 통일과정에서 파생된 수천억 유로에 이르는 손실이 밝혀지지 않았다고 주장한다. 사실, 1990년 이후 1조 4,000억 유로가 구동독지역으로 흘러 들어갔는가 아니면 '단지' 1조 1,000억 유로가 들어갔는가는 그리 중요한 문제가 아니다. 더욱 중요한 것은 정기적으로 보조금 지불 내역을 공개하는 것이다. 왜냐하면 구동독지역의 발전을 위해서는 단 하나의 척도만 존재하기 때문이다. 즉 구동독지역이 구서독지역의 자금에 대한 의존을 줄이는 데 어느 정도 성공했는가?

이러한 문제 제기는 구동독지역이 얼마나 불안정한 상태에 있는지를 보여준다. 튀링엔 주를 예로 들어 보자. 2003년 튀링엔 주의 국내총생산은 400억 유로에 약간 못 미쳤다. 그러나 그 해에 최소한 130억 유로의 보조금(이전금)이 지급되었다. 경제실적의 약 3분의 1이 구서독지역의 연대공동체로부터 후원된 것이다. 경제성장은 0.5%에 머물러, 국내총생산은 전년대비 2억 유로의 추가에 그쳤다. 이에 반해 같은 해에 8억 3,400만 유로의 순채무가 발생했는데, 이것은 국내총생산 증가액의 4배가 넘는 규모다. 즉 1유로의 성장을 위해 4유로의 빚을

---

116) Frankfurter Allgemeine Sonntagszeitung vom 19. 9. 2004 und vom 26. 9.2004

져야만 했던 것이다.117) 정말이지 희망이라고는 전혀 보이지 않는 상황이다.

많은 자금을 퍼붓기만 하는 정책은 취약한 경제구조를 만들었고, 결국 실패했다. 그렇지만 그러한 정책의 실패는 지금도 점점 수위를 높여가며, 또 전체 독일에 대한 우울한 전망을 제시하며 끊임없이 반복되고 있다. 경제성장의 정체라는 엄청난 실패를 경험했음에도 불구하고, 연방정부는 구동독지역의 재건사업이 "어렵긴 하나 전체적으로 볼 때 성공적으로 진행되고 있다"는 틀에 박힌 말로 애써 국민을 달래고 있다.118) 실제로 1996년 구서독지역의 67.3% 수준이었던 베를린을 포함한 구동독지역 주들의 일인당 국내총생산이 2003년에는 67.1%로 감소했다.

그렇다면 앞으로의 전망은 어떻게 될 것인가? 2007년부터, 즉 보조금의 규모가 축소되기 바로 전해부터 보조금의 단계적 삭감이 시작된다. 즉 구동독지역을 이른바 '제1지역'으로 분류해 최우선적으로 지원했던 유럽연합의 보조금을 못 받게 될 위기에 처해진다. 이러한 지정학적으로 취약한 지역에 대한 보조금은 유럽연합 평균의 75%에 못 미치는 경제력을 지닌 지역에 우선적으로 주어지는 혜택이다. 오래 전부터 구동독지역은 유럽연합의 확대 이후 수혜대상에서 자동적으로 제외될 것을 걱정하고 있었다. 왜냐하면 (가난한) 10개국이 새로이 유럽연합에 가입함으로 해서, 새로 구성된 유럽연합의 일인당 경제력은 전체적으로 내려가지만, 동시에 15개 구회원국 지역의 평균치는 상대적으로 약간 올라가기 때문이다.

이에 대해 구동독지역은 그것은 단지 '통계학적 결과'에 불과하다

---

117) 1995년 가치의 국민총생산; 130억 유로는 구동독지역을 위한 800억 유로의 순보조금(순이전금), 즉 구동독지역 주정부와 지방자치단체들의 순채무도입의 16%에 해당한다. 그만큼 구동독지역 인구에서 튀링엔이 차지하는 비율이 높다.

118) *Jahresbericht zum Stand der Deutschen Einheit 2003*, S. 9.

며 '부당함'을 호소했다: 구동독지역 주정부는 유럽연합 확대에 대한 분담금을 지불할 필요가 없었다. 따라서 구동독지역의 정치가들은 이전에 자신들의 궁핍한 사정을 언급한 적도 거의 없었다. 그렇지만 유럽연합의 보조금을 유지하기 위해, 마찬가지로 유럽연합 확대로 인해 수혜대상에서 제외될 위협에 처한 구 유럽연합가입국의 13개 지역들이 서로 협력했다. 스페인의 자연휴양지 아우트리엔(Autruien), 인구밀도가 희박한 핀란드의 산악지역 이태-수오미(Itä-Suomi) 또는 포르투갈의 휴양섬 마데이라(Madeira)와 같은 지역이 유력한 후보로 떠올랐다. 실제로 보조금 지원 대상의 심사과정에서 여러 조사관들은 그렇게 간절히 성공하기를 원했던 구동독지역의 재건사업이 구동독지역을 유럽에서 가장 허약한 지역으로 만들었다는 사실에 놀라움을 금치 못했다.

수치스런 이야기를 해보자. 모든 구동독지역은 예외 없이 앞으로도 유럽연합의 평균 경제력의 75% 문턱에 올라서지 못할 정도로 허약한 경제력을 지닐 것이다. 그럼에도 불구하고 보조금 지원은 중단될 것이다. 2000년에서 2006년까지 유럽연합은 구동독지역에 약 200억 유로를 지원할 예정이다. 2007년부터 2013년까지 얼마가 지원될지는 아직 확정되지 않았다. 그러나 구동독지역은 25개국으로 확대된 유럽연합으로부터 지금까지 받았던 규모의 보조금은 결코 받을 수 없을 것으로 보인다. 2005년 1월 관할 유럽연합 경쟁위원회 넬리 크로에스(Neelie Kroes) 위원장은 "더 적고, 더 효율적인 국가후원이 필요하다"고 공표한 바 있다.

한편에서는 보조금 지원 중단이, 다른 한편에서는 점점 늘어만 가는 부채가 위협하고 있다. 재정난을 이유로 연방정부에 추가적인 정리보조금을 요구했던 베를린 주의 헌법소원으로 인해 구동독지역의 채무 원리금 상환은 머지않아 급격히 상승할 것이다. 헌법소원의 판결은 구동독지역 주정부들에게 엄청난 파장을 불러일으킬 것이다. 만일 재판관들이 마찬가지로 재정적 어려움을 겪고 있는 연방정부의 지불의무를 완화시켜준다면, 이것은 구동독지역들에게도 역시 중대한 치명적인 결과를 안겨줄 수 있다. 왜냐하면 구동독지역 주정부들이 급박한 상황에 처하게 된다고 할지라도 연방정부는 더 이상 자동적으로 도울 의무가 없기 때문이다. 이렇게 되면 구동독지역 주정부는 자신들이 의지할 최후의 보루를 잃게 된다. 게다가 구동독지역 주정부는 신용평가기관들에 의해 더욱 궁지에 몰리게 될 것이다. 신용평가기관은 지불안정성에 대한 앞으로의 평가에서 새로운 법률적 상황을 고려하지 않을 수 없기 때문이다. 과거의 거침없는 채무행위는 더 낮은 신용등급을 받는 형식으로 혹독한 대가를 치르게 될 것이다. 전문가들의 의견에 따르면 구동독지역 주정부가 더 낮은 신용등급을 받게 된다면, 지금의 수준보다 적어도 1% 더 높은 이자율로 채무원리금을 지불해야 한다고 한다. 1%가 작은 수치로 들리겠지만, 실제로 그것은 원리금 상환액을 견디기 힘들 정도로 올려놓을 것이다. 보통이자율의 시기가 끝나지도 않았건만 새로운 고이자율의 시기가 시작된다는 것은 상상만 해도 끔찍스럽다.

그러나 구동독지역에 피할 수 없는 가장 큰 위험은 인구통계학적 변화에 따른 비용에 있다. 인구감소에 따른 비용은 점차적으로 파괴력을 더해 가는데, 이는 특히 경직된 구동독지역 주정부가 재정수요를 인구의 노령화와 감소에 맞추지 못했기 때문이다. 이것이 공적 재정에서 어떠한 의미를 갖는지를 브란덴부르크 주가 연구한 바 있다.

시나리오는 재정정책의 상황이 지금과 똑같이 앞으로도 진행될 것이라는 가정하에 기획되었다. 이에 따르면 2020년에는 새로 발생하는 순채무가 재정지출에서 차지하는 비율, 즉 이른바 채무조달비율이 13%에서 30%로 치솟게 될 것이다. 이로써 재정투자는 21%에서 약 8%로 급격히 떨어진다. 또 여기에 상상하기 힘들 정도로 불어버린 채무이자부담이 추가되는데, 이것은 세수의 16%가 아닌 40%를 요구한

다. 정말 소름끼치는 전망이 아닐 수 없다.[119]

이런 식으로 구동독지역의 곤궁은 점차로 극에 달한다. 줄어드는 연대협약 보조금, 중단된 지역개발자금, 늘어나는 이자부담 그리고 인구학적인 대변동은 끊임없이 상황을 일촉즉발의 위기로 몰고 간다. 벌써 첫번째 위기의 징후가 감지되고 있다. 적색경보의 발령인 것이다. 만약 위의 개별적 요소들이 가속화되면서 서로 연쇄반응을 일으키고 상승작용을 한다면, 결국 독일통일은 대재앙을 불러오게 될 것이다.

거듭되는 실패의 중압은 구동독지역 재건사업을 파멸로 치닫게 하고, 오랜 기간에 걸쳐 전체 독일의 힘을 무력화시킬 것이다. 예상되는 피해의 정도에 대해서는 단지 추측만 가능할 뿐이다. 그것은 단지 물질적인 측면에서뿐만 아니라, 심리적 그리고 정치적인 측면에서도 심각한 결과를 초래할 것이다. 그러한 사고가 발생한 이후에는 그 어떠한 다른 안전장치도— 얼마나 많은 자금이 더 투입되건 간에— 더 이상 소용이 없게 된다.

핵폭탄의 위력과 마찬가지로 그러한 재해로 인한 결과는 어느 한 지역이나 한 국가에 한정될 수 없다. 이러한 이유로 스페인의 일간지 《엘 파이스(El Pais)》는 아물지 않은 '분단의 상처'에 대해 "단지 독일 국민들뿐만 아니라, 전 유럽 국민들이 지불할" 것으로 다른 맥락에서 진단한다. 이것은 당연하다. 확대된 유럽연합의 주민들 중 거의 20%가 독일계이기 때문이다. 결국 독일 통일이라는 실험은 대거의 문상객들을 확보하고 있는 셈이다. 그러나 정치인들은 아직까지 충분한 보호대책들을 세우지 않고 있고, 대중들은 자신들이 위험에 노출되어 있다는 사실조차 까맣게 모르고 있다.

---

119) Land Brandenburg, *Landtagsdrucksache* 3/7088.

서부 동맹

벌써 특별한 방식으로 피해를 줄여보려는 움직임이 활발히 진행되고 있다. 구서독지역이 구동독지역과의 연대에 대해 이의를 제기하고 있는 것이다. 항상 위기의 시기에 그러했듯이 분리주의 운동이 탄력을 받고 있다.

제1차 세계대전의 종결 직후 독일이라는 민족국가는 존립의 위기에 처했다. 1919년 2월 콘라드 아데나워 쾰른 시장의 초대를 받은 각 당의 대표자 60여 명이 제국의 몰락 이후 독일의 미래를 협의하기 위해 쾰른에 모였다. 회의의 안건은 단 하나였다. 라인공화국의 건설. 이때 아데나워는 "프로이센이 분단되어, 독일의 서부 지역이 연방국으로, 즉 서부독일공화국으로 형성되었다면, 동부정신에 의한, 즉 군국주의로 무장한 프로이센에 의한 독일 통치는 불가능했을 것이다"라고 말했다.

'프로테스탄트적 타인지배(Protestantische Fremdherrschaft)'로부터 벗어나려는 생각은, 수도 베를린에 대한 적대감과 결합하여, 바이마르 공화국 초기에 녹-백-적 국기 아래 단결한 라인국가건설운동을 위한 온상을 제공했다. 분리주의자들은 자신들의 행동반경을 마인츠에서 아헨(Aachen)까지 확대시켰고, 1923년 '라인공화국'을 선포했다. 이와 함께 프랑스로부터 비밀 지원을 받은 '팔츠 자치국(Autonome Pfalz)'이 건설되었지만 곧 몰락했다.

이로부터 80년이 지난 지금 서부독일 분리주의라는 유령이 또다시 배회하고 있다. 2004년 가을 마침내 그러한 움직임이 신문에 대서특필되기에 이르렀다. 《프랑크푸르터 알게마이네 차이퉁(Frankfurter Allgemeine Zeitung)》은 "국가연합에 대한 경고"라는 제목으로 '점점 확대되는 구서독지역의 분리주의적 경향'에 대해 보도했다. 분리주의자들에게 중요한 것은 오로지 돈이다. 정치권에서는 그 누구도 두 개의 국가에 대해 상상조차 하지 않는다. 소위 위협당하는 복지를 지키기 위하여, 분리주의자들은 국가의 경계선을 새로 긋길 원한다. 독일에서 이미 사라진 지 오래되었다고 믿었던 그러한 현상이 다시 나타난 것은 통일의 필연적인 후속결과다. 국가가 경제적으로 불평등하면 불평등할수록, 정치적·사회적 세력들은 더욱 강력하게 분리되어 제 갈 길을 찾는다.

사랑받지 못했던 '동부정신(Geist des Osten)' 이란 아데나워에게 있어 군국적인 귀족정신과 호전적인 프로이센 정신을 의미했다. 그러나 그것은 오늘날 구서독지역에서 희망이 없는 후진성으로— 과도한 연대요청과 쌍을 이루어— 나타나고 있다. 이러한 움직임의 확산을 막기 위해서 '가능하다면 연방주의적 요소를 많이, 중앙집권주의적 요소는 꼭 필요한 만큼만' 이라는 모토에 따라 철저한 국가의 개혁이 이루어져야 한다. 바이에른, 노르트라인-베스트팔렌, 바덴-뷔르템베르크 그리고 헤센 주의 비서실이 신독일분리주의자들의 지휘소로 지목되었다. 주정부의 이름을 거론하지 않은 채, 2004년 9월 슈뢰더 총리는 연방국가의 시스템을 연방주들의 느슨한 연합으로 대체하려는 주정부들을 강력히 비판했다.

연방정부의 비판에 따르면, 경제력이 월등한 주들은 한편으로는 연방을 희생해서라도 꾸준히 자신들의 권한을 확대시키려고 애쓰는 반면, 다른 한편으로는 구동독지역 재건에 따른 부담을 전부 연방정부에 떠넘기려 한다는 것이다. 이와 같은 맥락에서 녹색당의 연방소비자보호부장관 레나테 퀴나스트(Renate Kunast)는 "크고 강한 연방주들은 연방공화국 대신에 느슨한 국가연합을 원하는 듯한 행태를 보이

---

120) Berliner Zeitung vom 11.10.2004, *"Die Länder sind vom Stamme Nimm"*

고 있다"고 말했다.[120]

  2004년 가을 볼프강 티어제도 역시 민족의 결속력이 점점 약해지는 것에 대해 분노의 감정을 표출했다. 공교롭게도 독일 통일 14주년을 하루 앞둔 시점에 그는 바이에른 주지사 에드문트 슈토이버(Edmund Stoiber)와 헤센 주지사 롤란드 코흐(Roland Koch)의 구동독지역에 대한 '비연대적 행위'에 대해 질책하면서, "특히 구동독지역의 주들이 연대적 연방주의의 수혜자이고 또 수혜자로 남아 있게 될지도 모르는 상황에서, 갑자기 코흐와 슈토이버는 경쟁연방주의를 외치고 있다"며 맹공을 퍼부었다.

  그러나 티어제가 속한 당내에서도 분리주의적 분위기가 감지되었다. 이에 대해 2004년 늦여름 사민당 당수 프란츠 뮌터페링(Franz Münterfering)은— 마치 당연한 일이 아니라는 듯— 사민당은 '독일 전체를 아우르는 정책'을 펴나가야 한다고 요구했다. 사실 구서독-구동독의 날카로운 대립은 당수뇌부를 궁지에 몰아넣고 있다. 구서독지역의 당원은 자신의 지역 주민이 구동독지역을 재정적으로 지원하는 것에 대해 이제 넌덜머리를 내고 있다며 목청을 높이고 있다. 포츠담의 한 회의석상에서 뮌터페링은 "우리는 전독일에 대한 책임을 지고 있다. 우리는 전독일의 정당이다"라는 사실을 환기시키며, 독일의 동쪽과 서쪽을 따로따로 표류하게 해서는 안 된다고 역설했다. 아울러 그는 가끔씩 독일연방공화국이 단지 '두 나라의 연합'에 불과하다는 생각이 든다고 토로했다.

  부유한 지역은 가난한 지역에 대해 책임을 지려 하지 않는다. 이것은 유럽 어디에서나 찾아볼 수 있다. 지난날 스페인에서는 부유한 '카탈루냐' 지역 사람들에 대해 복지분리주의자라는 거듭된 비난이 있었는가 하면, 벨기에에서는 가난한 왈롱 지역에 대한 부유한 플라망 지역의 재정지원으로 인하여 항상 긴장감이 감지되고 있다. 조그만 나라 스위스에서조차— 이 나라의 지역간 연대로 인한 효율성은 귀감이 될 만하다― '축(Zug)' 또는 '취리히(Zurich)'와 같이 강한 경제력을 가진 칸톤과 상대적으로 약한 '발리스(Wallis)' 혹은 '유라(Jura)'와 같은 칸톤 간에 분리를 둘러싼 갈등이 빚어지고 있다.

경제적으로 분리된 독일에서 평온하고 조화로운 연방제에 대한 소망은 그 사이 점차 과거의 일로 되고 있다. 이탈리아는 독일의 미래에 대해 많은 점을 시사해준다. 이 나라는 좌절된 동화정책과 그로 인한 긴장과 갈등에 대한 오랜 경험을 갖고 있다.

이탈리아에서 부유한 지역들의 분리주의운동은 자신들의 정치적 기반을 마련하는 데 성공했다. 그것이 바로 1991년 2월 창당된 '북부동맹(Lega Nord)'이다. 시민운동으로부터 만들어진 이 지역정당은 단기간에 놀라운 선거 결과를 이룩하면서, 시의회를 장악했을 뿐만 아니라 실비오 베를루스코니(Silvio Berlusconi) 내각에도 참여하게 되었다. 이 정당의 요구는 한 마디로 가난한 남부의 탐욕에 대항하여 북부지역 납세자를 보호하고자 하는 데에 있다고 한다.

'북부동맹'은 이른바 '파다니아(Padania)' 공화국의 건설을 공식적으로 내걸고 있지만, 이것은 오히려 수사에 불과하다. 경제적으로 뒤처진 '메조지오르노(Mezzogiorno)' 지방과 '대도(大盜) 로마(Roma Ladrona)'에 반대하는 이 당은 재정헌법(Finanzverfassung)을 내걸고 독립투쟁을 전개하고 있다. '북부동맹'이 만든 재정헌법의 모델에 따르면 각 지역들은 부가세의 70%를 자기 지역을 위해 사용할 수 있도록 규정하고 있는데, 이것은 남부 이탈리아에게는 곧 파산을 의미한다. 몇몇 구서독지역과 마찬가지로 북부 이탈리아의 분리운동은 중앙집권제 국가의 틀 내에서 연방주의적 요소들이 대폭 확대되길 바라고 있다.

일종의 '서부동맹(Lega West)' ― 이것은 생각할 수 없는 관념일까? 조건은 마련되어 있다. 2004년 9월 여론조사기관 '엠니트(Emnid-Institut)'의 조사결과에 따르면, 구서독지역 주민의 50%가 해마다 구동독지역에 지불하는 보조금의 액수가 너무 많다고 생각한다. 잘 사는 주들의 경우에 수치는 더 높아진다. 즉 바이에른 주민의 60%가 그러한 생각을 갖고 있는 것으로 나타났다.[121] 같은 달 실시된 또 다른 기관 '포르자(Forsa-Institut)'의 여론조사 결과에 따르면 독일인의 20%가 통일에 대해 후회하고 있는 것으로 나타났다. 구동독지역 주민의 12%가 그러한 견해를 보인 데 반해, 구서독지역의 경우 그 수치는 24%에 달했다. 영국의 일간지 《인디펜던트》는 "여기 누가 이 독일인을 이해하는 사람 없어요?"라는 제하의 기사에서 "도대체 독일의 상황이 얼마나 나쁘기에, 몇몇 사람들이― 많은 사람들이라면 말할 필요도 없고― 냉전시대를 그리워하는 것일까?"라고 논평했다.

분리주의를 표방하는 정당이 없음에도 구서독지역과 구동독지역간의 적대감은 점차 고조되고 있다. 예전에는 기껏해야 머릿속에서만 품고 있던 것을, 오늘날엔 스스럼없이 말로 드러내고 있다. 대중으로부터 인기를 얻고 있는 이탈리아 '북부동맹'의 당수 움베르토 보시(Umberto Bossi)는 남부이탈리아 주민들을 향해 "돈을 줘선 안 될 게을러 터진 거지들"이라고 욕을 퍼붓기도 했다. 이탈리아와 비교한다면 독일의 징지직 논쟁은 짐잖긴 히지만, 근본 떡으로는 매우 유사한 양상을 띠고 있다.

'허약한 구조를 가진 곳에 상금'을 주어서는 안 된다며 바이에른 경제부 장관 오토 비스호이(Otto Wiesheu)는 구동독지역을 향해 역정을 냈다. 관계자의 말에 따르면 구서독지역에서 가장 규모가 큰 바이에른 주정부 비서실에는 '구동독지역과(Ost-Abteilung)'라는 부서가 특별히 설치되었다고 한다. 부서의 임무는 단 한 가지로 구동독지역으로부터의 모든 요구를 차단하기 위해, 철저하게 구동독지역 주정부들을 관찰하는 데에 있다고 전한다. 예전 '라인공화국' 운동의 중심지

---

121) Die Velt vom 3. 9. 2004, *"Ein tiefer Riss"*

였던 노르트라인-베스트팔렌 주에서 전해지는 이야기는 눈에 띄게 공격적이다. 구동독지역 재건지원사업에 대해 사민당 주위원장 하랄드 샤르타우(Harald Schartau)는 "구동독지역을 지원하는 사람은 구서독지역의 연대를 땅에 파묻고 있다" 또는 더 과격하게 "지금 더 많은 돈을 요구하는 사람은 상황을 파국으로 몰고 갈 수 있다"며 경고했다.

한편 노르트라인-베스트팔렌 주지사 페어 슈타인브뤽(Peer Steinbrück, 2005년 주정부 선거에서 패하였으며, 현재는 대연정의 재무부장관으로 재임 : 역주)은 "두이스부르크(Duisburg) 시가 안고 있는 부채 7억 유로 중 약 3분의 2가 구동독지역을 위한 지원자금구좌로 입금된다"고 주장한다. 그러나 이것은 왜곡된 표현이다. 두이스부르크의 부채가 특히 높은 것은 주정부가 시에게 적은 금액을 보조했기 때문에 발생한 결과다. 구서독지역 주정부는 통일에서 발생하는 주된 재정부담을 연방정부에 떠넘겼음에도 불구하고, 슈타인브뤽은 노르트라인-베스트팔렌이 '불이익을 당해선' 안 된다며, '우리 주에 부담이 되는 새로운 혹은 더 많은 보조금의 요구'를 절대로 받아들이지 않을 것이고, "만약 그러한 일이 일어난다면 투쟁 전선으로 뛰어들 것이다"라고 밝혔다.[122] 아마 이탈리아의 분리주의자 움베르코 보시도 이보다 더 강도 있게 표현할 수는 없을 것 같다.

새로운 변화를 위한 시간

"그러나 우리가 그렇게 어리석은 것만은 아니었다"는 말로 헬무트 콜은 통일 과정에서 모든 일이 다 순조롭게 풀리지는 않았다는 것을

---

[122] Die Welt vom 13. 9. 2004, *"Die SPD kommt nur langsam aus dem Tal"*

암시했다. 이러한 그의 발언이 언론에 대서특필되자, 그는 2004년 10월 청년연합(Junge Union, 기민당과 기사당의 청년조직 : 역주)의 독일의 날(Deutschlandtag) 기념석상을 빌어 새삼스레 '(통일의) 대단한 성공담' 에 대해 일장연설을 함으로써 자신의 발언을 수정할 기회를 얻었다. 그의 후임자 역시 구동독지역 재건이 잘 진행되고 있다는 환상에 끈질기게 집착했다. 게르하르트 슈뢰더는 통일 과업은 '역사적 전례가 없었던' 일이라며, "그렇기 때문에 지금까지의 실적은 비길 바가 없는 것"이라고 주장했다. 그러나 사실은 다르다. 구동독지역 재건사업에서 해결되지 않은 문제들이 마치 버짐병처럼 전 국토를 뒤덮고 있다.

1990년 이전 유럽경제의 기관차였던 독일은 지금 단지 몇 가지 분야에서만 선두에 있다. 실업률의 상승, 국가채무액의 증가, 세금과 공과금부담률에서. 10년간 지속적인 경기침체에 시달렸던 독일은 영국, 프랑스, 오스트리아 그리고 이탈리아와 같은 활력적인 경쟁국가 뒤에서 절뚝거리고 있다. 주변에 있는 모든 국가들이 성공적인데도 말이다. 독일의 경제력은 그 사이 구유럽연합가입국의 평균치에도 못 미치고 있다. 즉 독일의 복지수준이 떨어졌다는 것이다. 이러한 몰락의 원인들 중 일부는 통일 이전에도 있었던 것이지만, 잘못된 통일정책은 추락을 가속화시켰다.

구동독지역 재건을 위한 전략적인 계획은 거의 존재하지 않았다. 창의적인 생각 없이 그저 구서독지역의 시스템을 더 이상 쓸모없는 사회모델과 함께 구동독지역에 덮어 씌웠던 것이다. 자칭 효자 수출품목은 통일 후 잠깐의 붐이 꺼진 후 구동독지역을 무기력 상태에 빠뜨렸다. 경기침체를 겪고 있는 구동독지역이 1990년대 중반 이후 이미 구서독지역의 위험요소로 밝혀졌지만, 예나 지금이나 그에 대한 아무런 대책이 없다. 문제들을 인식하기는커녕 거론조차 안 하고 있는 실정이다.

통일이 정치인들을 무리하게 혹사시켰다는 점에 대해서는 의심의 여지가 없다. 하지만 그들은 마치 룰렛게임을 하는 사람들처럼 민족의 세기적 과제를 해결하려 했다. 이에 대해 재정학자 헬무트 자이츠(Helmut Seitz)는 "구동독지역 재건사업은 마치 카지노장에서 진행되고 있는 듯하다. 때로는 운이 좋고, 때로는 운이 안 따르고, 때로는 공이 빨간 칸으로 들어가는가 하면, 때로는 검은 칸으로 들어간다. 한 마디로 구상이 결여되어 있다. 아니 정말이지 생각하려는 자세마저 결여되어 있다"며 놀라워한다.[123]

그것은 인간의 선의지와는 상관없는 일이었다. 가질 수 있었던 것보다 더 많은 것을 약속받았던 구동독지역 주민은 소매를 걷어붙일 각오를 하고 있었으며, 자신들이 필요로 하는 변화에 적극적으로 동참할 준비를 하고 있었다. 지난 15년간 1조 유로가 넘는 돈을 동반성장을 위해 지불했던 구서독지역 주민들의 헌신적 행위도 역시 유례가 없던 일이었다.

그러나 단순한 돈의 액수를 떠나 그 이상의 가치를 지니고, 전체 독일 국민을 뿌듯하게 할 수 있었던 소중한 연대자금이 도박성 정책으로 경박하게 날아가 버렸다. 이것은 돈을 주는 사람과 마찬가지로 그것에 의지하는 사람들에게도 좌절감을 안겨 주었다. 한 편의 사람들은 부당함에 몸을 떨고 있고, 다른 한 편의 사람들은 비참함에 시달리고 있다. 재건사업 주역들의 무능력이 독일의 두 지역을 점점 더 갈라놓고 있다. 구동독지역 개발은 독일 정치사에서 가장 큰 실패작이 되고 말았다.

구동독지역은 단순한 경제적 미래 외에도 더 많은 것에서 위험에 봉착해 있다. 민주주의와 법치국가는 유지되도록 해야 한다. 작센과 브란덴부르크 주정부 선거에서 두 개의 국민정당(독일의 국민정당이라 함은

---

123) Die Welt vom 29. 6. 2004, *"Es geht zu wie im Kasino"*

기민/기사연합과 사민당을 말한다 : 역주) 모두 합쳐 50%에도 못 미치는 표를 얻음으로써, 독일연방 사상 가장 낮은 득표율을 기록했다. 두 정당이 과반수에 간신히 걸치는 득표율로 긴급연정을 구성한다면, 그것은 주민들의 감정을 자극하는 일이 될 것이다.

이와 동시에 과거와의 단절이 여전히 의심스런 독재의 상속자들이, 즉 민사당이 계속하여 승리를 구가하고 있다는 것, 그리고 동독시절 비밀첩보원의 전력을 지닌 사람이 작센 주의회 원내총무직에서 사임하지 않고 버티고 있다는 것, 이러한 사실은 경종을 울릴 만한 일이다. 역시 이와 더불어 외국인에 대한 증오로 가득 찬 인간들로 구성된 정당들이 주의회 선거에서 5%(독일은 바이마르 시대의 정당 난립에서 야기된 정치적 혼란을 배제하고자 정당이 선거에서 5% 미만의 득표를 하면 비례대표의 의석을 배분하지 않고 있다 : 역주)의 장벽을 넘고 있다는 것, 그리고 이러한 일이 브란덴부르크에서처럼 연속하여 일어난다는 것, 또한 구동독지역의 경제적 모범주인 작센에서 헌법정신을 유린하는 '민족주의자들' 이— 이 당의 당수가 작센에서 "서독(BRD)은 청산되었다"는 발언을 했음에도 불구하고— 191,000표를 얻어 사민당의 204,000표와 비슷한 수준으로 유권자들의 지지를 받고 있다는 것, 이 모든 것은 충격적인 일이다.

작센은 오래 전부터 다른 주들의 극우주의자들에게 모범으로 간주되고 있다고 헌법보호청 요원들은 우려 섞인 보고를 하고 있다. 최근에 독일민족민주주의당(NPD)은 작센의 주의회 선거에서 또다시 큰 성공을 거두었다. 아무런 거리낌도 없이 극우정당 소속 주의회 의원들은 제2차 세계대전 때 연합군이 독일 전역에 가한 폭격을 홀로코스트와 동일시한다. 주의회 진출에 성공한 극우정당의 비호 아래 이른바 동지단체들과 스킨헤드(Skinheads Sächsische Schweiz, SSS)의 구성원들이 변함없이 활동중에 있다. 자신들과 생각을 달리하는 사람과 외국인들을 독일 동부의 유서 깊은 관광도시 드레스덴에서 '청소' 하려고 하는 이 범죄 집단은 2001년 이후 활동이 금지됐지만, 아직도 수공업종사자나 금융기관종사자들에 이르기까지 폭넓은 지지를 받으며 자신의 세력을 확대시켜 나가고 있다. 그 동안 작센 주의 거의 모든 지역에서 '민족사고체(Nationales Gedankengut)'라는 학교를 매개로 한 극우주의 청년조직이 거점을 확보했다. "단지 학원보호에만 임무가 국한되지 않는 경찰력이 배치된다는 것"은 정말 두려운 일이라며 작센 주 헌법보호청장 라이너 슈톡(Rainer Stock)은 경고하고 있다.

이 모든 것은 구동독지역의 민주주의가 일찍이 없었던 시험대에 올려져 있다는 것을 말해준다. 1945년 이후 서독 모델은 종종 '좋은 날씨 민주주의(Schönwetterdemokratie)'로 일컬어졌는데, 이러한 정치적 기반 위에 이루어진 경제적 번영은 연합국들에 의해 이식된 국가 형식의 긍정적인 수용을 더욱 확신시켰고, 이것의 진가는 수십 년에 걸쳐 확인되었다.

구동독지역의 상황은 또 다르다. 단지 무시무시한 대량실업이 몰고 온 경제적 곤궁 때문만은 아니다. 이전 동독체제에서 심어진 반민주주의적 사고의 영향이 아직도 지속되고 있다. 현재 구동독지역에서는 사회주의통일당(SED)에 의해 제거되었던 관용, 자유 그리고 다양성과 같은 시민적 가치들이 제대로 뿌리를 내리지 못하고 있다. 그곳에서 이러한 가치들은 계속해서 서독의 '승자문화(Siegerkultur)'로 간주되고 있기 때문이다. 서독적 가치기준에 대한 거부감은 구동독 주민들이 통일 후에도 차별을 받고 있다는 감정에 의해 더욱 강화된다.

독일 전체를 놓고 볼 때, 언론, 문화, 경제, 학문 그리고 정치에 이르기까지 모든 영역에서 구동독지역 출신 인물들은— 단지 생색내기용에 그칠 뿐— 거의 찾아볼 수가 없다. 군장성, 대기업경영자, 대법원장들은 모두 구서독지역 출신들임은 물론, 중간지도층조차 대부분 구서독지역 사람들로 채워져 있다. 구동독지역을 마치 구서독지역의 혹정도로 취급하는 식의 차별대우는 구동독지역 주민을 더욱 열등감에 빠져들게 하고 있다.

적어도 어떠한 전망이라도 있다면, 불만의 이유들이 줄어들지도 모른다. 이러한 상황에 대해 헬무트 슈미트는 "지금까지 그 어떤 정치인들도, 어떤 정당 소속이든지 간에 구동독지역 경제의 회복을 가속화시키기 위해 진지한 노력을 기울이지 않았다"며 꾸짖는다. 그는 이와 함께 "구동독지역을 위한 어떤 특별한 대책이 강구되지 않는다면, 앞으로 15년이 지난 2020년엔 구동독지역이 약간의 성장을 하더라도, 구서독지역의 수준에 다다랐다고는 할 수 없다는 것을 확인하게 될 것"124)이라고 경고하고 있다. 이것은 다시 말해 나라 전체가 계속되는 경제약화를 감수해야 한다는 뜻이다.

여전히 어마어마한 보조금에 의존하고 있음에도 계속하여 뒤진 상황에 있는 구동독지역은, 어쨌든 그런 대로 성공을 거두며 앞서가는 구서독지역에게 견딜 수 없을 정도의 걸림돌이 될 것이다. 이러한 단순한 사실을 수천억 유로의 연대협약보조금의 지출을 집행하고 있는 정치인들은 인정하지 않으려고 한다.

돈더미로 밀어붙이려는 그들의 이데올로기는 더 이상 통하지 않는다. 구동독지역에 대한 무소속의 종국적인 실패가 드러나고, 또 그릇된 통일정책에 대한 앙갚음이 돌아오기까지의 시간은 구동독지역과 마찬가지로 구서독지역에게도 얼마 남지 않았다. 어쩌면 어느 정도의 손실을 줄일 수도 있을 것이다. 그러나 그렇다고 해도 구동독지역 재건사업에 대한 총체적 검증은 불가피하다. 빠르면 빠를수록 좋고, 철저하면 철저할수록 가능성은 높아진다.

그러나 성공을 장담할 수는 없다. 뒤처진 지역들의 경제를 회복시키려 노력했던 다른 나라의 경험은 오히려 사기를 완전히 저하시킬 수 있다. 이탈리아의 '메조지오르노', 스페인의 '에스트레마두라

---

124) Die Zeit vom 26. 8. 2004, *"Was der Osten wirklich braucht"*

(Estremadura)' 혹은 포르투갈의 '알레테호(Aletejo)'와 같은 지역들의 경우를 타산지석으로 삼아야 한다.

그렇지만 시도가 늦추어졌다고 생각하자. 잃어버린 시간은 15년이면 충분하다. 이 시간은 구동독지역 재건을 구서독지역의 증축으로 생각해선 안 된다는 것을 여실히 보여주었다. 만약 지금의 방식으로 앞으로 15년이 지나간다면, 전체 독일은 파산할 것이다. 계속하여 구동독지역을 구서독지역의 부속물로 생각한다면, 구동독지역은 80년대의 동독과 비슷한 참담한 좌절의 위기에 처하게 될 것이다. 그렇게 된다면 구동독지역의 비참한 상황은 점차로 구서독지역을 덮치고 말 것이다. 그렇기 때문에 우리는 구동독지역 재건사업의 새로운 출발이 필요하다.

문제는 잘못된 시스템

새로운 시작에 앞서 모든 것이— 개별적인 도구들뿐만 아니라 전반적인 철학까지— 시험대에 올라야 한다. 일이 진척되지 않을 때에야 비로소 발표되는 궤도수정으로는 더 이상 효과가 없다. 이리저리 수십억 유로의 보조금을 전환시키고, 자칭 성장의 핵심과 소위 미래성장 연구 분야에 과거보다 더 집중시켜 보조금을 투여하는 것은 전근대적 주먹구구식 정책이다.

문제는 잘못된 시스템에 있다. 이러한 고통스런 실토 없이 변화란 있을 수 없다. 그렇기 때문에 이제는 냉정한 사실이 논의되어야 한다.

첫째, 지금과 같은 형식의 연대협약은 실패한 것으로 판정되었다. 그것은 문제를 해결하기보다는, 오히려 문제의 일부가 된 지 오래다. 이제 이러한 식으로는 안 된다. 연대성을 점점 더 훼손시키고, 아무 생각 없이 수십억 유로를 개발지역에 쏟아 붓는 그러한 식이 아닌, 좀더 현명한 방식의 대안을 강구해야 한다.

명확한 목표들을 담고 있는 협약이 필요하다. 협약은 효과적으로 성취감을 자극시키고 경쟁을 후원하는 요소들을 포함하고 있어야 한다. 그것은 현재의 낭비를 막는 협약이어야 하고, 또 그것으로써 열악한 국가재정에 대한 때늦은 정리조정이 촉진될 수 있어야 한다. 그뿐만 아니라 협약은 사업의 성과를 엄격하게 컨트롤할 수 있어야 하고, 이를 위한 제재 메커니즘을 명시하고 있어야 한다. 마지막으로, 협약에 의해 실행되는 사업의 성과는 계속하여 검토되어야 하고, 무엇보다도 연대성은 구서독지역이나 구동독지역의 주민들이 납득할 수 있는 원칙들에 기초하고 있어야 한다.

모든 연구기관들뿐만 아니라 이제는 전문가위원회도 연대협약의 재조정을 요구하고 있다. 연대협약이 생각만큼 잘 진행되지 않는다는 것을 모두 인식하고 있다. 그런데도 개혁에 대한 많은 제안들은 성의가 없다. 기존의 틀에 머물러 있기 때문이다. 몇 가지 응급처방책으로는 해결되지 않는다. 그나마 제일 먼저 그러한 문제점을 제기한 것은 독일 경제연구소였다. "제2차 연대협약 전제를 다시 한번 재검검해보는 것"이 최선이 아닐까 하는 생각이 드는 것은 당연하다. 쾰른의 한 경제연구소는 대부분의 자금이 경제를 자극하는 대책에 직접 투자되길 원한다. 예컨대 영업세를 절반으로 인하하고, 이로 인한 지방자치단체들의 손실은 연대협약자금으로 대신해 지불할 것을 제안한다.

이러한 조치는 추가적인 기업유치를 촉진시킬 것이고, 이로써 새로운 일자리가 창출되고 세수가 늘어날 것이다. 동시에 이미 입주해 있는 회사들은 더 많은 수익을 챙길 수 있음으로 해서 투자능력과 경쟁력이 높아질 것이다. 이로 인해 단지 취약한 기업부문만 강화되는 것은 아니다. 구동독지역은 구서독지역에 비해 입지적 장점을 가질 것이고, 동구유럽국가에 비해 더욱 유리해질 것이다. 앞으로의 연대협약은 바로 이러한 요소들로 구성되어야 한다. 다시 말해, 구동독지역에 필요한 것은 보조금 지원이 아니라, 경쟁력 우위의 확보다.

둘째, 개발자금이라는 숲을 대대적으로 개간하지 않고는 구동독 재건사업의 전환은 가능하지 않다. 이때 필요한 단 한 가지 도구는 도끼뿐이다. 이것만이 수많은 프로그램 중 뚜렷한 성과 없이 막대한 돈이 지출되는 사업들을 쳐낼 수 있다. 어떤 정치인도 지금까지 잡초로 무성한 숲을 정리하려 하지 않았다. 만약 10년 전에 벌채작업이 이루어졌더라면, 수백억 유로의 자금이 쉽게 절약될 수 있었을 것이다.

독일 경제연구소는 '성장을 위한 더 많은 자유구역'을 요구하고, 앞으로 구동독지역의 책임자들에게 법적으로, 재정적인 영역에서 더 많은 자율권을 허용할 것을 주장하고 있다. 이러한 틀이 마련된다면, 가장 적합한 해결책들이 현지에서 찾아질 것이다. 현지에서 생활하는 사람들이야말로 해고방지책의 어떠한 조건들이 일자리 창출을 저해하고, 또 어떠한 투자계획들이 가장 많은 이득을 가져올지에 대해 가장 잘 알고 있다. 그러나 잘못된 인센티브는 여전히 해로운 공격적 사고방식을 조장한다는 것을 명심해야 한다.

셋째, 구동독지역으로 하여금 더 많은 절약과 보조금(이전금)의 세심한 사용을 독촉하기 위하여, 그곳으로 새로운 부채가 들어가는 길을 차단해야 한다. 구동독지역 주정부는 자금을 얻어내어 일하려는 사고방식을 자기책임의식으로 전환시켜야 한다. 이 경우에는 간단한 규칙 하나면 충분하다. 즉 주정부와 채무도입의 상한선에 합의하는 것이다. 만약 그것을 초과했을 경우 해당 주정부는 보조금을 받지 못한다. 만약 위반할 경우, 자금들은 20%의 차감 후 강제적으로 부채상환을 위해 투입된다. 이런 식으로 규칙을 세워 준수토록 하는 방법은 상당한 성과를 거둘 것이다.

만약 위와 같은 처벌로 수백만 유로를 잃는 상황에 처하게 된다면, 그 어떤 주지사가 계속하여 지금처럼 부실한 재정을 운영하겠는가?

그렇게 된다면 공적 자금은 경제재라는 원칙이 결국 구동독지역에서도 다시 유효하게 될 것이다. 물론 공적 자금이 남용되었을 경우에는 그에 대한 응분의 제재가 부과되어야 할 것이다. 이것은 동시에 국가에 대한 주민들의 과도한 요구 자세에 일정한 선을 긋는 데도 기여할 것이다. 정치인들은 그들의 주 또는 지방자치단체가 높은 채무를 지고 있는 상황에서는 원하는 사업에 더 이상 자금을 지원받을 수 없다는 것을 인식해야 한다. 그럼으로써 주민들은 재정정책에 대해 좀더 관심을 기울일 것이고, 성취의욕은 더욱 강화될 것이다. 이것이야말로 민주주의적 의식의 고취가 아니겠는가.

넷째, 연대협약에서 나타난 구조적 문제점이 수정되어야 한다. 국가의 내부적인 연대는 더 넓은 기반 위에서 이루어져야 한다. 이것은 구서독지역이 요구하는 사항이기도 하다. 구서독지역은 연대협약의 합의과정에서 이기적인 대응으로 일관했으며, 가능한 한 모든 재정적인 책임을 연방정부에 떠맡겼다. 이것을 다시 되돌릴 수는 없다고 하더라도, 아마 구동독지역 재건사업에 대한 구서독지역 주정부의 관심을 불러일으킬 수는 있을 것이다. 그러기 위해서는 구동독지역은 지금보다 더 확실한 가시적 성과들을 구서녹지역에 제시할 수 있어야 한다. 상응하는 '성장에 대한 보상'은 연방재정보전에서 정해질 수 있을 것이다. 구동독지역의 성공 없이는 구서독지역은 재정적 부담에서 벗어날 수 없다고 하는 현실인식은 문제의식을 더욱 고취시키고, 두 지역간의 내적 결합을 한층 공고하게 해줄 것이다.

다섯째, 구동독지역 주들의 소국가제도(Kleinstaaterei)는 실패했다. 그곳의 정치인들 역시 이러한 사실을 논의하고 있는 듯하다. 공적 재정은 더 이상 통제되기 힘든 상황에 처해 있고, 인구통계학적 변화가 아예 무시된다. 포괄적인 구조정책이 결여된 채 보조금 지원을 둘러싼 어처구니없는 경쟁만 난무하고 있다.

경제구조가 취약한 6개의 작은 신연방주에게 각각의 정부, 차관, 주의회, 통계청, 각종 경제 진흥단체 그리고 연방의회와 유럽의회 의원이 정말로 필요한 것인가?

라이프치히와 할레를 둘러싸고 있는 중요한 중부 독일 경제지역은 작센, 튀링엔 그리고 작센-안할트 주에 의해 정치적으로 삼분되어 있다. 이들 세 주는 자신들의 공통과제인 인구결집은 물론 대규모 공동정책에 대해서도 효율적으로 협력하고 있지 못하다. 3개주 모두 주의회가 과반수 의석을 차지하고 있는 동일 정당에 의해 통치되고 있음에도 문제를 드러내고 있다. 관청간 서로 통합하여 인건비를 줄여 보려는 시도는 파트너의 이기주의로 인해 좌절되었다. 독일 분단 이전에 항상 한 주에 속했던 브란덴부르크와 베를린 주는 통합을 통해 많은 이익을 얻을 수 있음에도 연방주 통합을 계속하여 훗날로 미루고 있다.

시장에서라면 이러한 가능성을 배제한 기업은 항복할 수밖에 없을 것이다. 구동독지역에서 지역간 통합은 문젯거리가 안 된다. 구서독지역의 보조금이 구동독지역의 무정부주의를 연명시키고 있는 것이다. 이것은 지방정책의 문제일 뿐만 아니라, 가장 중요한 민족적 사안이기도 하다. 베를린은 모든 독일인의 수도다. 그러나 독일의 수도는 계속하여 쇠락해가야만 하는 운명에 처해 있다.

현재 전체 구동독지역과 같은 수의 대도시를 갖고 있는 노르트라인-베스트팔렌 주에만 520만 명의 사람들이 살고 있다. 급격히 인구가 줄고 있는 구동독지역의 어떤 주도 이 정도의 인구를 갖고 있지는 않다. 이것은 곧 구동독지역에 새로운 정치 지형이 필요하다는 점을 시사하고 있다. 2020년 베를린, 브란덴부르크 그리고 메클렌부르크-포어폼메른 주로 구성된, 말하자면 일종의 '북부국가(Nordstaat)'는 740만 명의 인구를 거느릴 것으로 보이는데, 이것은 바덴-뷔르템베르크 주의 인구보다 더 적다. 한편 작센, 튀링엔, 작센-안할트 주로 구성된 '남부국가(Sudstaat)'는 약 810만 명의 인구수를 보일 것으로 예상하고 있는데, 이것은 바이에른 주의 인구보다 적다. 물론 함부르크, 슐레스비히-홀슈타인 그리고 메클렌부르크-포어폼메른 주도 서로 잘 통합될 수 있을 것이다. 이러한 가능한 연방들의 재편성과는 상관없이, 독일 통일에 이어 일종의 구동독지역간 통일이 성사되어야 한다. 그렇지 않다면, 구동독지역은 막강한 경제력을 지닌 지역들로 구성된 하나의 유럽에서 전혀 가망이 없다.

"연방주들이 면적과 성취능력에 따라 그들에게 주어진 책무들을 효율적으로 수행할 수 있도록 보장하기 위해"라는 기본법 29조의 구절은 연방지역의 새로운 구성을 명확하게 제시하고 있다. 그러나 지금까지 주정부간 결합 시도는 격렬한 저항에 부딪혀 번번이 무위에 그쳤다. 여기에 강한 인센티브 방식이 적용될 수 있다. 이것은 기본법에 적시되어 있는 국민투표에도 역시 긍정적인 영향을 미치게 될 것이다. 베를린과 작센-안할트와 같이 심각한 재정 상태에 처한 주정부를 위한 대규모의 채무상환보조는 적잖은 의미를 지닐 것으로 보이는데, 이를 위한 재원은 전체 독일연방 차원의 일회적 모금운동 혹은 긴급시 기존의 연대협약보조금을 통해 확보될 수 있다. 또한 이를 통해 구서독지역도 더 적은 액수의 보조금 지원이라는 형식으로 수익을 남길 수 있다.

여전히 한 가지 문제가 남아 있다. 연방상원(Bundesrat)에서 작은 주정부는 큰 주정부에 비해 상대적으로 많은 투표권을 행사하고 있다. 이로 인해 구동독지역 역시 이익을 얻고 있다. 상원에서 5개의 구동독지역 주는 69개 투표권 중 19개를— 베를린을 포함하면 23개— 갖고 있다. 이에 비해 많은 인구 규모를 가진 노르트라인-베스트팔렌 주는 단지 6개의 투표권을 가질 뿐이다. 이러한 점은 좀더 건실한 구조를 통해 지양될 것으로 보인다. 이것은 그렇게 바람직하지 않다. 왜냐하면 전체 독일을 놓고 볼 때 구동독지역은 소수이기 때문에, 연방상원에서 강력한 대표권의 행사가 필요하기도 하다. 바로 이러한 이유에서 주정부의 재편은 투표권의 축소와 연계되어서는 안 된다. 하지만 그러한 특권은 한시적일 수 있다.

만약 구동독지역의 '북부국가' 나 '남부국가' 의 경제력이 구서독지역의 80%에 도달했다면, 니더작센이나 헤센 주와 동일한 대우를 받아야 한다. 이것은 기본법 51조의 개정을 요구한다. 예상되는 토론만으로도 대단한 진전으로 보인다. 그러한 토론은 통일된 독일에서 동등하지 않은 것이 동등하게 취급되어서는 안 된다는 점을 국민들에게 알리는 계기가 될 것이다. 1990년에 중지된 문제가, 즉 헌법개정에 관한 논의가 다시 수면 위로 떠오르게 될 것이다.

여섯째, 구서독지역과 비교하여 구동독지역은 더 많은 평등이 아니라, 더 많은 자유가 필요하다. 한 국가 내에서 뒤진 지역들의 경제적 회복이 성공적으로 수행된 경우가 극히 드물기 때문에, 바로 이러한 이유에서 차별화된 전제들이 마련되어야 한다. 평등을 주창하는 사람은 결국 불평등을 초래하고 만다. 동등한 생활상태에 도달하길 원한다면, 먼저 불평등한 출발조건을 받아들여야만 한다. 구동독지역이 특별한 문제를 안고 있다는 것은 이론의 여지가 없다. 그러한 문제는 전체 독일을 위한 일반적 규칙들로는 해결될 수 없다. "오로지 구동독지역을 배려하는 특별한 경제정책적 노력"을 요구하는 헬무트 슈미트의 주장은 정당하다. 지난 15년의 시간이 증명했듯이, 보조금의 지원만으로는 충분하지 않다. 통일 이후 지금까지 모든 연방 주정부들에게 일종의 금기로 여겨졌던 것, 즉 구동독지역을 특별경제지역으로 선포하는 것이 시급히 요청된다.

많은 특별경제지구들(Sonderwirtschaftszonen)이 ― 이것은 경제학자들이 사용하는 표현이다 ― 눈부신 성장의 오아시스로 되었다는 것이 증명되고 있다. 1990년 기준으로 전세계에 약 300개의 특별경제지역이 있었다. 특별경제지역은 구조변화의 가속 또는 후진성의 탈피에 기여할 수 있다. 물론 그 과정은 오랜 시간을 요구한다. 이미 1989년 중국은 외국자본과 기술적 노하우 그리고 현대적 경영기법을 자국으로 들여오기 위해 여러 곳에 특별경제지구를 설치했다. 시장경제를 위한 실험장소가 만들어진 것이다. 그 이후 중국의 특별지구는 다른 나라들의 모델이 되었다. 폴란드도 마찬가지로 특별경제지역으로— 예컨대 글라이비츠(Gleiwitz)를 중심으로 한 상부 슐레지엔 지역— 좋은 결과를 얻었다. 석탄생산으로 환경이 심각하게 파괴되었던 슐레지엔의 탄광지역은 특히 'GM'의 자회사 '오펠(Opel)'의 이전을 통해 놀랄 만큼 빨리 복구되었다.

그러나 실패를 맛본 예도 있었다. 그것은 공교롭게도 독일의 경제특별지구로, 통일 이전 서베를린이 바로 그런 경우다. 연방정부의 대대적인 보조는 분단된 베를린의 서독자금에 대한 지속적인 의존을 더욱 심화시켰다.

그렇지만 구서독 연방에서 실패했던 것이 통일된 독일에서 실행되어선 안 되는가? 혹자는 기본법이 특별경제구역의 설정 가능성을 차단하고 있다며, 그 근거로 기본법에 명시된 생활상태의 단일성에 대한 법률을 들고 있다. 하시만 그것은 틀린 주장이다. 오히려 세금 분배에 관한 헌법 106조에는 서로 경합하며 동동한 권리를 갖는 세 가지 목표가 명확히 표현되어 있다. 즉 단일한 생활상태와 함께 납세자의 과도한 부담은 삼가야 하고, 국가간의 재정관계에서 올바른 (합당한) 보전이 이루어져야 한다고 적시되어 있다.

차별화된 경제공간은 국가의 관료주의의 병폐를 완화시켜 준다는 점에서, 예를 들어 사업 계획과 허가절차를 간략화하고, 노동권과 해고방지법에 대해 탄력적으로 규정함으로써 우선 이득을 볼 수 있다. 이를 위한 제안, 즉 구동독지역에 2020년까지 현행 연방법을 적용시키지 말고, 구동독지역 재건사업에 방해가 되는 모든 규정들을 무효화시키자는 제안이 오래전부터 있어왔다. 왜 이것이 구동독지역에 금지되어야 하는가? 모든 것이 지금까지 항상 그래왔던 것처럼 항상 똑같이 진행되어야 하는가?

감당키 어려운 경기침체를 극복하기 위해 구동독지역은 실질적인 세제혜택을 필요로 한다. 독일의 시각에서 볼 때 골고루 배분된 복지의 전형인 스위스는 지역에 따라 재정정책을 달리하는 경우가 많다. 칸톤(스위스의 광역행정단위 : 역주)마다 소득과 이익에 대한 과세법률이 다르게 적용된다. 왜 이러한 모델이 독일에, 적어도 구동독지역에서만이라도 적용되어서는 안 되는가?

적어도 10년 정도 체감할 수 있을 정도의 소득세와 법인세의 인하는 구동독지역의 경제 활성화에 크게 기여할 것으로 보인다. 물론 기업들뿐만 아니라 자영업, 각종 서비스업 종사자들 그리고 노동자들도 그러한 세제 혜택의 대상이 될 수 있을 것이다. 이러한 과세정책은 실패한 임금정책의 수정에 도움을 줄 것이다. 그렇다면 총임금은 구서독 지역보다 더 낮아지겠지만, 최종적으로 받게 되는 액수는 동일하게 될 것이다. 이것은 곧 구동독지역에 더 많은 투자를 유도하고, 결국 더 좋은 경제 환경으로의 전환을 가져다 줄 것이다.

후진성은 운명이 아니라, 일종의 도전을 의미한다. 통일 후 15년이 지난 지금 독일인은 믿음을 잃은 것 같다. 그러나 아직은 구동독지역 재건사업의 성공 가능성은 열려 있다.

주요 정당에 몸담고 있는 정치인들은 이미 체념한 지 오래다. 그들은 구동독지역에 다가오는 파국에 눈을 감아 버린다. 또한 몇몇 경제학자들마저도 이미 많은 실패를 겪은 지금 구동독지역 재건사업은 더 이상 돌이킬 수 없게 되었다고 생각한다.

2004/05 연례평가서에서 전문가위원회도 "역사의 수레바퀴는 되돌릴 수 없다"며 유감을 표명하고 있다. '경제 5현(Fünf Weisen, 독일정부의 경제자문을 맡고 있는 경제자문위원회가 5인으로 구성되어 있어, '경제 5현' 이라고 불리기도 한다 : 역주)' 조차 전체 독일이 처한 곤궁의 가장 중요한 원인이 구

동독지역의 가망 없는 경제상황과 높은 보조금 수요에 있음을 인정하면서도, 구동독지역 재건사업에 대한 단호한 구상을 내놓지 못하고 있다.

대체 누가 독일의 동부가 재기하여, 분단 이전에 한번 그러한 경험이 있었듯이, 다시 번영하는 지역으로, 즉 유럽 중앙의 경제중심이 된다는 것에 반대의 목소리를 낼 것인가?

여러 가지 불리한 출발조건을 가졌음에도, 뒤진 경제력을 만회하려는 노력이 눈부신 성공을 거둔 경우가 있는데, 아일랜드가 바로 그 대표적인 예이다. 400만 명에 약간 못 미치는 인구에 바이에른 주 정도의 면적을 가진 이 섬나라는 1980년대 중반 거의 회생이 불가능할 정도의 위기에 처했었다. 그때의 사정은 오늘날 좌절된 구동독지역의 상황과 여러 모로 비슷했다.

아일랜드 역시 당시 중병을 앓고 있는 환자로 간주되었고, '켈틱의 호랑이(Celtic Tiger)'로의 변신은 차치하고서라도 이 환자가 다시 회복될 거라고 진지하게 믿는 사람조차 아무도 없었다. 수출 지향 산업의 부재로 인해 경제는 거의 내수시장에 국한되었다. 더욱이 자국의 화폐가 영국 파운드에 연동되있다는 것은 치명적이었다.

공적 재정은 통제 불가능한 상태로 빠져들었다. 1986년 국가채무는 자그마치 국내총생산의 110%로 불어났다. 실업률은 그 사이 18%에 이르렀고, 이로 인해 많은 국민들이 그들의 역사에 이미 종종 그랬듯이 조국을 떠나야 했다. 젊은이와 학자들은 특히 미국에서 일자리를 찾았다. 구동독지역과 마찬가지로 이러한 자국 인력의 해외 유출을 저지할 언어의 장벽도 없었다.

20년이 지난 오늘날은 어떻게 되었을까? 그 사이 아일랜드는 실업자보다 비어 있는 일자리가 더 많다. 실업률은 약 4%로, 실제로 이것은 완전고용을 의미한다. 수출 세계 1위의 독일을 포함한 유럽연합가입국 중 유럽연합지역 밖으로 아일랜드보다 많은 상품과 서비스를 팔고 있는(1인당으로 계산하여) 국가는 없다. 아일랜드 국민의 구매력은 유럽연합 평균보다 3분의 1 정도가 높아, 유럽연합국가 중 룩셈부르크에 이어 두 번째다. 고도로 발달한 서비스업 부문은 다국적기업들에 의해 설립되어 쟁쟁한 경쟁력을 지닌 산업분야보다 더 많은 가치를 창출하고 있다. 외국인 직접투자의 경우 아일랜드는 세계 7위에 올라 있다. 세계화로 인한 이득을 이보다 많이 누리고 있는 국가는 찾기 힘들 것이다. 경제의 붐은 국내 영역에도 영향을 미쳤다. 국가재정은 정상을 되찾았다. 1998년 이래 흑자재정을 유지하고 있으며, 국가채무는 국내총생산의 약 32%로 낮아졌다. 이민열풍은 완전히 잦아들었다. 헤어져야 했던 아들과 딸들이 다시 조국의 품으로 돌아왔다. 세계 각국의 전문직 종사자들은 푸른 섬나라에서 제공하는 일자리에 열광하고 있다.

이전의 가난한 국가, 제2차 세계대전 후 순수한 농업국이었던 아일랜드의 화려한 변신은 유럽연합의 막대한 지원금 덕분에 가능했다. 그러나 사회지도층의 사고전환과 국민들의 자력갱생의 의지가 없었다면 그러한 비약은 있을 수 없었을 것이다.

아일랜드 경제성장의 기폭제가 된 것은 1987년 '국가회복계획(Programme for National Recovery)'이라는 이름하에 전개된 3개년 계획이었다. 정부와 기업주 그리고 노조들에 의해 수립된 대책안은 이후 아일랜드 정치의 확고한 구성요소가 될 정도로 성공적이었다.

이 구상은 행정과 노동시장 규제 철폐를 통한 경제친화적 여건 조성, 교육체제의 개선을 위한 노력, 기업에 대한 낮은 과세 그리고 엄격한 임금동결이라는 네 개의 기둥으로 떠받쳐졌다. 특히 임금동결은 이득세와 더불어 소득세도 낮췄기 때문에 노동자에게 받아들여질 수 있었다. 이것은 중앙정부에 큰 희생을 요구했다. 급격한 세수의 감소에 직면한 정부는 철저한 긴축정책을 시행하고 국가지출을 최대한 줄였다. 그 결과 국가지출은 여전히 서유럽 산업국가보다 적은 규모를 유지하고 있다.

　노력의 대가가 주어졌다. 유럽연합위원회의 보고에 따르면 1995년부터 2005년에 이르는 기간 동안 아일랜드는 한 해 평균 7.4%의 경제성장률을 기록했다. 이것은 단지 한국, 싱가포르 그리고 대만 같은 아시아의 호랑이 국가들만 기록할 수 있었던 수치다. 아일랜드의 모델이 동유럽 개혁국가들의 모범이 되고 본받음의 대상이 된 것은 결코 기적이 아니다.

　구동독지역도 역시 이러한 발전을 위한 추진력이 필요하다.

　구동독지역이 독일의 아일랜드가 될 수 있을까? 그렇다. 하지만 그러기 위해서는 휴지기를 가질 마음을 먹고, 구동독지역 재건사업에서 오랫동안 늦추어졌던 변화의 길을 열기 위해 모든 힘을 모아야만 한다. 이를 위해 우리는 무성의한 타협들에 종지부를 찍고, 결국 우리의 모든 미래는 통일의 성공에 달려 있다는 점을 올바르게 인식해야만 한다.

　경제를 소생시키기 위한 국가적 계획의 목적은 무엇보다도, 아일랜드가 영국에 대한 경제적 의존의 사슬을 끊어버렸듯이, 구동독지역이 구서독지역에 대한 집착으로부터 벗어나 자신의 문제들을 스스로 풀어갈 수 있도록 하는 데 두어져야 한다. 오로지 특별한 규정들을 통해서만 구동독지역의 회생은 성공할 수 있다.

　물론 이러한 제안은 기업들의 활동이 구서독지역에서 구동독지역으로 옮겨가는 위험과 결부되어 있다. 하지만 이것이 지나친 요구일까? 구서독지역 사람들은 지난 60년 동안 구동독지역 출신 사람들의 덕을 보았고, 그들의 귀중한 사고로부터 이득을 얻었으며, 또 그것을 통해 자신들의 복지를 향상시킬 수 있었다. 만약 이러한 경향이 약간이나마 반대방향으로 향한다면, 그것은 역사적 정당성에 대한 기여일 것이다. 독일의 분단은 오직 공유함을 통해 극복될 수 있다. 이것은 보조금(이전금)의 지원보다 더 많은 것을 보장해 줄 것이다.

이러한 출발을 거부하는 정치인들 혹은 경제학자들은 구동독지역이 미래에도 역시 구서독지역에 의지하며 연명하게 될 것을 감수해야 한다. 만약 구서독지역이 구동독지역과 함께 지금과 같은 상태로 앞으로도 50년을 더 나아간다면, 구서독지역은 도저히 헤쳐 나올 수 없는 절망 상태에 빠져들 것이다. 만약 아직도 지금과 같은 식의 재건사업이 성공할 수 있을 거라는 믿음을 갖고 있다면, 일종의 운명적인 실수를 범하는 것이다. 그렇다면 우리는 뼈아픈 각성을 해야만 할 것이다: 구서독지역은 구동독지역을 따라 지옥의 심연 속으로 빠져 들어갔다고.

□ 참고문헌

AG-Perspektiven für Ostdeutschland, Ostdeutschland - eine abgehängte Region? Perspektiven und Alternativen, Dresden 2001

Altmeyer, Klaus (Hrsg.), Das Saarland, Saarbrücken 1958

Apel, Hans, Zerstörte Illusionen. Meine ostdeutschen Jahre, München 2000

Augstein, Rudolf; Grass, Günter, Deutschland, einig Vaterland? - Ein Streitgespräch, Göttingen 1990

Baedeckers Allianz-Reiseführer DDR, 5. aktualisierte Auflage, Stuttgart 1990

Bahro, Rudolf, Die Alternative. Zur Kritik des real existierenden Sozialismus, Frankfurt am Main 1977

Becher, Johannes R., Walter Ulbricht. Ein deutscher Arbeitersohn, Berlin 1961

Berlin-Institut für Weltbevölkerung und globale Entwicklung (Hrsg.), Deutschland 2020. Die demografische Zukunft der Nation, Berlin 2004, www.berlin-institut.org

Berteit, Herbert, Ostdeutschland benötigt neue Impulse in der Wirtschaftspolitik, www.memo.uni-bremen.de/docs/m2104.pdf

Bertelsmann Stiftung (Hrsg.), Die Bundesländer im Standortwettbewerb 2003, Gütersloh 2003

Beyer, Hans-Joachim (Hrsg.), Handbuch der DDR-Betriebe. Standorte - Produktionen - Betriebsgrößen, Köln 1990

Biedenkopf, Kurt Hans, Einheit und Erneuerung. Deutschland nach dem Umbruch in Europa, Stuttgart 1994

Bofinger, Peter, Wir sind besser, als wir glauben. Wohlstand für alle, Pearson Studium, München 2005

Bosch, Werner, Die Saarfrage. Eine wirtschaftliche Analyse, Heidelberg 1954

Brandt, Willy, Reden zu Deutschland. "··· was zusammengehört", Bonn 1990

Breuel, Birgit (Hrsg.), Treuhand intern, Frankfurt am Main und Berlin 1993

Briesen, Detlef, Berlin - die überschätzte Metropole. Über das System der deutschen Hauptstädte von 1850 bis 1940, Bonn, Berlin 1992

Bucerius, Gerd, Der Adenauer. Subjektive Beobachtungen eines unbequemen Weggenossen, Hamburg 1976

Bundesanstalt für vereinigungsbedingte Sonderaufgaben (Hrsg.), "Schnell privatisieren, entschlossen sanieren, behutsam stilllegen". Ein Rückblick auf 13 Jahre Arbeit der Treuhandanstalt und der Bundesanstalt für vereinigungsbedingte Sonderaufgaben, Berlin 2003

Bundesministerium der Finanzen, Stellungnahme zu den Fortschrittsberichten "Aufbau Ost" der Länder Berlin, Brandenburg, Mecklenburg-Vorpommern, Sachsen, Sachsen-Anhalt und Thüringen. Berichtsjahr 2003

Bundesregierung, Jahresberichte der Bundesregierung zum Stand der Deutschen Einheit, Berlin 2003 und 2004, www.bmvbw.de

Busse, Tanja; Dürr, Tobias (Hrsg.), Das neue Deutschland. Die Zukunft als Chance, Berlin 2003

Cerny, Jochen, Wer war wer - DDR. Ein biographisches Lexikon, Berlin 1992

Christ, Peter; Neubauer Ralf, Kolonie im eigenen Land. Die Treuhand, Bonn und die Wirtschaftskatastrophe der fünf neuen Länder, Berlin 1991

Czechinvest, Zusammenfassung des Handbuchs "Investitionsanreize" für den Bereich verarbeitende Industrie, 2004, sowie andere Veröffentlichungen, http://www.czechinvest.org

Dauderstädt, Michael, Transformation und Integration der Wirtschaft der postkommunistischen Beitrittsländer, in: "Aus Politik und Zeitgeschichte", B 5-6, 2004, www.bpb.de

Deutsche Bank Research (Hrsg.), Demografie Spezial. Demografische Entwicklung verschont öffentliche Infrastruktur nicht, Frankfurt 2004, sowie Demografie Spezial. Migration in Deutschland: Umverteilung einer schrumpfenden Bevölkerung, Frankfurt 2003, www.dbresearch.de

Dies., Perspektiven Ostdeutschlands - 15 Jahre danach, Frankfurt 2004

Deutsche Bundesbank, Monatsberichte 3/97, 4/98, 12/01, 4/03, 8/04 sowie diverse andere Publikationen

Deutscher Bundestag (Hrsg.), Materialien der Enquete-Kommission "Überwindung der Folgen der SED-Diktatur im Prozess der deutschen Einheit", Acht Bände in 14 Teilbänden, Baden-Baden 1999

Deutsches Institut für Wirtschaftsforschung (DIW), Wochenbericht

5/89, 21/89, 12/91 sowie diverse Wochenberichte 1990 bis 2004 und weitere Veröffentlichungen

Dass., Gesamtwirtschaftliche und regionale Bedeutung der Entwicklung des Halbleiterstandortes Dresden - Eine aktualisierte und erweiterte Untersuchung, Berlin 2002

DIW, IfLS, ifo, IWH, RWI, Solidarpakt II, Infrastrukturelle Nachholbedarfe Ostdeutschlands - Zusammenfassung, 2000

Dohnanyi, Klaus von; Most, Edgar (Red.), Kurskorrektur des Aufbau-Ost, Bericht des Gesprächskreises Ost der Bundesregierung, 2004

Düvel, Hasso; Scheibe, Herbert; Stoll, Tatjana (Hrsg.), Aufbau Ost. Notwendiges Übel oder Investition in die Zukunft, Göttingen 2000

Ebbinghaus, Frank, Ausnutzung und Verdrängung. Steuerungsprobleme der SED-Mittelstandspolitik 1955-1972, Berlin 2003

Enzyklopädie der DDR, Digitale Bibliothek (CD-Rom)

Erhard, Ludwig, Wirtschaftliche Probleme der Wiedervereinigung in. Ludwig Erhard: Gedanken, Reden und Schriften, Düsseldorf/Wien, New York

EU-Kommission, Dritter Bericht über den wirtschaftlichen und sozialen Zusammenhalt, http://europa.eu.int/comm/regional_policy/sources/docoffic/officia l/reports/pdf/cohesion3/cohesion3_indicator_de.pdf

Eurostat, Pressemitteilung 13/205: "Regionales BIP je Einwohner in der EU 25"

Frank, Mario, Walter Ulbricht. Eine deutsche Biographie, Berlin 2001

Forschungsbeirat für Fragen der Wiedervereinigung Deutschlands beim Bundesminister für innerdeutsche Beziehungen, Die DDR nach 25 Jahren, in: Wirtschaft und Gesellschaft in Mitteldeutschland, Band 10, Berlin 1975

Ders., Vorbereitung auf die Deutsche Einheit, Auszug aus dem Vierten Tätigkeitsbericht 1961-1965, Deutscher Bundes-Verlag, Bonn 1966, sowie Dritter Tätigkeitsbericht, 1957/1961, Bonn 1961

Fuhr, Eckhard, Geschichte der Deutschen, Frankfurt am Main 1993

Golle, Hermann, Das Know-how, das aus dem Osten kam. Wie das westdeutsche Wirtschaftswunder von der SED-Politik profitierte, Stuttgart und Leipzig 2002

Grass, Günter, Deutscher Lastenausgleich. Wider das dumpfe Einheitsgebot. Reden und Schriften, Berlin 1990

Hankel, Wilhelm, Die sieben Todsünden der Vereinigung. Wege aus dem Wirtschaftsdesaster, Berlin 1993

Heine, Michael, u. a. (Hrsg.), Die Zukunft der DDR-Wirtschaft, Reinbek bei Hamburg 1990

Hermann, Achim, Carl Zeiss - Die Abenteuerliche Geschichte einer Deutschen Firma, München 1992

Ders., Jena und die Jenoptik. Vom Kombinat zum Global Player, Düsseldorf und Munchen 1998

Heydemann, Günther; Mai, Gunther; Müller, Werner (Hrsg.), Revolution und Transformation in der DDR 1989/1990, Berlin 1999

Hellwig, Fritz, Saar zwischen Ost und West. Die wirtschaftlichen Verflechtungen des Saarindustriebezirks mit seinen

Nachbargebieten, Bonn 1954

Herbst, Andreas; Ranke, Winfried; Winkler, Jürgen, So funktionierte die DDR, Band 1-3, Reinbek 1994

Herles, Wolfgang, Wir sind kein Volk. Eine Polemik, München, Zürich 2004

Hertle, Hans-Hermann; Stephan, Gerd-Rüdiger (Hrsg.), Das Ende der SED. Die letzten Tage des Zentralkomitees, Berlin 1997

Hölder, Egon (Hrsg.), Im Trabi durch die Zeit - 40 Jahre Leben in der DDR, Stuttgart 1992

Honecker, Erich, Aus meinem Leben. Parteiführer und Staatsoberhaupt der Deutschen Demokratischen Republik, Oxford/England und Berlin 1980

Höppner, Reinhard, Acht unbequeme Jahre. Innenansichten des Magdeburger Modells, Halle an der Saale 2003

Hunt, Jennifer, Why do people still live in East Germany?, Forschungsinstitut zur Zukunft der Arbeit, 2000, www.iza.org

IIC Invest in Eastern Germany, Das IIC - Ein Kurzportrait, Berlin 2004, www.iic.de

Industrie- und Handelskammer des Saarlandes (Hrsg.), Saarwirtschaft und Europäisierung des Saarlandes. Eine Stellungnahme der Industrie- und Handelskammer Saarbrücken, Saarbrücken vermutlich 1954/1955

Institut der deutschen Wirtschaft (iwd) (Hrsg.), Perspektive 2050. Ökonomik des demographischen Wandels, Köln 2004

Dass., Mehr Freiraum für den Fortschritt, 2004, www.iwkoeln.de

Institut für Wirtschaftsforschung Halle (IWH), IWH-Pressemitteilung 21/2003 ("Wie hoch sind die Transferleistungen für die neuen

Länder?"), 15/2004 ("Die Wachstumsschwäche in Deutschland - ist der Osten schuld?"), 27/2004 ("Transferleistungen für die neuen Länder - eine Begriffsbestimmung"), Wirtschaft im Wandel 16/2003 ("Solidarpakt: Aufbaugerechte Verwendung der Mittel noch nicht gewährleistet"), Diskussionspapier Nr. 194 ("Zur Ausgestaltung des Solidarpaktes II - Ein Diskussionsvorschlag") sowie weitere Veröffentlichungen

Dass., Simulationsrechnung zu den Auswirkungen einer Kürzung von Transferleistungen für die neuen Bundesländer. Gutachten im Auftrag der ostdeutschen Länder, Halle an der Saale 2000

Jacobsen, Liv K., Die Finanzierung der Deutschen Einheit 1990-1998, http://www.studienforum-berlin.de/finanzierung_deutsche_einheit.htm

Jarausch, konrad H., Die unverhoffte Einheit 1989-1990, Frankfurt am Main 1995

Jaspers, Karl, Freiheit und Wiedervereinigung, München 1960

Jellonek, Burkhard; Schweigerer-Kartmann, Marlene, Saarland, http://www.lpb.bwue.de/aktuell/bis/1_2_99/laender14.htm

Kaminsky, Annette, Wohlstand, Schonheit, Glück. Kleine Konsumgeschichte der DDR, München 2001

Kil, Wolfgang, Luxus der Leere. Vom schwierigen Rückzug aus der Wachstumswelt. Eine Streitschrift, Wuppertal 2004

Kirchberg, Peter, Plaste, Blech und Planwirtschaft. Die Geschichte des Automobilbaus in der DDR, Berlin 2000

Land Brandenburg, Bericht zu den Auswirkungen der demografischen und wirtschaftsstrukturellen Veränderungen in Brandenburg, Landtagsdrucksache 3/7088, www.brandenburg.de/cms/media.php/1168/dgbericht.pdf

Lehmann, Hans Georg, Deutschland-Chronik 1945 bis 1995, Bundeszentrale für politische Bildung, Schriftenreihe Band 332, Bonn 1996

Ludwig-Erhard-Stiftung (Hrsg.), Vom Zentralplan zur Sozialen Marktwirtschaft. Erfahrungen der Deutschen beim Systemwechsel, Stuttgart, Jena, New York 1992

Luft, Christa, Treuhandreport. Werden, Wachsen und Vergehen einer deutschen Behörde, Berlin 1992

Maaz, Hans-Joachim, Der Gefühlsstau. Ein Psychogramm der DDR, Berlin 1991

Mai, Karl; Steinitz, Klaus, Ostdeutschland auf der Kippe. Eine gesamtdeutsche Bilanz nach 13 Jahren, Supplement der Zeitschrift Sozialismus 1/2004

Mählert, Ulrich, Kleine Geschichte der DDR, München 2001

Maizière, Lothar de, Anwalt der Einheit. Ein Gespräch mit Christine de Maizière, Berlin 1996

Michel, Karl Markus; Spengler, Tilman (Hrsg.), Kursbuch "Abriss der DDR", Berlin 1990

Miegel, Meinhard, Die deformierte Gesellschaft. Wie die Deutschen ihre Wirklichkeit verdrängen, Berlin 2004

Ders., Demographische Veränderungen - Konsequenzen für Wirtschaft und Gesellschaft in Ostdeutschland, in: Positionen und Perspektiven 1, Ostdeutscher Sparkassen- und Giroverband, 2002

Milbradt, Georg, Zukunft Ost - Chancen für Deutschland. Ein Beitrag zu einer notwendigen Strategiediskussion, Dresden 2004, www.sachsen.de

Ders., Über den Tag hinaus - Strategien für den weiteren Aufbau Ost, Dresden 2004, www.kas.de

Müller, Uwe, Freistaat Sachsen. Wirtschaft und Verkehr, in Freistaat Sachsen, Gauweiler, Heidelberg 1998

Ders. (mit Jakobs, Hans-Jürgen), Augstein, Springer & Co. Deutsche Mediendynastien, Zürich 1990

Ders., Eine Messe für morgen, In: Merian Leipzig, Hamburg 1996

Nationalrat der nationalen Front des demokratischen Deutschland (Hrsg.), DDR Deutsche Demokratische Republik. Tatsachen, Informationen, Berlin 1970

Neues Forum Leipzig, Jetzt oder nie - Demokratie! Leipziger Herbst '89, Leipzig 1989

Niedersächsische Landeszentrale für Politische Bildung (Hrsg.), Vom Ende der DDR-Wirtschaft zum Neubeginn in den ostdeutschen Bundesländern, Hannover 1998

Neubert, Ehrhart, Politische Verbrechen in der DDR. In: Das Schwarzbuch des Kommunismus. Unterdrückung, Verbrechen und Terror, München 1998

Ostdeutscher Bankenverband, Wege zu mehr Innovationsdynamik in Ostdeutschland, in: Infoport Ausgabe 1/2004

Pohl, Rüdiger (Hrsg.), Herausforderung Ostdeutschland. Fünf Jahre Währungs- Wirtschafts- und Sozialunion, Berlin 1995

Propp, Peter Dietrich, Zur Transformation einer Zentralverwaltungswirtschaft sowjetischen Typs in eine Marktwirtschaft, Köln 1990

Redaktion Fischer Weltalmanach (Hrsg.), Sonderband DDR, Frankfurt am Main 1990

Dies., EU-Osterweiterung, Frankfurt am Main 2004

Roethe, Thomas, Arbeiten wie bei Honecker, leben wie bei Kohl. Ein Plädoyer für das Ende des Schonfrist, Frankfurt am Main 1999

Sachverständigenrat zur Begutachtung der gesamtwirtschaftlichen Entwicklung, Jahresgutachten 2004/05, Erfolge im Ausland - Herausforderung im Inland, 2004, www.sachverstaendigenrat-wirtschaft.de

Scholze, Silke, Demographische Alterung der Bevölkerung in Thüringen, ihre möglichen Ursachen und ihre Darstellungsformen, http://www.tls.thueringen.de/Analysen/Aufsatz-10b-2002.pdf

Sächsisches Staatsministerium für Wirtschaft und Arbeit, Wirtschaft und Arbeit in Sachsen, Dresden 1993, 1994, 1997, 1999, 2001 sowie Sächsischer Mittelstandsbericht, Dresden 2003

Schiller, Karl, Der schwierige Weg in die offene Gesellschaft. Kritische Anmerkungen zur deutschen Vereinigung, München 1994

Ders., "Eine Politik der Strenge", Ex-Wirtschaftsminister Karl Schiller über die ökonomischen Probleme der Einheit, in: "Der Spiegel", 2/1994

Schirrmacher, Frank; Schiwy, Peter; Marsh, David (Hrsg.), Die neue Republik, Berlin 1995

Schmidt, Helmut, Mögliche Stufen eines wirtschaftlichen und sozialen Wiedervereinigungs-Prozesses, in: Helmut Schmidt: Mit Augenmaß und Weitblick. Reden und Aufsätze, Berlin 1990

Ders., Handeln für Deutschland, Berlin 1993

Ders., Konföderation und Wiedervereinigung, "Der Sozialist" vom 1. März 1959, sowie Weg zur gesamtdeutschen Volkswirtschaft. Die wirtschaftspolitischen Aspekte des Deutschlandplans der SPD, "Vorwärts" vom 27. März 1959

Ders., Lichtet den Dschungel der Paragraphen!, in: "Die Zeit" 41/2001, http://www.zeit.de/archiv/2001/41/200141_ostdt._wirtschaf.xml.

Schneider, *Gernot*, Wirtschaftswunder DDR. Anspruch und Realität, zweite, erweiterte Auflage, Köln 1990

Schürer, *Gerhard*, Gewagt und verloren. Eine deutsche Biografie, Berlin 1998

Seitz, *Helmut*, Thesenpapier zur Lage in Ostdeutschland und zur weiteren Vorgehensweise beim "Aufbau Ost", 2003; http://www.tu-dresden.de/wwvwlemp/publikation

Ders., Ein Vorschlag zur Umsetzung des Korb 2 im Soli II und zur Verstärkung der gesetzeskonformen Verwendung der Soli-Mittel, 2004; Demographischer Wandel in Sachsen, 2004; Implikationen der demographischen Veränderungen für die öffentlichen Haushalte und Verwaltungen, 2004; Perspektiven der ostdeutschen Kommunalfinanzen bis zum Jahr 2020, 2003; Benchmarking-Report Sachsen-Anhalt, 2002

Siebert, *Horst*, Das Wagnis der Einheit. Eine wirtschaftspolitische Therapie, Stuttgart 1992

Simon, *Jana; Rothe, Frank; Andrasch, Wiete (Hrsg.)*, Das Buch der Unterschiede. Warum die Einheit keine ist, Berlin 2000

Sinn, *Hans-Werner*, Ist Deutschland noch zu retten?, München 2003

Sommer, *Stefan*, Lexikon des DDR-Alltags. Von "Altstoffsammlung" bis "Zirkel schreibender Arbeiter", Berlin 1999

Späth, *Lothar*, Blühende Phantasien und harte Realitäten. Wie der

Umschwung Ost die ganze Republik verändert, Düsseldorf und München 1997

SPD, Bündnis 90/Die Grünen, Der Koalitionsvertrag, 2002, www.bundestag.de/cgi-bin/druck.pl?N=parlament

Standard & Poor's, Industry Report Card: German States, 2004

Statistisches Bundesamt, Bevölkerung Deutschlands bis 2050. 10. koordinierte Bevölkerungsvorausberechnung, 2003, www.destatis.de

Steingart, Gabor, Deutschland. Der Abstieg eines Superstars, München 2004

Thierse, Wolfgang, Zukunft Ost. Perspektiven für Ostdeutschland in der Mitte Europas, Berlin 2001

Ders., Fünf Thesen zur Vorbereitung eines Aktionsprogramms für Ostdeutschland, Berlin 2001, http://www.zeit.de/2001/02/Politik/200102_thiersepapier1.html

Weber, Hermann, Die DDR 1945-1990, München 1999

Ders., Geschichte der DDR, München 1985/1999

Wedel, Mathias, Einheitsfrust, Berlin 1994

Winters, Peter Jochen, Vereinbarungen und Verhandlungen mit der DDR im Gefolge des Grundlagenvertrages. Stand und Perspektiven, in: Deutschland-Archiv, Heft 12, 1982

Wirtschaftsatlas Neue Bundesländer, Mecklenburg-Vorpommern, Brandenburg, Berlin-Ost, Sachsen-Anhalt, Sachsen, Thüringen, Gotha 1994

Wissenschaftliche Hochschule für Unternehmensführung (WHU); Manager Magazin, Markterschließung und Expansion in den EU-Beitrittsländern Mittel- und Osteuropas, Teil 1:

Wettbewerbsfahigkeit der Beitrittskandidaten, Köln, Vallendar, Hamburg 2003

Wolle, Stefan, DDR, Frankfurt am Main 2004.

□ 감사의 글

통일 15년에 대한 이 결산보고서는 전문가, 동료 그리고 친구들의 격려와 후원이 없었다면 빛을 볼 수 없었을 것이다. 특히 드레스덴 공과대학의 헬무트 자이츠(Helmut Seitz) 박사에게 감사의 말을 하고 싶다. 흥미있는 대담과 귀중한 조언 그리고 무엇보다도 초고에 대한 전문가적 그의 고견은 큰 힘이 되었다. 역시 초고를 읽기 위해 귀중한 시간을 할애했던 베티나 발체프(Bettina Baltschev), 요아힘 호른(Joachim Horn), 한스-위르겐 야콥스(Hans-Jürgen Jakobs) 그리고 요한 미하엘 묄러(Johann Michael Möller)에게 감사드린다. 이들의 다방면에 걸친 조언들 역시 이 책의 일부를 구성하고 있다. 나의 경험이 이러한 형식으로 완성될 수 있도록 용기를 북돋워줬던 야나 헨젤(Jana Hensel)에게 감사드린다. 옌스 데닝(Jens Dehning)과의 긴밀한 협조는 값진 것이었다. 그의 편집 능력은 더할 나위 없을 정도였다. 알렉산더 페스트(Alexander Fest)와 군나르 슈미트(Gunnar Schmidt)는 책의 구상과 골격을 세우는 데에 큰 도움을 주었다. 편집장 얀-에릭 페터스(Jan-Eric Peters)와 로저 쾨펠(Roger Köppel)은 나를 석 달간 편집의 임무에서 해방시켜 주었다. 열성적으로 내 일을 맡아 처리해 준 파비안 볼프(Fabian Wolff)와의 약속 기한이 예상치 않게 길어졌다. 《디 벨트》지의 많은 동료들이 호의적인 관심과 큰 인내심을 갖고 나의 작업을 지켜봐주었다. 이 모든 이들에게 진정으로 감사드린다.

이 책을 B. B.에게 바친다.

— 우베 뮐러